사랑의열매 나눔총서 09

변화를 만드는 올바른 기부

1달러까지 제대로 쓰는 효과적인 필란트로피를 위하여

필 부캐넌 지음

박자연 옮김

박영story

발간사

자신만의 길을 찾는 기부자를 위한 안내서

코로나19 팬데믹을 거치면서 우리는 생각보다 더 연결되어 있고 함께 살아가는 존재임을 확인할 수 있었습니다. 온 인류의 생명이 위협받고 경기 침체가 세계를 뒤덮는 와중에도 기업은 새로운 혁신을 통해 위기를 돌파했고 사람들은 서로 돕고 보살피기를 멈추지 않았습니다. 이 시기 아너 소사이어티로 대표되는 고액기부 프로그램이 한국의 비영리 단체에 두루 확산되었습니다. 특히 뉴-테크놀로지로 무장한 젊은 기업인들은 100억 원이 넘는 금액을 기부하고 미국 억만장자들이 주도한 더 기빙 플레지The Giving Pledge에 가입하면서 초고액기부의 시대를 열었습니다. 한편에서는 세계적인 ESG 추세 속에 기업의 전략적인 사회공헌이 강화되었고, 사회혁신조직이 성장하면서 비영리 단체에 영리 조직의 운영 원리를 적용하려는 움직임도 생겨나고 있습니다.

기부 선진국 미국에서는 지난 2008년 금융위기를 거치면서 자선 재단과 비영리 단체도 돈을 최대한 효과적이고 효율적으로 운용해야 한다는 인식이 확산되었습니다. 세계에서 가장 성공한 부자들은 자신들의 성공 비결을 기부에 적용하려고 시도했습니다.

이들 박애자본주의자Philanthrocapitalist들은 스스로 사회의 가장 어려운 문제들을 해결하고 변혁할 수 있는 거대한 원동력이 될 것이라 자신했습니다. 일부는 비영리 기관을 자신들의 비전을 실행하는 기관으로 보았으며, 모든 상황에 적용 가능한 성과측정 방법을 찾으려 했지만 성공적이지 못했습니다.

저자 필 부캐넌의 말처럼 복잡하게 얽힌 사회문제를 해결하고 싶은 우리의 바람은 쉽게 이루어지지 않습니다. 아무리 많은 돈과 멋진 아이디어를 동원한다 하더라도 들인 노력과 정성에 비해 우리가 만든 변화는 보잘것없고 실망스러울 때가 많습니다. 포드 재단을 비롯한 유수의 필란트로피 조직을 컨설팅해온 저자는 왜 비영리 섹터가 비즈니스와 다른지, 왜 기부가 투자와 다른지, 더 잘 기부하기 위해 왜 자신만의 길을 찾아야 하는지를 강조합니다. 비영리만의 고유한 어려움을 이해하고 효과적으로 기부하기 위한 방법을 학습하고 터득함으로써 가장 중요한 목표인 비영리 기관의 효율성과 임팩트에 도달하기를 제안하고 있습니다.

저자는 기부자조언기금DAF과 임팩트 투자 같은 새로운 변화를 분석하고 유수의 미국 재단과 비영리 단체의 다양한 성공과 실패 사례로 우리를 안내합니다. 한때 벤처필란트로피로 극찬받은 티치 포 아메리카TFA의 성과를 비판적으로 성찰하면서 보스턴의 작지만 유능한 청소년단체UTEC 모델을 통해 기부자들이 진짜 집중해야 할 가치가 무엇인지 보여줍니다.

이 책은 더 효과적으로 기부하는 방법에 관한 길잡이입니다. 만약 더 좋은 기부를 하고 싶다면, 유능한 파트너와 함께 변화를 만들어내고 싶다면 나눔문화연구소의 아홉 번째 나눔총서 『변화를 만드는 올바른 기부(원제 Giving Done Right)』가 그 노력을 조금 수월하게 해줄 것이라고 확신합니다. 끝으로 글로벌 교육 NGO를 이끌어온 경륜을 바탕으로 저자의 메시지를 맥락까지 번역해주신 사단법인 호이 박자연 대표님과 나눔문화 확산을 위해 한마음으로 총서를 만들어주신 출판사 피와이메이트 관계자분들께 감사의 인사를 드립니다.

2023. 10.

사회복지공동모금회

회장 김 병 준

한국어판 서문

다른 사람들을 돕고자 하는 마음에서 우러난 기부는 문화와 종교, 지리적 경계를 뛰어넘는 인간의 본성입니다. 우리는 이런 기부를 기쁜 마음으로 장려해야 합니다.

빈곤 감소, 기후 위기 및 인권 등의 분야에서 활동하는 비영리 단체를 통한 신중한 기부는 세계 곳곳의 지역 사회에서 많은 변화를 만들었습니다. 필란트로피는 예술가나 음악가의 활동을 지원하고, 지역 주민이 모여서 공통의 문제를 논의할 수 있는 커뮤니티 센터나 공원 같은 장소를 제공하는 등, 우리 삶을 풍요롭게 만들었습니다.

저는 『변화를 만드는 올바른 기부*Giving Done Right*: 1달러까지 제대로 쓰는 효과적인 필란트로피를 위하여』가 사회복지공동모금회 나눔문화연구소의 나눔총서 사업을 통해 한국어로 출판되어 매우 기쁩니다. 저는 미국의 필란트로피 맥락에서 얻은 교훈이 거액 기부나 소액 기부 등의 기부 금액과 상관없이 한국의 기부자들에게도 유용하기를 바랍니다. 물론 소액 기부자도 기부를 통해 변화를 이끌어 낼 수 있습니다.

『변화를 만드는 올바른 기부』의 핵심 주제는 비영리 단체의 중요성입니다. 비영리 단체는 정부나 비즈니스가 다루지 않거나, 해결할 수 없는 어려운 문제를 해결하고자 하는 사명mission 중심 기관입니다. 기부자가 자신의 기부 목표를 달성하려면, 비영리 단체와 비영리 단체에서 일하는 사람들의 중요성을 인식해야 합니다. 다른 사람들을 돕는 훌륭한 일은 저절로 일어나지 않습니다. 다른 사람들을 제대로 도우려면, 전문성과 자원과 조직이 필요합니다.

효과적인 필란트로피스트가 되기란 쉽지 않습니다. 시급한 문제가 많이 있을 때, 어떤 문제를 우선적으로 해결할 것인지 목표를 정하는 것은 까다로운 일입니다. 어떠한 접근법이 효과적인지, 지원이 필요한지, 아닌지를 판단하기도 어렵습니다. 지원받을 특정 단체를 선정하는 문제도 굉장히 어렵습니다. 기부의 성과를 확인해서 더 나은 기부 방법을 찾기도 어렵습니다.

그렇지만 불가능한 일은 아닙니다. 저는 이 책을 통해 그런 이야기를 하려고 했습니다. 이 책에서는 이토록 어려운 일을 해낸 효과적인 기부자의 사례를 소개하고 있습니다. 이러한 효과적인 기부자들에게는 공통점이 있습니다. 바로 겸손입니다. 그들은 자원이 있다고 해서 문제가 해결되는 것은 아니라는 사실을 잘 알고 있습니다. 그들은 기부할 때, 먼저 듣고 배우려고 합니다.

효과적으로 기부하고 싶은 당신에게 이 책이 도움이 되기를 바랍니다.

2023년 9월 4일

미국 매사추세츠주 콩코드에서 필 부캐넌 드림

이 책에 대한 찬사

"필 부캐넌은 무엇이 필란트로피를 효과적으로 만드는지를 탐구하면서 경력을 쌓았다. 그는 비영리 단체는 비즈니스와 상당히 다르다는 점을 명확히 하면서도, 비영리 단체도 결과에 집중하는 것이 여전히 중요하다고 여긴다. 임팩트가 있는 필란트로피를 달성하고 싶다면, 그의 방대한 경험과 깊은 지혜에서 배울 점이 많다."

– 짐 콜린스, 『좋은 기업을 넘어 위대한 기업으로』 저자,
『성공하는 기업들의 8가지 습관』 공저자

"필 부캐넌은 오늘날 필란트로피 분야에서 가장 잘 알려지고, 가장 많은 인사이트를 주는 리더이다. 이 책은 그의 절정을 보여준다. 저자를 닮은 그의 책 『변화를 만드는 올바른 기부』는 데이터를 기반으로, 살아있는 이야기를 생생하게 들려주며, 논쟁적인 대담한 생각들은 이 분야에 대한 더 깊은 이해로 이어진다. 좋은 일을 한다는 기분을 넘어서려는 재단과 기부자들이 쉽게 읽을 수 있는 필수적인 기부 안내서이다."

– 리처드 오베, 뉴 햄프셔 자선 재단 의장 및 대표

"『변화를 만드는 올바른 기부』는 잘못된 통념에 맞서며, 필란트로피의 복잡성과 기쁨에 관한 유용한 지침을 제공한다. 부캐넌은

왜 비영리 단체가 비즈니스와 다른지, 왜 기부가 투자와 다른지, 독자가 더 잘 기부하기 위해 왜 자신만의 길을 찾아야 하는지를 설득하면서도 실용적인 사례를 제시한다."

– 로자베스 모스 캔터, 하버드 경영대학원 어니스트 L. 아버클 교수,
하버드대 선진 리더십 프로그램 설립자

"기부는 쉽다. 그러나 진정한 영향력을 발휘하는 기부는 어렵다. 이 책에서 필 부캐넌은 전략적 필란트로피의 기술과 실천에 관한 귀중한 인사이트를 제공한다."

– 스티븐 하인츠, 록펠러 형제 기금 대표

"『변화를 만드는 올바른 기부』는 더 효과적으로 기부하는 방법을 더 깊이 이해하려는 사람을 위한 필독서이다. 필 부캐넌의 연구, 데이터 및 스토리텔링은 사회 문제 해결에 비즈니스적 사고방식을 접목할 때의 어려움을 명확하게 밝힌다. 이 책은 기부에 대한 만족도를 높이는 데 필요한 사고방식의 변화를 철저하게 개관한다."

– 파멜라 노리, 피델리티 자선기금 대표

"센터 포 이펙티브 필란트로피CEP는 재단이 거둔 성과의 효과성을 측정하면서도 진정성 있는 책무성 평가방식을 최초로 개발했다. 필 부캐넌은 재단의 효과성 평가에 대한 필요를 명백하게 서술하고, 재단의 성과를 측정하는 실행 가능한 평가방식을 만들고, 재단의 임원들과 이사들이 이를 활용하도록 제공하는 데 성공했다. 수행 기관 평가 보고서는 이제 재단이 모든 중요한 기준

에 따라 재단 기부의 효과성을 스스로 평가하는 표준 기준이 되었다. 『변화를 만드는 올바른 기부』에서 부캐넌은 개인, 재단, 회사, 자선 기부금의 수혜자까지, 옳은 방향으로 기부하고 소비하기로 결심한 모든 기부자를 위한 실질적인 가이드를 제공하는 동시에 명확한 비전도 제시했다. 가장 많이 그리고 가장 지혜롭게 기부하려고 결심한 사람이라면, 독자에게 친절하면서도 경험이 풍부한 이 책에서 가이드를 찾아야 한다. 이보다 더 좋은 가이드는 없다."

– 조엘 플라이시먼, 듀크 대학교 전략적 필란트로피 센터장, 『부의 활용: 오늘을 위한 필란트로피인가? 내일을 위한 투자인가?(Putting Wealth to Work: Philanthropy for Today or Investing for Tomorrow?)』의 저자

"필 부캐넌은 가장 작은 지역사회 조직부터 가장 큰 대학이나 박물관까지, 좋아하는 비영리 단체에 매년 소액을 기부하는 개인 기부자부터 수억 달러의 지원금을 배분하는 대형 민간 재단까지 비영리 분야의 다양성을 잘 알고 있다. 『변화를 만드는 올바른 기부』에는 우리 모두를 위한 데이터와 인사이트, 제안으로 가득하다."

– 캐롤 라슨, 데이비드 앤드 루실 패커드 재단의 의장 겸 대표

라라에게

일러두기

1. 원서의 주석은 미주(본문에서 1, 2, 3 … 등 숫자로 표기)로, 역자의 주석은 각주(본문에서 *로 표기)로 하였습니다.
2. 원서의 단체의 이름은 한국어 발음대로 적고 본래 이름을 원어로 병기하였습니다.
3. 원서에서의 내용 강조(이탤릭) 부분은 본문에서 고딕으로 처리하였습니다.
4. 일부 기관과 주요 용어가 약어로 표시되었으며, 내용은 아래와 같습니다.

기관명 약어

영문	약어	한글명
American Civil Liberties Union	ACLU	미국시민자유연맹
Building Educated Leaders for Life	BELL	빌딩 에듀케이티드 리더스 포 라이프
Center for Effective Philanthropy	CEP	센터 포 이펙티브 필란트로피
Chan Zuckerberg Initiative	CZI	챈 주커버그 이니셔티브
Disaster Accountability Project	DAP	재난 책무성 프로젝트
Einhorn Family Charitable Trust	EFCT	아인혼 패밀리 자선 신탁
Epiphany Community Health Outreach Services	ECHOS	에피퍼니 커뮤니티 헬스 아웃리치 서비스
Foundation Social Impact	FSG	파운데이션 소셜 임팩트
Global Alliance for Vaccines and Immunization	GAVI	가비(글로벌 얼라이언스 포 백신 앤 이뮤니제이션)
Rockefeller Philanthropy Advisors	RPA	록펠러 필란트로피 어드바이저스
Teach for America	TFA	티치 포 아메리카
The Whitman Institute	TWI	휘트먼 인스티튜트
United Nations Children's Fund	UNICEF	유니세프
United Teen Equality Center	UTEC	유텍(유나이티드 틴 이퀄리티 센터)

주요 약어

영문	약어	한글명
Doner-Advised Fund	DAF	기부자조언기금
Grantee Perception Report	GPR	수행 기관 인식 보고서
limited liability company	LLC	유한책임회사
low-profit liability companie	L3C	저수익유한책임회사
Randomized Control Trials	RCT	무작위 대조군 연구

Contents 차례

작가 노트

이 책은 센터 포 이펙티브 필란트로피CEP의 이사회와 직원들의 지원과 과거 17년 동안 나와 함께 일했던 비영리 단체들 덕분에 세상에 나왔다. CEP가 개발한 연구와 지식을 이 책에서 많이 다뤘지만, 책의 내용은 전적으로 나의 관점을 표현하려고 했다. 이 책을 출간하면서 받은 모든 지원에 감사한다. 이 책은 출판 후 1년 동안 판매에서 비롯된 저작권료의 50%가 CEP의 지속적인 성장을 위해 기부된다.

추천사

우리는 급박한 어려움이 많은 시대에 살고 있다. 빈부격차와 불평등은 날로 확대되고 있다. 미국에서 언론의 자유는 위협에 처했고, 대량 투옥은 미국 사회의 근간을 흔들고 있다. 인종차별과 국가주의는 전 세계적으로 증가하고, 자신의 젠더, 인종, 성적 지향, 능력, 합법적 시민권 여부에 따른 불평등이 사람들의 기회를 지속적으로 제한하고 있다. 게다가 기후 위기는 지구상의 모든 사람과 이 행성 자체를 위협하고 있다. 이런 어려움은 끊임없이 이어진다.

이런 어려움들은 우리에게 너무 벅차 보인다. 우리의 제한된 자원을 고려할 때 이 모든 문제를 해결하는 것은 불가능해 보일 수도 있다. 그렇지만 내가 희망을 이야기할 수 있는 이유는 각계각층의 사람들이 자신의 지역사회에서, 국가에서, 세계에서, 이런 문제들을 보고, 내가 할 수 있는 일이 무엇일까? 고민하기 때문이다.

수십 년 동안 이 질문에 대한 많은 사람의 답변은 필란트로피였다. 사실, 앤드류 카네기가 1889년에 에세이 『부의 복음Wealth』(예림북, 2014)을 썼을 때, 그는 필란트로피를 자유 시장으로 야기된 최악의 상황들을 개선할 수 있는 필수적이면서도 효과적인 방법으로 보았다. 부유한 사람은 자기 생전에 재산을 모두 기부해야 한다는 생각도 그 당시에는 급진적이었다. 카네기의 에세이가 출간된 이후에, 우리가 알고 있는 현대적인 필란트로피 분야가 등장했다. 그래서 수백만 명의 사람들은 자신의 삶을 개선할 방법과 자원들을 얻을 수 있었다.

부의 복음서로 여겨지는 카네기의 에세이가 출간된 지 130년이 흐른 지금, 필란트로피 분야에 참여하는 사람들, 재단들, 자원들은 늘어나고 있다. 동시에 오늘날 우리는 지속적으로 학습하여 카네기가 상상했던 것보다 더 많은 것을 알고 있다. 수십 년 동안의 성공과 실패를 통해 우리는 경험과 이해 그리고 관점을 얻었다. 우리는 도움이 되는 새로운 기술, 데이터, 연구, 방법도 보유하고 있다. 우리는 문제의 근본 원인을 이해하고, 기관을 설립하고, 자신에게 영향을 미치는 결정에 목소리를 낼 수 있도록 지역사회와 협력하는 등의 효과적인 방법을 더 많이 배워왔다. 우리는 구조적 불평등, 무의식적 편견, 제도적 불의가 지난날 우리의 과오와 오늘날 우리의 위치에 어떻게 영향을 미쳤는지에 관한 새로운 통찰력을 얻었다.

우리가 많은 것을 배워왔지만, 필란트로피의 임팩트에 대한 이해는 여전히 어렵다. 좋은 일을 하고 싶어 하는 우리 중 많은 이들은 어떻게 해야 제대로 하는 건지 늘 의문을 가진다.

물론 다음 두 가지는 항상 기억해야 한다. 첫째, 돈만으로는 문제를 해결할 수 없다.

그러나 돈은 세대를 아우르며 지속적인 변화를 만들어가는 단체에 기금을 제공할 수 있다. 돈은 좋은 일을 하는 개인을 지원하여, 그들이 자기 생각을 실현하도록 도울 수 있다. 단체를 운영하며, 도움이 필요한 개인들을 지원하며, 해결방안을 확장하는 사람들은 이 책에서 언급한 것처럼 우리 사회에 알려지지 않은 영웅들이다. 제도적 기관에 대한 신뢰가 감소하는 이 시대에, 정부와 기업의 영역 너머의 일을 하는 시민 사회 단체는 우리 사회와 지역사회에 절실하게 필요한 근본적인 일을 한다.

이제, 그 어느 때보다 더욱 많은 사람이 시민 사회를 공정과 평등의 덕목을 실천하는 곳으로 보고 있으며, 우리의 민주주의를 지키고 보호하는 데 시민 사회가 기여하기를 기대하고 있다. 시민 사회의 이러한 노력에 필란트로피가 중요한 역할을 할 수 있다. 필란트로피는 우리 사회를 움직이는 정의에 대한 헌신을 회복하도록 도울 수 있고, 도와야 한다. 단순한 자선 활동을 넘어, 필란트로피는 우리 민주주의의 근간을 위협하는 세력에 맞서 싸울 수 있다. 그것이 저널리즘에 대한 현재의 공격일 수도 있고, 투표와 같은 민주주의의 기본 권리의 제한일 수도 있고, 날로 확대되는 불평등 격차일 수도 있고, 구조적 인종주의나 차별일 수도 있다. 이러한 이점 외에도, 필란트로피는 분열을 극복하고 끊어진 곳에 다리를 놓을 수 있다. 또한 필란트로피는 이 세상을 더 좋은 곳으로 만들고 싶은 사람들을 모든 분야에서 연결하고 모이게 한다. 그리고 필란트로피는 공감을 회복하고, 미래에 대한 희망, 삶의 조건에 대한 경험, 정의에 대한 열망 등 우리에게 생각보다 더 많은 공통점이 있다고 일깨워준다.

기억해야 할 중요한 두 번째 점은 돈만으로 문제를 해결할 수 없는 것처럼, 필란트로피스트 혼자서 이 일을 할 수 없다는 것이다.

필란트로피 분야에서 일하면서, 필 부캐넌Phil Buchanan에게 지혜와 조언을 구할 수 있었던 나는 운이 좋았다. 내가 그에게 도움을 요청할 때마다, 필은 복잡한 상황들을 정리하고 핵심에 도달했다. 문제 해결의 달인이었던 그는 최고의 방법과 강력한 생각을 통합하여 해결책을 찾는 데 실패한 적이 없다.

이 분야의 다양성이나, 기관이나 필요의 범위나, 떠오르는 경향이나, 문제점들을 필보다 더 잘 아는 사람은 없다. 그는 이 분야를 끊임없이 배우면서 연구하고, 중요한 보고서들을 썼다. 필은 성장하는 기관을 이끌고, 끊임없이 다른 사람들에게 자문하며, 때로는 자신을 희생하는 사람이다. 필의 독특한 관점은 귀중한 생각을 나눌 수 있는 파트너로서 이 분야와 이 분야의 미래에 대한 옹호를 신뢰할 수 있게 한다.

간단히 말해 필은 21세기의 초반에, 거의 20년을 앞으로 있을 필란트로피를 개선하는 데 헌신했다.

더욱이 지난 17년 동안 센터 포 이펙티브 필란트로피CEP의 의장이자 대표로서, 필은 셀 수 없이 많은 개인 기부자들과 재단들에게 자문했고, CEP를 통해 변화를 만들고 싶은 모든 사람들을 위해 꼭 필요한 정보를 제공했다. 필의 리더십과 관리로 CEP는 통찰력 넘치는 자료와 모범 사례가 가득한 보고가 되었다.

이 책도 마찬가지다.

이 책에서 필은 CEP에서 보낸 시간을 통해 배운 많은 교훈을 통합하고, 긴 경력을 쌓으면서 습득한 지식을 나누고, 데이터와 스토리를 결합하여 모든 유형과 분야의 기부자들에게 실용적인 조언을 제공한다. 필은 어떻게 해야 가장 효과적인지 알고 싶은 모든 사람을 돕고 있다.

물론 필의 리더십은 명석한 두뇌나 그가 펼쳐놓는 방대한 지식뿐만 아니라, 그의 마음에서 나온다.

필은 공익적인 일을 하는 개인과 기관을 위한 열정적인 옹호자의 모델이다. 모든 기금제공기관과 필란트로피스트들은 그렇게 되어야 한다. 필은 사람들에 의해, 사람들을 위해 이런 일을 한다는 것을 알고 있다. 기금 제공은 사람들에 의해, 사람들을 위해 이런 일을 한다는 사실을 인정할 때만 효과적이다. 우리 사회의 건강한 민주주의는 건강한 시민 사회와 불가피하게 연결되어 있다는 것을 그는 누구보다도 잘 이해한다.

사실, 적극적이고 효과적인 시민 사회는 민주주의의 성공에 매우 중요하다. 특히 민주주의의 힘은 '우리, 사람들'에게서 나온다. 우리 사회의 '제3섹터'를 구성하는 단체, 기관, 재단, 옹호 그룹은 조직하고, 자신의 목소리가 들리게 하고, 봉사하고, 그들의 니즈와 이해관계를 표현할 공간을 시민들에게 제공한다. 그러므로 필 같은 리더들이 시민 사회를 강화하면, 그들은 동시에 우리 민주주의의 근간을 강화할 수 있다. 근간은 바로 사람들이다.

그래서 이런 일과 이 책이 정말 중요하다.

당신이 재단의 리더이든 기부금액이 소액인 개인이든 간에 이 책은 당신에게 특별할 것이다. 당신이 효과적인 필란트로피를 실행하는 법처럼 현장에서 활용할 실용적인 조언을 찾는다면, 그 규모와 상관없이 이 책이 아주 흥미롭고, 많은 정보를 알려주며, 무엇보다도 영감을 줄 수 있다는 것은 의심할 여지가 없다.

직업이 무엇인지, 얼마나 많은 돈을 기부할 것인지는 중요하지 않다. 이 책은 모든 유형의 실천가를 위한 책이다. 이 책은 기부를 넘어 한 걸음 더 나아가려고 하는 모든 사람을 위한 책이다. 이 책은 효과적으로 기부하는 법을 배우고자 하는 사람들을 위한 책이다.

우리가 21세기를 위한 필란트로피의 미래를 그려볼 때, 우리는 필란트로피를 단순한 너그러움을 넘어 정의를 위한 정확하고, 목표가 분명하게 설정되고, 효과적인 방법으로 발전시켜야 한다. 이 책은 우리가 어떻게 나아갈지 알려준다.

당신도 이 책을 읽는다면, 나와 내 동료들이 오랫동안 누려온 혜택을 누릴 수 있을 것이다. 바로 지혜롭고 큰 마음을 가진 필 부캐넌의 자문이다. 당신도 기부할 때 그의 자문을 받을 수 있어서 나는 기쁘다. 함께할 때 우리는 모든 자원, 에너지, 열정을 제대로 기부할 수 있을 뿐만 아니라 정의 실현처럼 기부로 공익을 달성하는 일도 해낼 수 있을 것이다.

대런 워커

포드 재단 대표

서론

기부는 비즈니스가 아니다
: 기부는 왜 특별한 일인가?

It's Not Your Business:
Why Giving Is
a Challenge Like No
Other

서론

기부는 비즈니스가 아니다
: 기부는 왜 특별한 일인가?

"전 그저 우리가 변화를 만들고 있는지 알고 싶을 뿐이에요." 억만장자인 60대 여성 필란트로피스트가 나에게 말했다.

기부를 전업으로 하는 사람들도 이런 걱정을 한다. "우리가 할 수 있는 모든 일을 하고 있는지 걱정이 됩니다. 우리가 해야 하는 일을 못 하는 건 아닌지 신경이 쓰여요. 우리가 놓치고 있는 건 없는지 걱정돼요. 늘 걱정이 많아요."라고 한 재단의 대표가 말했다.

나는 사람들과 매주 이런 대화를 나눈다. 이런 사람들은 긴급한 사회 문제를 해결하기 위해 자원—막대한 자원—을 배분한다. 이런 일은 큰 특권이다. 사실 이들을 만나 이들이 무슨 일을 하는지 알게 되면 대부분의 사람들은 부러워한다. 그러나 이 일은 막중한 책임감이 따르기 때문에 이들의 걱정은 끊이지 않는다. 기금을 배분하는 민간 재단private foundation에서 일하는 사람들이나 개인 기부자들 모두 필란트로피가 미치는 영향력이 자손에게 남기는 유산에 버금간다고 여긴다. 필란트로피가 자손에게 남기는 유산보다 중요할 때도 있다. 이들은 자기 유산이 낭비되지 않길 바란다.

기부의 선한 영향력을 극대화하는 것은 내가 센터 포 이펙티브 필란트로피Center for Effective Philanthropy(CEP)의 설립자겸 대표로 일한 17년 동안 반복적으로 이야기했던 주제였다. 우리가 민간 재단*의 대표를 대상으로 수행한 연구는 필란트로피를 더 잘해야 한다는 통념뿐만 아니라 어떻게 더 잘할 것인지가 불확실하다는 것도 보여준다. 리더들을 대상으로 한 설문조사와 심층 면담 결과를 분석하면서, 민간 재단들이 사회에서 중요한 변화를 만들 수 있지만 민간 재단의 잠재력이 완전히 발휘되지는 못했다고 생각하는 사람들이 압도적으로 많다는 것을 발견했다.[1]

이러한 불확실성과 염려는 내 친구나 가족들—자기가 후원하는 자선기부금charitable contributions**이 정말 변화를 만드는지 궁금한 평범한 사람들—이 가지는 염려와 크게 다르지 않다. 수표

* 우리나라의 비영리 법인은 비영리 사단법인과 비영리 재단법인으로 구분되나, 미국에서 재단(foundation)은 하나의 주요 자금 공급원을 가지고, 다른 자선단체(비영리 단체)와 개인에게 보조금(grant)을 제공하는 자선프로그램 운영을 주요 활동으로 하는 민간 재단(Private Foundation)을 의미한다. 저자는 재단(foundation)과 비영리 단체(nonprofits)를 구분하여 서술한다. (참고. 개인기부 관련 과세제도 연구(2020). 한국조세재정연구원 세법연구센터. 세법연구 20-01. p.46)

** 미국 연방세법상 자선기부금(charitable contribution)은 기부(charitable contribution)와 증여(gift)를 구분하지 않고 동의어로 본다. 미국 판례도 기부와 증여를 구분할 수 없다고 보고 있다. (참고. 위 자료. p.43)

를 발행하거나,* 온라인으로 기부금을 내거나, 지역 재단community foundation**과 연계된 기부자조언기금doner-advised fund(DAF)***에 직접 출연할 때, 당신도 아마 똑같이 궁금했을 것이다. 어쨌든 퇴직연금의 실적을 확인하는 것과 달리 당신의 기부로 인한 임팩트를 측정하는 것은 정말 쉽지 않다. 투자는 수익으로 쉽게 측정되는 반면, 기부의 임팩트는 측정하기가 훨씬 더 어렵기 때문이다.

질문은 너무 많다

나는 어떻게 해야 기부로 큰 변화를 일으킬 수 있는지 고민하는 모든 단계의 기부자를 위해 이 책을 썼다. 고액기부자뿐만 아니라 미국에서 자선단체에 기부하는 가정의 대다수를 차지하는 일상적인 기부자를 위한 책이다. 이들은 자기 마음이 움직이기 때문에

* 미국에서는 결제 방식으로 계좌이체보다 개인 수표(personal check)를 발행하여 우편으로 송부하는 방식을 전통적으로 선호했다. 지금도 각종 공과금이나 월세 납부, 고가의 상품 결제 시 개인 수표 발행이 많이 활용된다.

** 지역 재단(community foundation)은 면세, 비영리, 자치, 대중적 지원, 비분파적인 특징을 가진 자선기관이다. 수많은 기부자들의 기부금으로 만들어지며, 특정 지역 내에 거주하는 주민들의 광범한 편익을 도모한다. (참고. 『지역재단이란 무엇인가』, 박원순, 아르케, 2011. p.24)

*** 기부자조언기금(DAF)은 기부자가 펀드를 출연하면서 조세 혜택을 받고, 펀드 운영의 수익을 배분하는 과정에 참여하여 기부자가 원하는 곳에 배분할 수 있도록 함으로써 기부자의 의지에 따라 기부가 이루어질 수 있도록 한 계획기부(planned giving) 상품이다. (참고. 『초고액 기부 고도화 전략 연구』, 전성률 외, 사회복지공동모금회, 2023. p.63)

기부하고, 자신이 깊이 관심을 가지는 주제나 분야에서 변화를 만들고 싶어 기부한다. 그러나 이들도 속으로는 질문한다.

- 내가 만들고 싶은 변화를 향해 제대로 가고 있나?
- 기부를 잘하려면 비영리 섹터와 필란트로피에 대해 어떤 것을 이해해야 하지?
- 누군가 우리 집 문을 두드리며 기부를 요청하거나, 가게의 계산대 앞에서 기부를 요청받거나, 자연재해로 인한 피해 복구를 위해 기부를 요청받을 때, 내가 기부해야 할까?
- 나는 올바른 목표에 집중하고 있나? 나는 이런 목표를 달성하기 위해 올바른 기부 전략을 선택했나?
- 내 돈이 정말 내가 원하는 대로 쓰일까?
- 나는 기부의 성과를 어떻게 측정하지?
- 내가 기부를 잘하도록 도와주는 자료들은 어떤 것이 있나?

질문이 너무 많다는 것을 나도 안다. 이런 질문에 직면한 기부자들을 돕는 분야에서 일하면서 나는 이런 질문에 대한 답이 모호하다는 것을 알게 됐다. 나는 이 책을 통해 기부 효과성의 핵심 구성요소뿐만 아니라 기부의 독특한 어려움을 당신이 이해하도록 돕고 싶다. 그렇게 되면 진짜 변화를 지속적으로 만드는 데 당신이 기여할 수 있다는 가능성이 극대화될 수 있다.

나는 역사적으로나, 현재에도, 그리고 다가올 미래에도 필란트로피의 상당한 후원이 미국과 세계를 더 나은 곳으로 만들고 있다고 당신을 설득하려고 한다. 기부를 효과적으로 하려면, 실제 효과가 있는 방법을 배울 필요가 있다. 그렇지 않으면 많은 신규 기부자들이 범하는 예측가능한 실수를 똑같이 할 수 있다.

여전히 많은 어려움이 있지만, 미국에서 기부는 많은 사람들이 생각하는 것 이상으로 큰 일을 했다. 기부는 이 나라가 좋은 나라가 되는 데 상당한 기여를 했다. 또한 전 세계적으로 삶의 조건을 개선하는 데도 앞장선 기부는 많은 시도를 통해 인류 역사상 '지금'을 생존하기에 가장 좋은 때로 만들었다. 필란트로피에 대한 외부 비판이 빗발치는 현시점에서 지금을 강조하는 이러한 관점은 특별히 중요하게 느껴진다.

기부와 비영리 단체는 비즈니스와 다르다

최근 몇 년 사이에 필란트로피에 대한 비판이 늘었다. 특히 비즈니스나 시장 기반 접근이 기부가 가진 어려움에 대한 해답을 준다는 생각을 지지하는 사람들이 이런 비판을 한다. 필란트로피는 효과적이지 않고, 비영리 단체와 기부자는 좀 더 비즈니스처럼 움직여야 한다는 말을 얼마나 많이 들었는지 모른다. 그러나 이런 말이 진정 어떤 의미인지는 명확하지 않다. 이러한 생각은 오랫동안 계속되었다. 내가 하버드 경영대학원Harvard MBA에 다녔던 거의 20년 전부터 이런 말을 들었다. 그 이후로는 이런 말을 좀 더 자주 들었을 뿐이다.

사실, 과거 몇십 년 동안 필란트로피에 관해 언급했던 경영대학원 교수진, 경영 컨설턴트들, 실리콘 밸리의 테크 거물들(혹은 이들을 동경하는 이들), 그 외 다른 사람들은 자선기부 더 넓게는 비영리 섹터는 비효과적이기 때문에 '비즈니스적 사고'의 주입이 필요하다는 입장에 선 경우가, 전부는 아니더라도, 많은 것 같다. 사람들은 비즈니스라는 용어를 '관리가 잘 된' 혹은 '효과적인'의 동의어로 쓴다. 비즈니스 업계에서 전략 컨설턴트로 일했던 나는 그렇지 않다고 말할 수 있다. 게다가 미국에는 효과적으로 일하는 비영리 단체와 비영리 리더들이 믿기 힘들 정도로 많은데, 이런 주장은 이들에게 피해를 준다.

"우리는 사회적 영역에서 대단한 업적을 이루려면 좀 더 비즈니스처럼 해야 한다는 생각을 거부해야 합니다. 좋은 의도로 하는 말이지만, 대단히 잘못된 생각입니다." 필란트로피와 비영리를 이해하는 몇 안 되는 유명한 비즈니스 전략가인 짐 콜린스Jim Collins는 이렇게 주장한다. "대다수 비즈니스는—인생의 다른 많은 부분과 마찬가지로—평범한 수준과 좋은 수준 사이 어딘가에 해당하죠. … 그렇다면 우리는 왜 보통 수준의 관행을 사회적 분야에 도입하려고 할까요?"[2]

나는 콜린스에 동의한다. 그리고 전보다 줄었다고 해도 비영리 단체에 대한 지속적인 비판은 대중과 국회의원의 인식을 바꿨고, 2018년에 발효된 세금 개혁 법안에서 기부금 세액 공제를 사실상 삭감하는 등의 정책 환경이 나빠진 것에 영향을 미치기 시작했다. 세금 신고를 통해 공제 혜택을 받으려는 사람의 수가 상당히 줄어들었다. 또한 비즈니스처럼 운영하라는 조언은 혼란스러울 뿐만 아니라 임팩트 달성과 상치된다는 점도 우려된다. 내가 아는 대부분의 비영리 단체와 비영리 리더들은 엄격하고 데이터 중심으로 일한다. 그들은 목표 선택, 전략 개발, 실행 및 성과 평가에서 비즈니스와는 다른 접근을 요구하는 자신들의 일이 비즈니스의 일과 얼마나 다른지 완전히 인식하고 있다.

기부를 가장 효과적으로 하는 사람도 이런 차이를 이해한다. 이러한 필란트로피스트들은 그들의 비즈니스 감각(또는 그들 선조의 비즈니스 감각)이 그들에게 부유함을 선사했지만, 효과적인 기부에는 다른 종류의 기술이 필요하다는 점을 잘 알고 있다. 효과적으로 기부할 때 필요한 협력과 관계 형성, 깊은 겸손함, 인과관계를 파악하는 일이 얼마나 어려운지 인식하기 어렵다. 각각 그리고 많은 다른 부분에서 효과적인 기부는 효과적인 비즈니스에서 갖춰야 하는 점들과는 다르다. 고유한 어려움이 있는 비영리 섹터에는 고유한 방법론이 필요하다. 이는 테크 기업가이자 투자자인 마리오 마리노Mario Marino가 1995년에 자신이 창업한 기업을 매각한 후 발견한 점이다. 자수성가한 억망만장자인 마리노는 클리블랜드Cleveland의 노동자 계급 가정에서 성장했는데, 70대가 된 지금 20년 동안 기부하며 많은 교훈을 얻었다.

"아마도 저는 다른 사람만큼 기부에 대한 고민을 많이 했을 거예요. 그런데도 충분히 고민한 것처럼 느껴지지 않아요." 그는 나에게 말했다. "저는 정말 교만했어요." 마리노는 그의 비즈니스 경험에서 효과적이었던 점이 기부에도 적용될 것이라고 성급하게 판단했다고 말했다. 수년이 흐르고, 그는 내가 아는 매우 사려 깊은 기부자 중 한 명이 되었고, 그의 영향력은 커졌다. 그러나 그는 그 과정이 쉽지 않았다는 말을 가장 먼저 하고 싶어 했다.

기부자들은 종종 시장이나 정부의 해결 방안이 통하지 않는 가장 견고한 문제를 해결하고 싶어 한다. 그렇게 다루기 힘든 난제는 단기간에 성과를 얻을 수 없다는 것을 뜻한다. 많은 기부자가 성과를 달성할 수 있을지 고민하는 동안, 마리노나 CEP의 자문을 받았던 사람들은 정반대의 문제를 고민했다. 그들은 실제로는 성과가 없는데, 좋은 성과를 냈다고 착각할 수 있다고 여긴다. "실제로는 일을 망치고 있는데, 다른 쪽에서는 박수갈채를 보내는 꼴이죠." 직설적으로 이야기하는 마리노가 평소의 무뚝뚝한 말투로 말했다.[3]

우리가 과거보다 더 효과적이면서 혁신적이고 창의적인 접근법을 찾아야 한다는 데 마리노는 동의할 것이다. 그러나 그는 쉬운 해결책이란 거의 없으며, 즉시 효과를 내는 방안은 없다는 것을 배웠다고 말했다.

기부는 공익을 추구하는 강력한 방법이었다

우리는 우리가 당면한 어려움과 문제에 집중하려는 경향이 있다. 어쨌든 민주주의 제도가 위협당하고, 불평등이 증가하고, 인종주의가 만연한 오늘날에는 많은 문제가 있다. 그러나 우리가 만든 진보를 기억하는 것도 중요하다. 「뉴욕 타임즈*New York Times*」의 칼럼니스트 니콜라스 크리스토프Nicholas Kristof가 언급한 것처럼, 2017년은 '아마도 인류 역사상 가장 좋은 해'였다. 빈곤, 비문해, 아동사망, 질병으로 인한 장애, 시각상실을 겪은 사람들의 숫자를 보면, 커다란 진보가 있었다.[4] 기부자들은 이런 진보를 만들었으며, 그 이상의 일도 하고 있다. 상업 비행과 인터넷을 개발한 연구를 지원하고, 환경 파괴에 맞서 싸우며 강과 호수를 정화했고, 빈곤 아동이 방과후 교실 등 안전한 곳에서 공부를 할 수 있게 돕고, 질병을 치료하며, 아프고 죽어가는 사람을 치료했다.

기부는 우리 삶의 모든 영역에서 커다란 변화를 만들었다. 100년 전 미국에서 결핵 퇴치를 위해 헌신한 민간 재단과 비영리 단체의 성과를 참고할 수 있다.[5] 1990년에서 2010년 사이에 로버트 우드 존슨 재단Robert Wood Johnson Foundation과 다른 많은 단체들은 흡연율 감소를 위해 노력했다.[6] 가장 최근에는 11년 넘게 자원을 전략적으로 모아 1억 5,300만 달러에 달하는 공동 기금을 조성한 기부자 컨소시엄인 법률혼연대Civic Marriage Collaborative의 활동이 있었다. 2015년에 미국 대법원이 동성 결혼을 보장한 결혼을 할 권리가 합헌이라고 판시했을 때, 그들은 누구도 예측할 수 없었던 성과를 달성했다.[7]

빈곤이나 테러리즘의 위협, 퇴역 군인의 치료처럼 우리 주변에 실재한 어려움이 여전히 있어도, 여러 분야에서 기부가 만들어온 실질적인 변화를 부인할 수 없다.

기부—당신의 기부—는 변화를 만든다.

나는 당신이 기부를 제대로 할 수 있도록 사실에 기반한 정보와 인사이트를 제공하려고 한다. 이 책에서는 널리 퍼졌지만 사실이 아닌 고정관념을 서술하고 이를 반박할 것이다. 그래서 당신이 실제 효과가 있는 방법을 배우고, 이에 기반해 성공적으로 기부하도록 도울 것이다. 또한 부자가 되는 것보다 다른 사람을 제대로 돕는 일이 훨씬 어렵다는 앤드루 카네기Andrew Carnegie의 유명한 말처럼, 혼자서는 이 일을 실현할 수 없음을 이해하도록 도울 것이다.[8]

효과적인 기부의 구성요소

다음에 이어지는 내용에서는 효과적으로 기부하려면 무엇이 필요한지 다루려고 한다. 1장에서는 미국 비영리 섹터의 방대하고 다양한 영역을 조망하고, 우리 삶의 모든 영역을 다루는 비영리 섹터가 더 나은 사회를 위해 특색 있고 중요한 역할을 감당하고 있다고 주장할 것이다. 그리고 2장에서는 기부 생태계를 개관하며 임팩트를 추구할 수 있는 많은 기부 방법을 소개할 것이다.

3장부터 6장까지는 효과적인 기부에 필요한 사항을 개별적으로 다룰 것이다. 목표를 신중히 설정하고, 전략을 영리하게 수립하며, 도우려는 사람들과 좋은 관계를 맺고, 성과를 평가하는 등의 내용은 제대로 기부하려고 헌신한 개인 기부자부터 기관 기부자까지 보편적으로 적용될 수 있다. 7장에서는 목표를 추구할 때 이용할 수 있는 추가적인 방법을 알아보고, 마지막으로 결론에서는 이런 일들이 왜 중요한지 환기하려고 한다.

2001년 내가 CEP의 첫 번째 구성원으로 합류한 이래로 CEP에서 수행했던 방대한 연구에 기반해 각 부분을 다루려고 한다. 또한 내 동료들과 내가 고객으로 만났던, 세계에서 가장 큰 규모의 재단을 포함한 민간 재단 수백 곳과 개인 기부자, 가족이 설립한 단체들을 가까이에서 지켜보며 얻은 교훈을 나누려고 한다. 나는 가능하다면 언제든지 기부자, 비영리 단체, 비영리 활동으로 도움을 받은 사람들에 관한 이야기를 하려고 한다. 이런 이야기는 우리 삶에 효과적인 필란트로피를 제시한다. 또한 유망하다는 혁신에서 유행하는 부분을 빼고, 가장 파괴적인 고정관념을 반박하면서, '새로운' 접근에 대한 과도한 믿음도 자세히 살펴보려고 한다. 개인 기부자와 기관 기부자 모두 예로 들 것이다. 당신이 직접 당신의 돈을 기부하든지, 배분 프로그램 담당자로 민간 재단에서 일하든지, 효과적인 기부의 원칙들을 적용할 수 있기 때문이다. 나는 기부자가 방대한 사례에서 배울 수 있다고 생각한다. 한정된 자원을 가진 보통 사람들의 기부가 테크 분야의 거물들에게 교훈을 주는 것처럼, 존 록펠러John D. Rockefeller와 빌 게이츠Bill Gates의 기부도 우리 모두에게 교훈을 준다.

임팩트를 키우는 기술을 개발하라

기부로 긍정적인 변화를 만들려는 사람들로부터 배울 수 있는 인사이트와 교훈은 중요하다. 이들은 일상적인 경제활동을 하는 사람, 기부자조언기금DAF의 보유자, 개인 기부자와 가족이 설립한 재단 또는 민간 재단 설립을 고려하고 있는 가족, 기부자에게 민간 재단 설립을 자문하는 사람, 고액자산가를 대상으로 한 투자자문회사 또는 직원, 민간 재단의 직원과 이사회, 기타 기금을 조성하는 기관이다. 종교적 믿음, 불의에 대한 우려, 부모님이나 가족들에게 배운 가치의 실현, 사회 문제나 재해에 대한 개인적인 경험 등 기부의 동기가 무엇이든지 이 책을 통해 당신이 더 효과적으로 기부하길 바란다. 또한 미국 사회에서 기부의 역할을 다룬 이 책은 비영리 섹터를 연구하는 학계와 학생들, 개인 기부자 혹은 기관 기부자와 상호작용을 하는 모금가의 늘어나는 관심을 충족시켜 줄 것이다.

이 책에서 공유하려는 관점들은 다양한 출처에서 나왔다. CEP의 방대한 연구는 거의 대부분 내 동료이자 CEP 연구소의 부소장인 엘리 부토Ellie Buteau 박사가 수행했다. 동료이자 평가자문서비스 부사장인 케빈 볼덕Kevin Bolduc의 감독 아래 고객사인 수백 개의 민간 재단과 주요 기부자들과 일하며 우리의 경험을 얻었다. 또한 CEP의 뛰어난 이사회 구성원들, 매사추세츠 케임브리지와 샌프란시스코 사무소에서 일하는 직원 40명의 인사이트에 기댔다. 그리고 업무적으로 존경하는 사람들의 저술과 분석 및 수많은 개인 기부자들과 비영리 리더들과의 상호 작용에 기반한 나의 개인적 관찰에 근거한다.

내가 언급한 많은 기부자들, 특히 기관 기부자들은 CEP의 고객이었다. 또한 많은 기관 기부자들이 우리에게 기금을 지원했다. 나는 가까이에서 일했던 우리 이사회의 전·현직 구성원을 포함한 사람들에 관한 이야기를 일부 다뤘다. 이들의 이야기를 서술하며 객관적인 관점을 유지하려고 노력했다. 기부자와 민간 재단을 서술할 때는, 공개된 데이터와 관련자와 직접 면담하여 얻은 정보만 사용했다. 고객이 참여한 대화를 언급한 여러 사례에서는 실명 대신 가명을 사용했다. 이러한 사례에서 개인들이 식별되지 않도록 애썼다.

나는 미국의 맥락을 주로 다뤘는데, 내가 미국의 상황을 가장 잘 알고 있기 때문이다. 내가 모든 답을 줄 수 있다고 말하는 것은 아니다. 그러나 특정 관행, 원리, 접근이 더 성공적인 기부를 달성하도록 도울 수 있다고 생각한다. 아마도 대다수 사례에서 효과적인 기부의 원칙들은 통용되는 관념이나 당신이 전에 듣고 읽었던 것과 다를 수 있다.

나는 기부자가 우리 사회에서 다른 행위자가 할 수 없거나 하지 않을 역할을 감당할 수 있다고 생각한다. 기부자들이 기부를 제대로 할 때, 그 임팩트는 엄청날 것이다. 함께 일할 수 있어 감사했던 많은 이들과 나에게 많은 가르침을 준 사람들이 이 책에 대한 영감을 주었다. 이어서 다룰 이야기가 당신이 효과적으로 기부할 수 있도록 영감을 제공하길 바란다.

기부효과성의 근본 원칙은 변함없지만, 통달하기 어렵다. 어린 축구 선수가 축구공을 가지고 계속 뛰어다니며 발을 쓰는 기술을 익힐 때, 지난한 훈련 과정을 건너뛰는 지름길이란 없다. 마찬가지로 효과적인 기부는 배워야 하고, 제대로 기부하기 위해서는 연습해야 한다. 효과적으로 기부하려면 필란트로피의 성공 사례와 실패 사례를 구별하는 능력과 기술을 개발해야 한다.

축구를 잘하기 위한 기술과 농구를 잘하기 위한 기술이 서로 다른 것처럼 기부를 잘하기 위한 기술과 비즈니스를 잘하기 위한 기술은 서로 다르다. 사실 기부를 잘하기란 쉽지 않다. 기부를 잘하려면 많이 노력해야 하고, 깊이 생각해야 하며, 겸손해야 하고, 대답하기 어려운 문제와 기꺼이 씨름하려는 의지가 필요하다. 당신의 기부 목표가 무엇이든 간에 목표를 향한 당신의 노력은 보람될 것이다.

기부는 충분히 노력할 가치가 있다.

제1장

미국의 비영리 단체, 알려지지 않은 영웅들

Nonprofits and Their
Unsung American
Heroes

1장

미국의 비영리 단체, 알려지지 않은 영웅들

티파니 쿠퍼 가이Tiffany Cooper Gueye는 1980년대 보스턴Boston 외곽의 가난한 아프리카계 미국인 대다수가 몰려 살던 도체스터Dorchester에서 할머니 손에 자랐다. 할머니는 푸드 스탬프food stamps*를 받아 생활했다. 가이는 부유한 백인이 대다수인 교외의 공립학교에 다녔는데, 인종차별을 철폐하기 위해 보스턴 지역의 공립학교에 도입된 버스 프로그램busing program으로 통학했다. 가이는 어느 동네에서 자라는지에 따라 삶의 기회가 결정되고, 또 이 기회의 차이가 얼마나 큰지를 초등학교에서 처음 경험했다.

보스턴의 부유한 교외 지역은 가이가 인종차별을 경험했던 곳이기도 했다. 그녀가 3학년 때, 몇 주 동안이나 운동장에 있던 타

* 푸드 스탬프로 불리는 영양보충보조프로그램(Supplemental Nutrition Assistance Program(SNAP))은 미국의 저소득층에게 식료품 비용을 지원하는 연방정부 프로그램으로, 미국의 대표적인 공공부조의 하나이다.

이어 그네를 타려고 했지만 타지 못했다고 회상했다. 매일 누가 가장 먼저 그네에 도착하나 겨루는 시합에서 반 친구들보다 뒤처진 그녀는 그네에 너무 늦게 도착했다. 마침내 탈 차례가 되면, 쉬는 시간이 끝나버렸다.

어느 날, 가이는 드디어 그네에 가장 먼저 도착했다. 그런데 한 아이가 다른 쪽에서 그네를 낚아채며 가이가 그네를 타지 못하게 했다. 가이는 자기가 가장 먼저 그네에 도착했으니 자기 차례라고 그 여자아이에게 설명했다.

그 여자아이는 가이를 빤히 쳐다보더니 이렇게 말했다.

"그렇지만 적어도 난 흑인은 아니야."

그 순간 압도적으로 백인이 많은 학교에 버스를 타고 다니는 극소수의 아프리카계 미국인인 자기 처지가 이해됐다. 도체스터에 있는 할머니 집 근처 학교와도 차이가 극명했다. 이 학교에는 자원이 넘쳐났다. 거리를 따라 커다란 집들이 늘어서고 나무가 울창한 동네에 사는 백인 친구들은 학교에 걸어서 통학했고, 버스를 타더라도 이동 거리가 짧았다. 그러나 새벽 6시 전에 일어나야 학교 버스를 탈 수 있었던 가이는 통학에 많은 시간이 걸렸다. 가이는 이런 상황을 경험하며 저소득 소외계층 아이들과 경제적으로 부유한 아이들 간의 격차를 줄이는 데 자기 삶을 헌신하기로 결심했다.

이런 경험 때문에 가이는 보스턴 칼리지Boston College에 진학해 심리학을 공부했다. 꿈을 좇아 3학년 때 전국적 규모의 비영리 단체인 빌딩 에듀케이티드 리더스 포 라이프Building Educated Leaders for Life(BELL)에서 일을 시작했다. 가이는 BELL에서 전임으로 근무하면서 보스턴 칼리지에서 교육연구평가측정educational research, evaluation and measurement으로 박사학위를 받았다. 가이가 CEO로 임명되었을 때, 그녀는 겨우 스물아홉이었다.

BELL은 '여름방학 학습 결손summer learning loss*'을 겪는 도심 빈곤 지역 아이들이 학업 성취도를 높일 수 있도록 여름방학 특별 프로그램을 내실 있게 운영했다. 여름방학 학습 결손은 여름방학 동안 학력이 저하되는 현상으로, 모든 학생에게 나타나지만 특히 저소득층 아이들에게 더욱 뚜렷하게 나타난다. BELL은 여러 민간 재단에서 기금을 지원받아 가장 엄격한 평가 방식인 무작위 대조군 연구randomized control trials(RCT)를 시행했다. RCT는 프로그램에 참여한 아이들의 성적과 동일한 모집단에서 프로그램에 참여하지 않은 아이들의 성적을 비교한다. 의학 분야의 임상 시험을 사회 프로그램에 적용한 것으로, 프로그램에 참여한 집단과 참여하지 않은 집단의 결과를 비교한다.

외부 평가자가 실시하는 RCT는 BELL의 프로그램 효과성을 입증했다. 외부 평가자들은 프로그램에 참여한 학생들과 참여하지 않은 학생들의 학업 성취도 간에 통계적으로 유의미한 차이가 있음을 발견했다. 이제 2천만 달러의 예산을 집행하는 BELL의 모델 프로그램은 널리 알려졌다. BELL은 연간 학생 1만 6천 명을 돕고, YMCA와 협업하여 20만 명까지 수혜자를 급격하게 확대했다. 궁

* 학기 중에는 모든 학생들이 교사의 지도를 받을 수 있어 계층에 따른 학습 격차가 적지만, 방학 때는 부모의 사회경제적 배경에 따라 학습 기회와 학습 시간이 차이가 난다. 보통 6월에서 8월까지 적게는 두 달에서 세 달 정도인 미국의 여름방학을 보내고 나면, 부모의 관심과 노력으로 방학 중에도 학습을 지속한 중산층 이상의 학생들은 학력을 유지하지만, 보충 학습의 기회가 없는 저소득층 학생들은 상대적으로 학력이 급격히 낮아진다.

극적으로 BELL은 청소년 백만 명을 도우려고 한다.

이제 30대 후반이 된 가이는 2017년 여름 사임할 때까지 CEO로 9년간 복무했다. 그해 봄 보스턴 칼리지는 그녀의 뛰어난 리더십을 치하하며 명예학위를 수여했다.[1]

"재무제표를 읽을 수는 있어요?!"

가이는 많은 것을 이뤄 냈지만, 아마도 당신은 지금껏 그녀의 이름을 들어보지 못했을 거다. 많은 다른 사람들처럼 당신도 비영리 리더들이 얼마나 뛰어난지 몰랐을 거다. 보통 사람들이 비영리에 관해 쓴 글을 보자. "비영리 모델은 망가졌어요." 코드나우 CodeNow의 창업자겸 대표인 라이언 시슈어Ryan Seashore는 테크 크런치TechCrunch.com에 이렇게 공언했다. "여러분의 단체가 유니콘* 비영리 단체가 아니라면, 여러분의 단체도 간접비overhead를 지나치게 많이 쓰고, 너무 관료적이며, 임팩트에 집중하지 못하고 있을 거예요. 게다가 너무 느리죠." 그는 "영리 회사 스타트업만도 못해요." 라고 이어 말했다.[2] 이런 생각은 기술 기반 스타트업 업계에도 만연하다. 레딧Reddit의 공동 창업자인 알렉시스 오해니언Alexis Ohanian도 시슈어와 거의 비슷한 논조의 글을 「와이어드*Wired*」에 썼다. "현실을 보세요. 비영리 모델은 망했어요. 사람들에게 죄책감을 느끼게 해서 막대한 행정비를 쓰는 불투명하고 비효율적인 단체

* 기업가치가 10억 달러 이상인 스타트업 기업

에 기부하게 하는 건 20세기 방식이죠. 이런 모델로는 더 이상 살아남을 수 없어요."[3]

분명 가이를 비롯한 비영리 섹터의 다른 리더들은 커다란 행적을 남겼지만, 그들은 합당하게 존중받지 못하고 있다. 그들은 이상이 높고, 열정적이며, 열심히 노력한다. 가이처럼 가장 뛰어난 사람들은 유능한 리더이자 관리자이고, 뛰어난 전략을 구상하며, 재무 및 데이터에 대한 해박한 지식도 가졌다. 비영리 리더도 비즈니스 CEO가 가진 이런 모든 기술, 어쩌면 그 이상의 기술이 필요하다. 이런 리더는 비영리 섹터의 리더라고 할 때 떠오르는 일반적인 모습이 아니다. 그렇지만 사실이다.

가이는 자기가 MBA 수업의 특강 연사로 초대받았던 일을 나에게 말했다. 가이가 강연에서 '자기 일을 잘하기 위해서는 좋은 프로그램을 기획하고, 기금을 모으며, 평가를 엄격하게 감독하고, 단체의 재무 및 운영 성과를 관리하는 데 필요한 모든 기술을 지녀야 한다.'라고 말하자, 한 학생이 깜짝 놀랐다.

"정말 놀랍네요." 그 학생의 탄성이 터졌다. "손익계산서와 대차대조표를 알고 있다니, 당신은 정말 재무도 이해하고 계시군요."

"왜 제가 그런 일을 못 할 거라고 생각한 거죠?" 가이가 말했다. "저는 2천만 달러 예산을 집행하는 단체를 운영한다고요."[4]

가이가 비영리 단체를 운영하기 때문에, 그녀는 '부드러운' 사람이고 숫자에 익숙하지 않을 거라고 그 학생은 단정지었다. 그 학생이 생각한 비영리 단체의 리더는 미래를 그리는 사람visionary이거나 '자선사업가'이지, 유능한 관리자는 아니었다. 그 학생은 가이 앞에서 잘난 척을 했다.

그러나 가이는 재무를 포함하여 비즈니스 CEO가 하는 모든 일을 할 뿐만 아니라 그 이상의 일도 해야 했다. 이 일은 쉬운 일이 아니며, 많은 점에서 영리 회사의 리더보다 더 많은 일을 감당해야 한다. 비영리 리더는 유명한 만평*에서 묘사된 진저 로저스Giner Rogers와 비슷하다. 프레드 아스테어Fred Astaire가 했던 모든 것을 진저 로저스도 했다. 뒤에서 하이힐을 신은 채로 말이다.

기부를 효과적으로 하는 사람이 되려면 비영리 섹터의 고유한 특성뿐만 아니라 비영리 리더들이 직면한 독특한 어려움도 반드시 이해해야 한다. 대체로 많은 기부자가 이런 어려움을 이해하려 들지 않는다. 이 장에서는 효과적인 기부를 위한 여정을 떠날 때 반드시 알아야 하는 기본적인 내용을 설명하며 비영리 섹터 전체를 개관한다.

존중하지 않는다

MBA 학생들처럼 보통 사람들도 비영리 단체에 대해 오해한다. 내가 아는 많은 기부자도 비영리 리더들을 좋지 않게 본다. 그러나 기부를 효과적으로 하려면, 이런 고정관념에서 벗어나야 하고, 비영리 섹터의 고유한 어려움을 이해하고, 비영리 단체들이 기부

* 밥 테이브스Bob Thaves가 로스앤젤레스 신문의 「프랭크 앤드 어니스트Frank and Ernest」 코너에 연재했던 한 컷짜리 풍자만화이다. 프레드 아스테어는 뮤지컬을 영화화하는 데 크게 기여했는데, 상대적으로 덜 조명된 그의 파트너였던 진저 로저스가 움직이는 데 제약이 있는 하이힐을 신고도 무대에서 동일한 일을 했다는 의미이다.

자에게 가장 기대하는 것을 알아야 한다. 결국 당신의 기부로 만드는 임팩트는 후원 단체가 내놓는 결과에 달려 있다.

영역이 다양하고 깊이도 천차만별인 비영리 섹터에서는 "사람이 가장 중요하다." 초기 이민자들이 종교적 자유를 추구해 이주했다는 역사는 미국 사회를 형성한 구조적 특징을 보여준다.

1830년대에 알렉시스 드 토크빌Alexis de Tocqueville은 다양한 명분을 추구하며 함께 모이려고 하는 미국인의 성향에 관한 유명한 말을 남겼다.

> 모든 연령대의 미국인, 각계각층의 미국인, 다양한 기질을 가진 미국인, 그 미국인들은 언제까지나 모임을 만들 것이다. 바자회를 열기 위해, 신학교를 설립하려고, 교회를 세우려고, 책을 나눠주려고, 오스트레일리아와 뉴질랜드로 선교사를 보내려고 미국인은 모인다. 병원, 감옥, 학교가 다 그렇게 생겼다. 결국 미국인들은 진실이라고 생각되거나 알리고 싶은 사례에 고무되어 이를 전파하려고 언제나 모임을 만들 것이다.[5]

이로부터 150년 후, 린든 존슨Lyndon Johnson 대통령 재임 시절 보건교육복지부 장관을 지냈고, 커먼코즈Common Cause를 설립한 존 가드너John Gardner는 비영리 섹터를 이렇게 묘사했다.

> 빈곤을 완화하고 잘못된 일을 바로잡으려고, 마음 속 호기심과 영혼의 갈망을 자유롭게 펼치려고, 아름다움을 추구하고 진실을 수호하려고, 모든 사람이 스스로 선한 행동과 악한 행동을 정의하고 선한 사람에게 상을 주고 악한 사람을 벌하려고, 치료법을 발견하고 치료할 수 없는 사람을 위로하려고, 옆 마을 사람들을 싫어하거나 무서워하는 태곳적 충동을 다스리려

고, 내일의 위기를 대비하고 어제의 지혜를 보존하려고, 너무 바빠서 너무 게을러서 너무 두려워서 너무 싫증 나서 다른 사람들이 대답하지 않으려는 질문을 파고들려고, 우리는 헌신한다.[6]

가드너가 아름답게 표현한 것처럼 비영리 섹터에는 고유한 역할이 있다. 각각의 비영리 단체들은 옹호, 도움이 필요한 사람을 돕는 구호, 감시, 교육, 연대 등 다양한 역할을 수행한다.

비영리 섹터는 정부나 비즈니스와는 구별된다. 사실, 비영리 단체들은 보통 정부와 비즈니스 사이에서 균형추가 된다. 록펠러 형제 기금Rockefeller Brothers Fund의 스테판 하인츠Stephen Heintz 대표가 자주 말하는 것처럼, 비영리 섹터는 정부와 비즈니스에 대한 일종의 '견제와 균형의 역할'을 맡는다. 이러한 역할 때문에 코네티컷 대학Connecticut College 전임 총장이었던 클레어 과디아니Claire Gaudiani는 필란트로피에 관한 다음 주장을 펼쳤다. "필란트로피는 몇십 년 동안 자본주의를 구했어요. 재능을 타고났지만 가끔은 무절제한 사람 옆에서 주의를 주는 똑똑하고 친절한 친구 같아요. 살아가는 내내 자제력과 더 나은 판단력이 필요하다고 조언해주는 친구처럼요."

과디아니는 환경 보호 기금Environmental Defense Fund과 다른 비영리 단체들이 진행한 DDT(과거에 쓰이던 살충제)를 금지하는 캠페인, 스티로폼 용기 사용을 중단하라고 맥도날드McDonald를 설득하는 캠페인, 납 성분이 포함된 유연휘발유 사용을 단계적으로 금지하자는 캠페인 등 많은 예를 들어 설명했다.[7]

'세계의 불가사의'

비영리 단체들의 미션과 접근법은 엄청나게 다양하다. 널리 알려진 속설과는 다르게 비영리 단체가 단순히 사람들이 빈곤에서 벗어나도록 돕는 일만 하는 것은 아니다. 물론 많은 비영리 단체가 그런 일을 하긴 한다. 듀크 대학교Duke University의 조엘 플라이시먼Joel Fleishman은 "빈곤은 궁극적으로 정부가 전적으로 해결해야 하는 문제"라고 말했다.[8] 빈곤 완화를 주로 하는 비영리 단체 외에도 비영리 연구소, 비영리 협회, 비영리 박물관, 비영리 싱크탱크도 있다. 플라이시먼은 수년간 수억만 달러를 집행하는 민간 재단인 애틀랜틱 필란트로피Atlantic Philanthropies의 리더로 일했다. 그는 미국의 시민 사회를 "세상의 불가사의이자 그 유례를 찾아보기 힘든 사회적 현상"이라고 썼다. "많은 한계가 있지만 그래도 미국의 시민 사회는—미국 그 자체와 마찬가지로— 전 세계가 지켜보는 역동적이고, 포용적이며, 민주적인 사회이다."[9] 사실 10년 전 플라이시먼이 글을 썼을 때와 비교하면 애국심을 고취하는 이런 묘사가 오늘날에는 부적절해 보일 수도 있다. 그러나 이와 같은 사실은 이런 이상이 중요하고, 미국 사회를 돕는 데 비영리 단체와 필란트로피가 최선을 다했다는 것을 강조한다.

대다수 사람이 아는 것보다 비영리 섹터는 미국 경제에서 훨씬 더 큰 부분을 차지한다. 총수입 관점에서 비영리 섹터는 미국 국내총생산GDP의 거의 10%를 차지한다. 비영리 섹터에 종사하는 사람들은 전체 노동 인구의 10% 이상이다. 여기에 수백만 명의 자원봉사자들도 있다.[10] 기부금의 측면에서 보면, 비영리 섹터는 대다수 미국인과 관련되어 있다. 2000년부터 2014년까지 가계의 기부 비율이 감소했다는 징후를 보였지만, 총기부액은 사상 최고치를 경신했다. 필란트로피는 여전히 미국의 위대한 전통이다.[11] 인디애나 대학교 릴리 패밀리 필란트로피 스쿨Indiana University's Lilly Family School of Philanthropy의 패트릭 루니Patrick Rooney는 미국인들은 대선 투표에 참여하는 것보다 자선단체에 기부를 더 많이 한다고 자주 이야기한다.[12]

역사학자인 올리비에 준즈Olivier Zunz는 비영리 세계를 민주주의에 빗대어 묘사한다. 앤드루 카네기나 빌 게이츠Bill Gates 같은 고액 기부자도 민주주의에 참여하지만, 결핵 퇴치를 위한 크리스마스 씰을 구입하거나 유방암 근절을 위한 핑크 리본을 착용하는 일반 시민도 민주주의에 참여한다. 준즈는 기부가 미국인의 전형적인 특징이며, 미국인은 주요 사회적 목표를 달성하고자 기부한다고 주장한다.[13]

시애틀Seattle에 있는 레이니어 밸리 봉사단Rainier Valley Corps의 집행 이사인 뷔 르Vu Le는 비영리 단체의 동시대적 역할을 이렇게 설명한다. 비영리 단체는 "유색인 리더를 양성하고, 유색인 커뮤니티가 이끄는 단체를 강화하며, 다양한 커뮤니티 간 협업을 증진하여 사회 정의를 촉진한다." 그의 블로그 비영리 에이에프*Nonprofit AF*에서 르는 비영리 단체와 필란트로피는 우리의 일상생활에서 당연하게 여겨지는 많은 부분을 책임지고 있다고 썼다. "당신이 길을 걸을 때 안전하다고 느낀다면, 아마도 지역사회 안전을 위해 노력하는 비영리 단체가 있기 때문이다. 당신 주변에 있는 예술품과 음악을 무료로 즐긴다면, 아마도 유망한 예술가와 음악가들을 후원하는 비영리 단체가 있기 때문이다."라고 그는 썼다. 비영리 단체의 이러한 노력으로 우리는 공원, 깨끗한 공기, 유기농 음식, 질병 치료, 공공화장실의 무료 사용, 식수대 등 일상생활에서 많은 혜택을 누리게 된다. 이런 목록은 계속 이어진다.[14]

흥미롭게도 많은 일반 대중은 이런 사실을 이해하는 것 같다. 역사적으로 미국에서 비영리 섹터는 가장 신뢰받는 분야였다. 신뢰성이 높은 척도인 에델만 신뢰도 척도Edelman Trust Barometer에 의하면, 시민들은 비즈니스나 정부보다 비영리 섹터를 더 신뢰했다. 2018년에 비영리 단체를 포함한 사회의 모든 기관에 대한 신뢰가 상당히 급감했다.[15] 2016년 대선 후보들과 관련된 민간 재단을 둘러싼 논란과 스캔들에 휘말린 일시적인 현상인지 영구적인 쇠퇴인지는 두고 봐야 한다. 나는 비영리 단체의 신뢰가 회복되길 희망한다. 물을 흐리는 단체가 분명 있지만, 그래도 비영리 섹터는 대중의 신뢰를 얻을 만하다.

기부자는 비영리 단체에 관한 기본적인 사실뿐만 아니라 비영리 단체가 가진 권한과 특징을 이해해야 한다. 좀 더 깊이 들어가 이 분야의 중요한 특징을 더 자세히 살펴보자.

하버드 대학교에서 노숙인 쉼터까지

사람들에게 비영리 섹터에 관해 물어보면 대부분은 무료 급식소나 허리케인이 지나간 후 구호 물품을 나눠주는 적십자사Red Cross 같은 이미지를 떠올린다. 그러나 비영리 섹터는 이보다 훨씬 방대하고 다양하다. 약 400억 달러의 기부금을 받은 하버드 대학교Harvard University도 비영리 기관이다.[16] 수입이 몇십만 달러인 노숙인 쉼터도 비영리 기관이다. 지역사회에 있는 청소년 축구 협회도 마찬가지로 비영리 기관이다. 물론 많은 비영리 단체들은 자선기부금에 의존하기보다는 수수료를 부과하고, 실제로 수수료가 수입의 더 큰 부분을 차지한다. 물론 비용을 충당하려고 기부금에 의존하기도 한다. (더 자세히 이야기해보자.)

영리 사업이라는 점을 제외하면 동네에 있는 세탁소는 구글Google과 공통점이 거의 없는 것처럼, 비영리 섹터도 굉장히 다양한 단체들로 이뤄졌다. 미국 비영리 단체들은 공통적으로 면세 지위를 가진다. 방대한 단체를 포괄하는 501(c)(3)단체*는 공적인 혜택을 제공하고 직접적 정치 활동을 하지 않아야 면세 자격을 유지할 수 있다. 또한 이 단체들은 잉여금을 주주나 소유자에게 지급하지 않고, 단체 활동에 재투자해야 한다. 이러한 단체들은 어려운 사람들을 돕는 단체부터 환경과 야생 동물을 보호하는 단체나 기후 위기 혹은 빈곤의 근본 원인을 공론화하는 단체까지 다양하다.

당연하지만, 비영리 섹터에 관한 일반적인 설명이 대체로 잘못되었다는 것은 다양한 단체들에서 볼 수 있기 때문에 이 분야의 다양성은 중요하다. 그러므로 비영리 섹터를 지나치게 포괄적으로 일반화하거나 고정관념에 사로잡히기보다는 당신의 관심 분야에서 활동하는 비영리 단체의 특징을 이해하려는 노력을 기울이길 권한다.

* 미국 국세청의 면세 자격 분류에 따른 단체 구분으로, 자선, 종교 및 교육 단체가 해당된다.

작지만 강하다

비영리 섹터는 굉장히 크지만, 비영리 섹터를 구성하는 대부분의 단체는 작다. 전체 비영리 단체의 3/4은 연간 예산이 50만 달러 이하이다.[17] 지난 15년 동안 수만 개의 단체를 조사한 CEP에 따르면, 민간 재단의 기금을 받은 비영리 단체에는 소규모 단체들이 많았다. 이런 단체 예산의 중간값은 140만 달러 정도다.

작은 단체가 많은 것이 비효율이나 낭비의 징후로 여겨진다는 점은 정말 아쉽다. 어느 땐 이런 말이 사실일 수 있다. 때로는 비영리 단체도 더 많은 사람을 돕기 위해 규모를 키워야 한다. 10억 달러의 자산을 보유한, 뉴욕에 있는 에드나 매코널 클라크 재단Edna McConnell Clark Foundation이 BELL처럼 탁월한 비영리 단체가 전국적 또는 전 세계로 프로그램을 확대할 수 있게 단체의 '성장'을 돕는 것을 보면 알 수 있다.

그러나 더 큰 규모가 항상 좋은 것은 아니다. 지역 기반의 작은 단체의 역량을 강화한다거나, 당신이 기부하는 비영리 단체(사업을 직접 수행하는 '수행 기관')의 어떤 프로그램이 효과적인지 배워야 한다고 권장하는 말을 들어봤을 것이다. 때로는 이런 방법이 당신의 목표를 달성하는 가장 좋은 방법이다. 시애틀에 위치한 월버포스 재단이 그렇다. 직원 열 명 규모인 월버포스 재단은 환경 분야 단체들을 지원하는 민간 재단으로, 월버포스 재단의 설립자이자 대표인 로즈 렛윈Rose Letwin이 재단 기금을 단독으로 조성했다.

자산이 1억 달러인 월버포스 재단은 렛윈이 매년 상당액을 추가로 기부하여 매년 1,500만 달러의 기금을 조성한다. 자연 서식지를 보호한다는 재단의 목표를 달성하기 위해, 윌버포스 재단은 지역 기반의 작은 단체와 일해야 한다. 이런 소규모 단체들은 윌버포스 재단에서 기금을 지원받는데, 재단이 관심을 가지는 분야에 변화를 만드는 데 이러한 단체들이 가장 적합하기 때문이다. 폴 보뎃Paul Beaudet 집행 이사가 말했다. "우리는 지역의 상황을 이해하고, 관계를 맺은 지역 기반의 단체가 필요하죠." 그래서 윌버포스 재단은 재단이 지원하는 특정 단체의 성장보다 관심 분야의 '성장'이 더 중요하다. 폴 보뎃은 "우리는 눈에 확 띄는 큰 단체 하나를 원하지 않습니다."라고 말했다.[18]

예를 들어 알래스카의 숲을 보호하려고 윌버포스가 기금을 지원하기 시작했을 때, 싯카 보전 협회Sitka Conservation Society는 예산이 15만 달러에 불과했다. 왜 이렇게 일할까? 해당 지역과 지역사회를 잘 알고 있는 지역 기반의 단체와 지역 활동가들이 지역의 시민들을 움직이는 일처럼 환경 보호를 위해 필요한 일을 가장 잘 할 수 있기 때문이다. 윌버포스는 비슷한 문제에 봉착한 지역 단체들을 연결해 서로 배울 수 있도록 돕는다. 또한 이런 단체들이 더 효과적으로 일할 수 있도록 다른 지원들도 제공한다. 그러나 이런 단체들의 급격한 성장 그 자체를 바라는 것은 아니다.

그러므로 항상 대형 단체가 더 잘하는 것은 아님을 명심해야 한다. 당신의 목표, 전략, 특정 맥락에 따라 소규모 단체나 대규모 단체 혹은 중간 규모의 단체를 지원해야 한다. 모든 선택은 상황에 따라 다르다.

당신의 전략이 무엇이든, 보고나 데이터 수집과 같은 영역의 기대 수준을 정할 때는 당신이 지원하려는 단체의 예산과 직원 규모를 고려해야 한다. 싯카 보전 협회처럼 직원이 적으면, 대형 환경 단체들처럼 기부자나 후원자와 상호작용을 할 여력이 없다. 그렇다고 이런 단체가 특정 목표에 집중하는 데 최적의 단체가 아니라고 할 수는 없다.

기부만으로 운영되지 않는다

비영리 단체들은 비용을 어떻게 충당할까? 많은 사람이 비영리 단체 수입의 가장 큰 재원이 자선기부금이 아니라는 것을 알면 놀란다. 비영리 단체의 가장 큰 수입은 단체가 제공하는 서비스에 대한 유료 수수료나 제품의 수익에서 나온다.[19] 사람들은 비영리 단체가 수익 활동으로 얻은 수입을 마치 새로운 개념인 것처럼 자주 이야기한다. 특히 이 분야를 잘 모르는 사람들일수록 그렇다. 그러나 수익 활동으로 인한 수입은 비영리 단체의 형태만큼이나 오래됐다. 굿윌Goodwill이나 걸 스카우트Girl Scouts(와 그들이 판매하는 쿠키) 혹은 비영리 박물관을 생각해보라. 이들의 수입은 입장료 같은 사업수익과 필란트로피적 후원금으로 구성되어 있다.

최근 몇십 년 동안, 수익 활동으로 인한 수입 혹은 서비스에 대한 유료 수수료는 비영리 단체 총수입의 약 70%를 차지했다. 이러한 비율에는 거의 변화가 없다.[20] 수익 활동으로 인한 수입의 큰 부분은 시민들에게 필수 서비스를 제공하려고 비영리 단체와 계약하는 정부의 보조금 형태이다. 병원, 그리고 퇴역 군인이나 가정위탁 아동 같은 취약 계층을 돕는 사회복지단체가 이런 서비스를 제공한다. 그러나 비영리 단체 수입의 많은 부분은 유료 수수료에서 나온다. 예를 들어 대학 등록금이나 회원제 협회의 회비를 생각해보자.

수입의 상당 부분이 서비스에 대한 유료 수수료에서 나오지만, 미국의 비영리 단체들은 자선기부금으로 엄청난 금액을 모금했다. 2017년에는 기부금이 4천억 달러가 넘는 기록을 세웠다.[21] 물론 전적으로 자선기부금으로 운영되는 개별 비영리 단체도 많다. 지속적으로 국내총생산GDP의 약 2%를 차지한 미국 내 기부의 비중은 놀라운 수준이며, 전 세계가 이를 부러워한다. 미국은 전 세계에서 기부를 가장 많이 하는 국가로 평가된다.[22]

비영리 단체 수입의 적정한 비율은 어떻게 될까? 다시 말하지만, 하나의 정답은 없다. 상황에 따라 다르다. 비영리 단체가 수익 활동으로 인한 수입만 추구하는 것은 아니다. 그러나 그런 활동이 목적 사업의 달성에 부합한다면 비영리 단체도 수익 활동으로 인한 수입을 추구해야 한다. 비영리 단체가 달성하려고 하는 목적 사업에 부합하는 수익 활동의 기회가 있는가? 그렇다면 쿠키를 판매하여 기금을 모으면서 소녀들에게 기업가 정신을 교육하는 걸스카우트의 사례처럼, 수익 활동의 기회가 있다면 비영리 단체들도 이런 수익 활동을 시도해야 한다. 반대로 수익 활동의 추구가 목적 사업의 달성을 방해한다면, 비영리 단체는 필란트로피적 후원만 추구해야 한다.

사람들은 종종 비영리 단체의 '지속가능성'을 논한다. 종종 이런 주장은 수익 활동으로 인한 수입이 기부받은 후원금보다 더 지속가능하다고 가정한다. 그러나 반드시 그런 것은 아니다. 개인 기부자 및 기관 기부자의 충성도가 수익 활동으로 인한 수입만큼 견고하거나, 더 믿을 만할 수도 있다. 그러므로 수익 활동이 없으니 문제라고 쉽게 단정 짓지 말아야 한다. 적절한 수입 구조는 비영리 단체의 목표와 상황에 따라 달라질 수 있다. 단체가 자금을 어떻게 조달하는지, 수익 활동으로 인한 수입과 기부금의 비중은 어떻게 되는지, 해당 비영리 단체의 기금 마련 전략이 타당한지 기부자는 알아야 한다. 수익 활동으로 인한 수입이 단체의 총수입의 상당한 비중을 차지하고, 비영리 단체의 목적 사업 달성에 부합하는 방식으로 수입이 들어오는 것은 괜찮다. 이런 성장은 비영리 단체가 하는 일을 모니터링하는 데 핵심 지표가 된다.

의존성에서 신뢰성으로

기부에 '의존하는' 비영리 단체는 안 좋다는 통념이 있다. 왜 그럴까?

우리가 의존성을 바라보는 방식을 재구성할 때이다. "그녀는 믿고 의지할 수 있는 친구예요"에서처럼 의존적인 상태가 내포하는 긍정적인 측면에 집중해보자. 많은 비영리 단체가 수익 활동으로 건전한 수입 체계를 갖췄다 해도, 그들은 여전히 필란트로피적 후원이 필요하기 때문이다. 그들이 결과를 내놓는 한, 이 자체는 문제가 되지 않는다. 결과를 내놓는 비영리 단체는 믿을 수 있는 필란트로피적 후원에 매년 기댈 수 있어야 한다. 결과야말로 최고의 척도이다.

어쨌든, 매사추세츠Massachusetts의 노숙 아동들에게 양질의 유치원을 제공하는 호라이즌 포 홈리스 칠드런Horizons for Homeless Children은 필란트로피와 정부 지원이 모두 필요하다. 이에 대한 대안이 무엇인지 말해보자. 네 살짜리에게 '사회적 기업'을 만들고 돈을 벌어서 자기 비용을 충당하라고 할 수 있나?

호라이즌 포 홈리스 칠드런은 지속적인 민간 기부가 필요하다. 당시 열한 살이던 내 딸 에바Ava와 이 단체의 유치원 중 한 곳을 방문했을 때, 에바도 이런 사실을 알았다. 에바는 자기 가족과 달리 이 아이들은 유치원비를 내줄 사람이 없다는 것을 알았다. "여기는 제가 다녔던 유치원과 완전 똑같아요." 우리가 떠날 때, 에바가 말했다.

이것이 핵심이다. 사람들은 이런 아이들을 돕기 위해 돈을 기부한다. 아이들의 부모가 학비를 지불할 수 없어도 아이들은 교육을 통한 공정한 삶의 기회를 누릴 수 있어야 하기 때문이다. 사람들이 제공하는 필란트로피는 이런 아이들도 학교에 다닐 수 있게 해준다. 정부 보조금이 단체의 비용 일부를 지원해도, 단체가 필요한 비용 전부를 충당할 수는 없다.

그런데도 이른바 의존성은 필란트로피에 대한 우려로 남아 있다. 대체로 비영리 단체는 민간 재단의 지원이 종료되면 어떻게 지속가능할 수 있을지 민간 재단의 지원금 신청 양식에 기재해야 한다. 민간 재단 대표와 신탁 관리인뿐만 아니라 개인 기부자도 자기들에게 의존하는 비영리 단체들을 어떻게 피할 수 있는지, 출구 전략은 무엇인지, 나에게 자주 물어본다.

문제가 영구적으로 해결되거나 정부가 개입하지 않는 한, 대개

출구 전략은 없다. 노숙 상태가 끝나 노숙 아동이 사라지거나, 정부가 보편적인 유치원 교육을 제공하기로 결정하기 전까지는, 호라이즌 포 홈리스 칠드런이 하는 일은 필요하다. 기부자들은 호라이즌이 정부나 개인 기부자 그리고 민간 재단에서 받는 지원금을 넘어 새로운 수입원을 찾으리라고 기대해서는 안 된다.

게다가 한 명이 단독으로 조성한 기금에 의존하는 비영리 단체에 의존성의 위험이 실제로 있다는 증거는 없다. 의존성을 어떻게 피할 것인가에 대한 내 대답은 이렇다. "그런 생각을 하지 마라." 현실은 이렇다. 동일한 비영리 단체를 수십 년 동안 지속적으로 후원하는 기부자들은 거의 없다. 후원자는 오고 간다. 수입 구조는 바뀌고 발전한다. 사실상 비영리 섹터에서 의존성으로 인한 문제는 없는 셈이다. 우리가 결과에 신경 쓴다면, 일을 잘하는 단체에는 기부금을 줄이지 말고 지속적으로 더 기부해야 한다.

결국, 기부자로서 당신의 목표가 명확하고, 당신이 후원하는 비영리 단체가 당신의 목표 달성과 관련된 결과를 내놓고 있다는 확신이 있다면 무엇이 문제인가? 기부자는 긴 안목을 가지고 중요한 일에 힘쓰는 비영리 단체를 후원하는 데 머뭇거리지 말아야 한다.

기부자들의 간접비에 대한 집착

아마도 당신은 이런 질문을 들어봤을 것이다. "기부금에서 얼마가 실제 사업으로 쓰이죠? 그리고 간접비로는 얼마가 쓰이나요?" 아마 자문한 적도 있을 것이다.

누구나 자기 돈을 낭비하고 싶지 않다는 좋은 뜻에서 하는 질문이다. 그러나 이는 잘못된 질문이다. 이는 야구팀을 승패가 아닌, 유니폼으로 평가하는 것과 마찬가지다. 중요한 것은 결과다. 결과를 달성하려면, 기술적 지원, 업무수행 관리체계, 직무능력 개발처럼 역량을 높이는 분야에 비영리 단체가 스스로 투자하도록 돕는 유연한 지원이 필요하다. 비영리 단체는 '간접 행정비(관리운영비)' 또는 '직접 사업비'로 분류되는 예산 항목과 무관하게 이러한 투자를 해야 한다.

극소수의 예외가 있지만, 후원금은 **모두** 목적 사업에 쓰인다.

무료 급식소는 임대료, 직원 인건비, 재고 파악을 위한 컴퓨터와 프로그램, 음식 제공에 필요한 모든 비용을 집행해야 한다. 많은 기부자는 음식 제공에 필요한 비용만 직접 사업비로 여기고, 나머지는 모두 간접 행정비로 여긴다. 그렇지만 기부자가 기부금이 음식을 제공하는 데에만 쓰이면 좋겠다고 말하는 것이 타당한가? 배고픈 사람에게 음식을 제공하기 위해 무료 급식소에 다른 비용도 필요한 상황에서 말이다.

너무 오랫동안 기금제공기관과 자선 단체의 등급을 정하는 감시 단체들은 행정비의 비율을 강조하며, 프로그램에 직접 사용되는 기부금의 비율에 기반해 비영리 단체를 평가하려고 했다. 몇십 년 동안 비영리 리더들은 달성된 결과보다 예산을 어떻게 편성했는지에만 집중하는 경향을 반대했다. 그러나 기부자에게는 단체의 행정비 비율이 낮다는 것을 강조했다. 대체로 비영리 단체들은 기부자가 행정비의 비율을 이유로 후원을 **중단**하는 것을 두려워하기 때문이다.

행정비의 정의가 애매하고, 행정비가 다른 프로그램의 직접 사업비라는 사실은 이런 문제를 더 악화시킨다. 결과를 보여주는 한, 예산을 편성하는 방식은 중요한 문제가 아니다. 영국 필란트로피 컨설턴트인 캐롤라인 피에니스Caroline Fiennes와 다른 사람들이 지적하는 것처럼, 정말 중요한 것은 비영리 단체의 효율성과 임팩트이다.[23]

물론 예외는 있다. 예를 들어 기부자들은 법적으로 기부금 중 얼마가 영리 모금 전문가에게 비용으로 지불되는지 알아야 한다. 2013년에 광범위한 논의를 촉발한 「탐파 베이 타임즈*Tampa Bay Times*」와 「센터 포 인베스티게이티브 리포팅*Center for Investigative Reporting*」의 탐사 보도는 영리 모금 전문가에게 지급된 기부금의 비율을 근거로 '최악의 미국 자선단체들'을 추렸다. 이 목록의 1위는 10년 넘게 1억 2,800만 달러를 모금해서 단체가 고용한 모금 대행사에게 1억 1천만 달러를 지급한 키즈 위시 네트워크Kids Wish Network가 차지했다. 이런 일부 단체는 영리 모금 회사의 수익 창출 수단으로 존재하는 것 같다.[24]

"백해무익하다"

그러나 일반적으로 행정비는 "비영리 단체의 업무수행을 측정하는 기준으로 알맞지 않다." 가이드스타GuideStar 대표인 제이컵 해럴드Jacob Harold, 채리티 네비게이터Charity Navigator의 전직 이사장 겸 대표인 켄 버거Ken Berger와 비비비 와이즈 기빙 얼라이언스BBB

Wise Giving Alliance 이사장겸 대표인 아트 테일러Art Taylor가 동일한 취지로 기부자들에게 공개 편지를 보냈다. 과거 행정비 비율로 비영리 단체를 평가하는 기관을 운영하던 버거와 테일러가 이런 편지를 보냈다니 놀라운 일이다. 입장을 바꾼 그들은 기부자에게 행정비뿐만 아니라 '투명성, 거버넌스, 리더십 및 성과'를 함께 고려하라고 요구했다. 나는 이러한 전반적인 기준은 도움이 된다는 데 동의하며, 6장에서 기부자가 어떻게 비영리 단체를 추려낼 수 있는지에 관한 세부 사항을 다룰 것이다. 물론 앞서 언급한 기부금 남용 사례에서 보듯이 예산 편성은 중요하다. 그러나 비영리 단체 평가 전문 기관을 운영하는 세 명의 리더가 쓴 것처럼, "자선단체의 재무 및 운영 성과라는 중요한 측면을 고려하지 않고 행정비만 평가하는 것은 백해무익하다."[25]

그들의 노력은 이런 논의의 새로운 국면을 열었다. 포드 재단Ford Foundation, 빌 앤 멜린다 게이츠 재단Bill&Melinda Gates Foundation과 같은 민간 재단들은 행정비에 대한 제약 규정을 수정했거나 검토하기 시작했다. 포드 재단, 시티 재단Citi Foundation, 시카고 커뮤니티 트러스트Chicago Community Trust 같은 몇몇 주요 민간 재단들이 재단 고유의 목표와 중첩되는 목표를 가진 비영리 단체들에게는 예산을 **무제약**unrestricted으로 편성할 수 있도록 지원하겠다고 발표했다는 사실이 더 중요하다. 이런 민간 재단들은 단체가 유연하게 사용할 수 있는 기금을 지원하는데, 이런 방식이 그들의 미션을 적절하게 실행한다고 여긴다. 수년 동안 비영리 단체 상당수에게 무제약 기금을 지원하던 다른 민간 재단들의 움직임에 합류하면서, 위 민간 재단들은 이런 방식이 얼마나 중요한지 비로소 알게 되었다.

마이크로소프트에서 이사로 일하며 돈을 번 폴 슈메이커Paul Shoemaker 같은 개인 기부자들도 이 사실을 알게 되었다. 슈메이커는 전 세계적 기부 서클giving circle 네트워크이며 본부가 시애틀에 있는 소셜 벤처 파트너스Social Venture Partners의 설립자이자 대표이다. 그는 이렇게 말한다. "기금이 의도한 사회적 성과를 내는 데 쓰이는지 확인하려면, 우리는 달성하려는 성과를 상호 합의해야 하며, 목표(목적)를 달성하기 위해 기금(수단)을 가장 잘 집행하는 방법은 수행 기관이 결정하게 해야 한다. … 만약 수행 기관이 기금을 오용할까 걱정되고, 수행 기관을 신뢰할 수 없다면, 기금을 지원하지 말았어야 한다."[26]

더 많은 개인 기부자와 민간 재단들이 유연하게 예산을 편성할 수 있는 무제약 기금이 중요하다고 인정하는 등 변화의 조짐이 보인다. 그러나 전체적으로 대형 민간 재단이 조성하는 무제약 기금 자체에는 큰 변화가 없다. 조성되는 전체 기금의 약 20% 정도가 무제약 기금으로, 약 20%와 25% 사이를 오가는 수준이다.[27] 그리고 너무 많은 개인 기부자들이 여전히 행정비에 과도하게 집착한다. 효과적인 비영리 단체가 되려면 유연한 지원이 꼭 필요하다.

경쟁력 있는 임금을 지급하기 위해서라도 유연한 지원이 필요하다. 어느 누구도 돈을 많이 벌려고 비영리 섹터에 종사하는 건 아니다. 그러면 안 되지만, 그렇다고 해서 그들이 가난하게 살아야 하는 건 아니다. 비영리 섹터는 다른 분야와 마찬가지로 치열한 구직 시장이다. 비영리 단체가 추구하는 목표를 달성하는 데 필요한 유능한 인재를 발굴하고 유치하기 위해, 비영리 단체도 유능한 인재의 경쟁력을 현실적으로 설명할 수 있는 수준의 임금을 지급해야 한다.

CEP를 예로 들어보면, 우리는 전국에서 가장 우수한 대학 졸업생을 매사추세츠 케임브리지Cambridge나 샌프란시스코San Francisco 사무실의 데이터 분석가로 채용한다. 신입 직원의 연봉은 약 7만에서 8만 달러 선이다. 입사 후보자가 맥킨지McKinsey나 페이스북Facebook에서 비슷한 일을 한다고 할 때 받을 수 있는 10만 달러의 연봉보다는 적지만, 우리에게 적합한 인재를 채용하기에는 충분하다. 지원자들이 우리의 미션과 문화를 이해하고, 승진의 기회가 더 많은 소규모 기관에서 일하는 것을 더 가치 있다고 여기기 때문에 한정된 예산으로 채용이 가능하다. 물론 CEP의 이러한 연봉은 많은 비영리 단체 대표의 급여보다 상당히 높은 수준이다.

실제 어디에서 활동하나

최근 몇 년 동안 영리 회사나, 저수익유한책임회사low-profit liability companies[L3Cs]나 또는 비콥B corps으로 불리며 사회적 목적을 추구하는 하이브리드 영리 회사로 비영리 단체를 대체하자는 논의가 활발하다. 이런 회사에는 아웃도어 의류 및 장비 회사인 파타고니아Patagonia나 온라인 안경 맞춤 소매업체인 와비 파커Warby Parker가 포함된다. 이런 회사의 투자자들은 재무적 수익이 낮아도 용인하는데, 사회적 성과도 함께 추구하기 때문이다. 비즈니스와 비영리 섹터 간 '경계 무너뜨리기'에 관련된 논의는 훨씬 많다.

친환경 공정무역 액세서리 회사인 바바비다Vavavida를 창업한

앙트완 디디엔Antoine Didienne은 "사회적 기업 운동은 단순한 유행을 넘어선 비즈니스의 중심이다. 이 세상에 좋은 소식이며 점점 더 확고해질 뉴노멀이다."라고 했다. 그는 사회적 기업을 '커머스commerce의 미래'로 선언했다.[28] 영리를 추구하는 하이브리드 기업을 지지하는 히래드 사비티Heerad Sabeti는 「하버드 비즈니스 리뷰 *Harvard Business Review*」에서 그가 명명한 '제4섹터fourth sector'의 활동이 점점 늘어나는 "새로운 시대에 우리가 살고 있다."라고 공표했다.[29] 저수익유한책임회사나 비콥을 지지하는 사람들은 이제는 비영리 단체가 한물갔다고 생각한다.

그러나 데이터는 다르게 이야기한다.

미국에는 저수익유한책임회사가 약 1,600개가 있고, 전 세계적으로 비콥 회사는 약 2,600개가 있다.[30] 미국에만 백만 개 이상 있는 비영리 단체에 비하면 이들의 비중은 미미하다. 미국 국내총생산이 18조 달러인데, 비영리 섹터는 수입이 1조 7천억 달러를 초과하는 규모가 큰 분야이다. 비영리 섹터는 우리 사회의 가장 까다로운 문제를 다루면서 실질적인 활동을 훨씬 더 많이 한다.[31]

사실, 중요한 사회적 목표를 달성하려고 의미 있는 활동을 하고 있다고 주장하는 하이브리드 모델이나 수익을 추구하는 '사회적 기업' 중 실제 작동하는 사례는 드물다. 아마도 사회적 문제를 다루면서 동시에 수익을 창출하는 것은 제한된 분야에서만 가능하기 때문일 것이다. 예를 들어 태양광 에너지 회사는 수익과 사회적 임팩트를 함께 추구할 수 있지만, 노숙인 문제나 청소년의 학업 성취도를 높이는 문제를 다루면서 어떻게 수익도 낼 수 있는지 상상하기 어렵다. 비영리 단체는 수익을 추구하면 해결할 수 없는 바로 그 문제를 종종 다룬다.

나는 앞서 언급한 회사들이 있다는 사실이 기쁘고, 언제나 그들의 제품을 기꺼이 구입한다. 그러나 그들은 예외적인 경우이다. 게다가 그들이 영향을 미칠 수 없는 사회적 목표가 훨씬 많다. 나는 기부자들에게, 유의미하고 긍정적인 임팩트를 내고 있다고 주장하는 회사들에 접근할 때 한 번 더 생각하고, 파타고니아에서 새 자켓을 사는 것을 필란트로피로 혼동하지 말라고 권고한다.

가치 있는 다른 방법이 있어도 필란트로피를 달성하는 가장 중요하고 효과적인 방법은 비영리 단체에 기부를 하는 것이다. 기부하려고 수표를 발행할 것인지, 기부자조언기금이나 민간 재단을 통해 기금을 조성할 것인지, 개인 기부자가 될 것인지 아니면 민간 재단의 직원이 될 것인지 등과 같은 문제에 어떻게 접근하고 당신의 돈을 나눌 것인지가 기부자로서의 영향력을 결정하는 가장 큰 변수이다. 정책에 영향을 미치거나 임팩트 투자를 하는 등 유용한 다른 방법도 분명 있다. 이런 부분을 앞으로 논의하려고 한다. 그러나 당신이 선택한 기부 목표를 달성하려면 가장 적합한 비영리 단체에 현명하게 기부하는 것이 가장 중요하다.

측정하기 까다롭다

분야를 구분하는 가장 중요한 특징은 성과를 측정하는 방법이다. 영리 분야에서는 주가나 수익처럼 보편적인 성과측정 척도가 있어 성과를 비교적 쉽게 측정한다. 비영리 섹터에서도 재무제표가 중요하긴 하나 그 자체로 성과를 효과적으로 달성했는지는 알 수 없다.

비영리 단체에 보편적으로 적용되는 성과측정 척도는 정말 없다. 환경 옹호 활동의 성과와 멘토링 프로그램의 성과를 직접 비교할 수는 없다. 그래서 보편적인 성과측정 척도로 비영리 단체들을 비교하여 '투자자'들이 어떤 단체에 기부할 것인지 결정하게 돕는 증권거래소와 유사한 기능을 하는 곳은 결코 나타날 수 없다. 이런 생각은 끊임없이 논의되었지만 실제 실현되지 않았다. 그 자체가 말이 안 되기 때문이다.

비영리 섹터에는 보편적인 성과측정 척도가 없는데, 비영리 단체를 지원할 때 우리의 가치관도 개입하기 때문에 비영리 단체들의 성과를 직접 비교하기 어렵다. 나는 위기 청소년의 멘토링에 더 관심이 있지만, 당신은 기후 변화를 더 염려할 수 있다. 그렇다면 우리는 각 분야에서 달성한 성과를 매우 다르게 평가할 것이다.

비영리 단체의 성과 측정이 복잡하다고 해서 성과 평가가 중요하지 않다는 건 아니다. 오히려 반대이다. 비영리 단체가 목표를 달성하기 위한 진행 과정을 측정하고 모니터링하기 위하여 핵심 지표를 선정하는 것은 대단히 중요하다. 좋은 성과 관리 체계가 있다면, 진행 과정 중 수정사항을 알 수 있고, 지속적인 개선을 고려할 수 있다. BELL 같은 단체에게는 가장 광범위하고, 비용이 많이 들고, 엄격한 측정법인 무작위 대조군 연구RCT가 프로그램의 효과성을 입증하는 데 아주 중요했다. BELL은 좀 더 시기적절한 성과 지표도 정기적으로 추적하고 있다. 다른 비영리 단체는 다르게 접근하는 것이 타당하다.

그러나 실제 성과가 없을 때도 비영리 단체의 '임팩트가 크다'라거나 '성과가 높다'라고 생각하기 쉽다는 점이 유감스럽다. 성과가 높다고 유명하거나 지원을 많이 받는 몇몇 단체들이 실제로는 혼재된 결과들을 보여준다. 티치 포 아메리카Teach for America(TFA)처럼 크고 유명한 단체가 이런 단체에 해당한다.

뉴욕에 본부가 있는 TFA는 교사 훈련 및 파견 프로그램으로 여러 면에서 인상적이다. 다년간 언론의 관심을 받은 TFA는 언론이 칭송하는 단체였다. 그러나 단체 초창기의 선전처럼 TFA가 교육적 성과에 유의미한 영향을 미쳤는지 보여주는 실질적인 증거를 찾기는 어렵다. 그런데도 TFA는 여러 해 동안 교육 분야 비영리 단체들 중 민간 재단들의 지원을 가장 많이 받는 수혜 기관이었다.[32]

TFA는 1989년에 교사 봉사단이라는 아이디어를 프린스턴 대학교Princeton University 졸업 논문으로 작성한 웬디 콥Wendy Kopp이 설립했다. 최고의 대학에서 최고의 학생을 모집하여 어려운 지역의 학교에 2년 동안 교사로 파견하면 더 나은 학습 결과로 이어진다는 아이디어였다. 「에듀케이션 위크*Education Week*」는 "한편으론 TFA가 아니었다면 교직에 들어오지 않았을 똑똑한 학생들로 이뤄진 세대가 TFA에 합류했다. 그러나 TFA는 기존 교사 교육 경로를 건너뛰고, 보통 2년이라는 필수 근무 기간이 끝나면 발생하는 높은 이직률을 용인해서, 교직을 '비전문화deprofessionalizing'한다고 비난받았다."라고 보도했다.[33] 어떤 사람들은 TFA를 열정적으로 옹호했고, 누구는 폄하했다. 그러나 지난 30년 동안 TFA의 결과를 보면, TFA가 받았던 엄청난 금액의 필란트로피 기부를 어떻게 정당화할 수 있을지 이해하기는 어렵다.

한편 뛰어난 성과를 내는 비영리 단체들은 사실상 알려지지 않은 채 일하고 있고, 모금에 어려움을 겪고 있다. 기부자로서 당신은 어떤 단체가 어떻게 일하는지 자세히 살펴보고 이해하는 법을 알아야 한다.

CEP의 조사에 따르면, 비영리 영역의 리더 대부분은 민간 재단의 지원을 받으면 성과 측정에 정말 신경을 썼고, 성과 측정을 제대로 하려고 많은 노력을 기울였다. 우리 조사는 그 점을 명확히 했다.[34] 그러나 비영리 단체는 너무나 빈번하게 이렇게 중요한 성과 측정에 필요한 지원을 기금제공기관에서 받지 못한다. 우리 조사에 따르면 비영리 단체의 2/3가 사업 기금을 지원하는 민간 재단에서 성과 측정에 관한 재무적 또는 비재무적 도움을 받지 못했다. 기부자들은 대체로 비영리 단체들의 성과 측정에 주의를 기울이지 않는다. 비영리 단체에게 무엇이 가장 유용한지 묻는 대신 '증거'만 요구한다. 비영리 단체 대표들에 따르면 그들은 기부자가 원하는 정보를 제공해야 한다고 느낀다. 그러나 단체의 리더들이 단체를 효과적으로 이끄는 데 성과측정 증거가 반드시 필요한 건 아니다.[35]

생명을 구한다는 것

비영리 섹터의 많은 어려움은 영리 분야의 리더가 직면한 비즈니스의 어려움과는 구별되며, 이는 다른 차원의 어려움이다. 이런 어려움에도 많은 리더가 비영리 섹터에 헌신하고 있으며, 자기 단체의 사명과 사업에 열정적이다. 매사추세츠주 보스턴에서 북서쪽으로 30마일 떨어진 로웰Lowell은 퇴락한 면직물 공장이 있는 작은 마을로 주민 10만 8천여 명이 산다. 이곳에서 유텍United Teen Equality Center(UTEC)이라는 비영리 단체를 운영하는 그렉 크루토Gregg Croteau가 그런 열정적인 리더이다.

그의 작업복만 보면, 크루토를 그가 돕고 있는 청소년 중 한 명으로 착각하기 쉽다. 그의 외모는 어려 보이지만 체구는 다부지다. 그의 이런 면모는 그가 돕고자 하는 청소년 대부분이 그를 진지하게 받아들이도록 만든다. 그는 자신감이 넘치고 세상 물정에 밝다. 40대 후반인 크루토는 보스턴 북쪽의 리비어Revere에서 자랐다. "금 목걸이로 우리를 알아볼 수 있어요."라고 농담하는 그는 자기 일을 통해 살아 숨쉬는 사람이다. 1999년에 십대 리더 그룹이 갱단의 만연한 폭력에 대응하려고 유텍을 설립했다. 시에서 보조금으로 4만 달러를 확보하여 활동을 시작했던 2000년에 유텍은 크루토를 채용했다. 그는 "흥미로운 기회. 청소년 센터에서 단체의 시스템을 만들고, 역량을 개발하며, 지속적인 기금을 조성하고, 프로그램을 조직화할 수 있는 집행 이사를 찾습니다."라는 지역 신문의 구인란을 보고 지원했다.

크루토는 이 일에 자신이 적임자임을 알았다. 부모님이 학교 교사와 시청 직원이었던 그는 대학생 때부터 청소년들과 일했고, 개인적인 삶보다 더 큰 사명에 헌신하는 일을 하고 싶었다. 유텍의 초창기에 합류한 그는 그렇게 자기 일을 배워 갔다. "싸움을 말릴 수 있으면 좋은 날이었죠."라고 그는 회상했다.

'위기 청소년이 스스로 폭력과 빈곤을 사회경제적 성취로 바꿀 수 있도록 포부를 키워준다'를 목표로 하는 유텍은 오늘날 로웰과 이웃 도시인 로렌스Lawrence와 하버힐Haverhill에서 말 그대로 생명을 구하고 있다. 전현직 매사추세츠 주지사는 유텍을 모델로 제시했고, 유텍의 성과는 전국적인 명성을 얻기에 충분했다. 이제 유텍은 직원이 45명이고, 예산은 6백만 달러 이상이다. 유텍은 이 지역에서 활동 중인 40개 이상의 갱단 구성원들과 현재 수감 중인 청소년들을 도우려고 노력한다. 이들이 돕는 청소년은 매년 800명에서 900명인데, 이 중 160명 정도의 청소년들을 집중적으로 도와 그들이 범죄 행위에서 벗어나 생산적인 직업을 갖게 한다.

크루토와 유텍의 '청소년 사회복지사'들이 총기 사고 후 병원 침대 옆에 앉아 있거나, 교도소에 수감된 갱단 구성원을 면회하거나, 장례식에 참석하는 것을 볼 수 있다. 유텍 직원들이 거리 생활을 청산하도록 청소년들을 모집할 때 이런 장소들이 가장 적합하다.

이런 곳에 크루토가 없다면, 아마도 그는 유텍 참가자들의 고졸검정고시GED 준비를 돕는 직원들과 일하고 있을 것이다. 아니면 연간 수익으로 백만 달러를 창출하고, 참가자들이 직업 세계에 첫발을 내딛도록 돕는 유텍의 여러 사회적 기업 중 한 곳에서 그를 발견할 수도 있다. 이런 사회적 기업에는 매트리스 재활용 시설, 케이터링 유니폼 업체, 카페, 도마를 만들어 홀푸드Whole Foods에 납품하는 목공소가 포함된다. 아니면 전직 갱단 구성원 16명을 채용한 유텍의 새로운 상업용 주방을 통해 아몬드와 허니넛버터honey nut butter를 북서쪽 식료품 가게에 납품하는 계약을 협상하고 있을지도 모른다. 아니면 비즈니스 리더나 민간 재단들을 상대로 모금하고 있는 그를 발견할 수도 있다. 아니면 그는 국회의원들을 만나

형사사법제도를 개혁해야 한다고 설득하고 있을 수 있다.

2017년 말 내가 그를 찾아갔던 날처럼, 그는 시 지도자들에게 전화해 유텍의 매트리스 재활용을 위해 더 넓은 새 장소를 찾으려고 애쓰고 있을지도 모른다. 당시 사무실 밖에서는 청소년들이 욕설을 날리고 있었는데, 그는 통화를 잠시 멈추고, "좋은 말로 하세요!"라고 소리친 후, 주저하지 않고 부동산과 재활용 시설의 부지에 관한 논의로 돌아갔다.

"죄송해요!" 청소년 중 한 명이 뒤돌아보며 말했다.

미국의 알려지지 않은 영웅들

크루토는 교육자이자 멘토이고, 상담가이면서 영적 조언자이며, 관리자이자 비즈니스맨이고, 모금가이면서 정책 옹호자이며, 중재자이자 피스메이커이다. 그는 이 모든 역할을 해야 한다. 그의 일은 비슷한 규모의 비즈니스를 운영하는 것보다 훨씬 더 복잡하고 어렵지만, 그의 급여는 다른 곳에서 받을 수 있는 급여의 일부에 지나지 않는다. 자기 일에 열정적인 그는 총기 사고와 체포의 숫자가 감소하는 등의 다양한 척도로 성공을 판단하면서 완전히 결과에 집중하는 모습을 보여준다. 유텍 프로그램에 참가한 청소년의 대다수는 교도소를 벗어나 취업한다. 유텍 청소년이 출소 후 1년 이내 재기소되는 재범률은 10%인데, 주 평균은 50% 이상이다.

크루토는 몇몇 주요 민간 재단에서 기금을 지원받는다. 그렇지만, 그는 원하는 것보다 훨씬 많은 시간을 모금에 할애하고 있고,

그의 기관이 받는 대부분의 지원금은 예산 편성에 제약이 있다. 그는 지원금으로 그들이 할 수 있는 최선의 일을 하거나, 그가 신뢰하는 직원들이 받아야 마땅한 급여로 쓰고 싶다. 그러나 이런 지원금으로는 예산을 유연하게 편성할 수 없다. 그는 "기금을 받는 건 대단한 일이죠. 그런데 단체의 엔진(조직운영)에는 이런 기금을 투자할 수 없는데, 사업은 확장해야 해요."라고 설명했다. 종종 그는 성과 측정에 관한 비현실적인 요구를 받기도 한다. 어떤 민간 재단은 기금 사업의 지원 자격으로 BELL이 시행한 무작위 대조군 연구RCT와 같은 종류의 평가를 유텍에게 요구하기도 한다. 그러면 유텍 프로그램에 참여한 청소년 그룹과 유텍이 전혀 개입하지 않은 청소년 대조군 그룹을 비교해야 한다.

타깃 모집단의 모든 아이를 만날 수 없어 무작위배정이 가능한 BELL과는 다르게, 유텍은 직원들이 직접 만날 수 **있을** 정도의 작은 모집단에 집중한다. 유텍은 교정 시설에서 돌아오거나 해당 지역의 갱단에 연루된 청소년 모두를 만난다. 그래서 크루토는 무작위 대조군 연구에 관해 "전 윤리적으로 그 일을 할 수 없어요."라고 설명한다. 이 실험으로 누군가를 위험에 처하게 할 수 있기 때문이다. 게다가 그는 다른 지역으로 프로그램을 확장하는 일에 관심이 없다. 그가 지향하는 규모는 현재 유텍에 참여하는 모집단을 '좀 더 효과적으로, 좀 더 깊게 만나는 것'이다.

크루토는 쉬지 않고 일한다. 그는 대개 저녁 9시까지 퇴근하지 않고, 사무실에 러닝 머신과 결합된 책상을 설치해, 일하면서 운동도 한다. 그는 함께 일하는 사람들도 운동하게 하려고 실내 운동용 자전거도 구입했다. 혹시나 다른 사람들이 그가 지원금을 잘 관리하지 못한다고 생각할까 봐 그는 이런 기구들을 유텍 기금이 아닌 사비로 샀다고 재빨리 강조했다.

그는 최대 위기에 빠진 청소년과 만나는 지금의 일이 아닌 다른 일은 생각해 본 적도 없다고 말했다. 그는 자기 열정을 주변에 퍼뜨린다. 내가 방문했던 유텍 직원 오리엔테이션에서 신규 입사자들에게 이렇게 말했다. "이런 폭력이 정상으로 보이면 안 됩니다. 그렇지 않습니다. 폭력은 정상이 아니기 때문입니다."[36]

유텍이나 BELL 같은 비영리 단체의 리더들은 재능이 많은 사람들이고 그들이 당면한 고유한 문제를 해결하려고 노력한다. 효과적으로 기부하려면, 그들이 맡은 역할이 얼마나 어려운지 이해하고 존중하는 것이 중요하다. 그렉 크루토나 티파니 쿠퍼 가이, 혹은 비영리 섹터의 다른 유능한 리더들과 시간을 보내면, 그들 같은 사람들이 미국을 더 좋은 곳으로 만든다는 것을 느끼게 된다. 그들은 어느 누구도 포기하지 않고, 모두를 돕기 위한 최선의 방법을 활용한다.

그들이 미국의 알려지지 않은 영웅들이다.

기부자들이 자기 목표와 중첩되는 분야에서 활동하면서 결과를 내놓는 비영리 단체의 리더들을 알아보고, 존중하며, 후원할 때, 기부를 가장 잘할 수 있다. 기부자들이 비영리 리더들과 그들 단체를 관대하게 후원하고, 그들이 우리 사회를 강화하고 생명을 구할 수 있도록 그들에게 자율권을 부여할 때, 기부를 가장 잘할 수 있다.

미국의 비영리 섹터는 미국의 본질적 의미를 규정하는 힘이기 때문이다.

1장 정리

기부 가이드

1. **비영리 단체를 운영하기란 쉽지 않다. 비영리 섹터는 까다로운 영역이고, 비영리 단체들은 가장 어려운 문제를 해결하려고 노력하기 때문이다.** 매일 인상적인 일을 수행하는 비영리 리더들을 이해하고 존경해야 한다. 겸손하고, 자기 일과 비영리 단체에 관한 전문성이 있으며, '하드' 스킬과 '소프트' 스킬을 겸비하고, 단체가 달성하고자 하는 목표와 업무수행을 측정하는 법을 설명할 수 있는 리더를 찾아야 한다.
2. **때때로 대형 단체가 더 낫지만, 늘 그런 것은 아니다.** 당신의 목표를 고려할 때 어느 규모의 단체를 후원하는 것이 타당한지 알아야 한다. 당신은 검증된 모델의 확산에 관심이 있거나, 지역의 문제를 다루는 지역 기반의 작은 단체를 더 선호할 수도 있다. 대규모 단체와 소규모 단체 중 어디에 기부해야 하는지에 관한 정답은 없다. 당신의 목표와 상황에 따라 달라질 뿐이다. 만약 작은 단체에 기부한다면, 그들에게 현실적인 기대를 해야 한다.
3. **비영리 단체의 재정 운영방식을 알아야 한다.** 기부자들은 자신이 후원하는 단체가 재원을 어떻게 사용하고 있는지 알아야 한다. 가능하다면, 당신의 목표와 단체의 목표가 일치하고 당신이 신뢰하는 단체라면, 무제약 기금을 기부해야 한다. 그것이 가장 가치 있는 공헌이다.

4. **간접비에 대한 통념에 빠져들지 말고, 현실적인 업무수행지표를 발굴해야 한다.** 비영리 단체는 예산 편성이 아니라 성과로 평가받아야 한다. 물론 재무적 지표가 기준이 아니라서, 비영리 단체가 수행한 업무 결과를 판단하기 어렵다. 따라서 비영리 단체의 목표와 그 목표를 추구하는 과정을 측정하는 법을 깊이 이해할 필요가 있다.

제2장

다양한 기부 방법

So Many Ways to Give

2장

다양한 기부 방법

일단 비영리 섹터를 이해하면, 기부를 어떻게 시작할지 생각해 볼 좋은 위치에 설 수 있다. 이제 당신은 비영리 단체가 고유한 기관이며, 시장 기반 해결책으로 접근하기 어려운 문제들을 주로 다룬다는 것을 알고 있을 것이다. 비영리 단체들의 성과는 재무적 지표로 측정하지 않고 임팩트로 측정한다. 임팩트는 이익이나 투자 수익률만큼 쉽게 측정되지 않는다. 비영리 단체가 비즈니스와 다르다면, 기부가 투자와 다른 것도 당연하다.

그러나 유감스럽게도 많은 사람이 투자는 기부에 유용하게 적용되는 비유라고 주장한다. 이런 주장은 실제 도움이 안 된다. 하버드 경영대학원에 다닐 때 이렇게 잘못 이해된 비유를 처음부터 열렬히 옹호했던 교수가 있었다. 그는 1997년에 「하버드 비즈니스 리뷰」에 글을 공동기고했는데, 특별히 민간 재단들은 투자 심사역처럼 일해야 한다고 시사했다.[1]

경영전문대학원 두 번째 해였던 20여 년 전에 선택 과목으로 그의 수업을 수강한 적이 있다. 초청된 특강 강사는 자신이 근무하는 '벤처 필란트로피' 기관이 '벤처 캐피털 투자 원리'를 어떻게 업무에 적용하는지 설명했다. 그녀는 '전통적 필란트로피'라 불리는 분야를 은근히 깔보며, 이 분야는 결과를 얻지 못한다고 주장했다. 그녀는 비영리 리더들은 무능하며, 이들이 공격적인 '투자자'처럼 책무성을 가질 필요가 있다고 이야기했다.

필란트로피나 비영리 단체에 대해 잘 알지 못했던 학생들은 대부분 고개를 끄덕였다. 필란트로피나 비영리 단체에 대한 경험이 있었던 학생들은 극소수였는데, 우리는 그녀가 아무것도 모른다는 것을 알았다.

우리가 일상에서 당연하게 여기는 많은 발전은 미국 필란트로피가 이룬 대단한 성과이다. 앞서 우리가 알아봤듯이, 비영리 리더들은 종종 미국의 알려지지 않은 영웅들이다. 그들은 차라리 기업 대표가 더 쉽게 느껴질 정도로 다양한 책임들 사이에서 균형을 맞추고 있다. 그러나 그 특강 강사는 자기 이전의 모든 노력은 효과가 없었고, 자신은 성공하기 위한 새로운 공식을 알고 있다고 기어코 주장하려고 했다.

터무니없는 비유

그러나 그런 공식은 없다. "연결하면 바로 쓸 수 있다plug and play"라는 비유는 기부 분야에 적용되지 않는다. 효과적으로 기부하는 방법과 선택지는 정말 많고, 어느 것도 단순하지 않다.

물론 비효과적인 필란트로피도 있지만 우리 주변에는 제대로 기부하는 모범 사례도 있다. 제대로만 하면, 기부는 굉장히 긍정적인 임팩트를 만들 수 있다.

그러나 많은 이들은 투자라는 적절하지 않은 비유에 답이 있다고 계속 주장한다. 이런 주장은 혼란스럽다. '벤처 캐피털리스트'처럼 기부하라는 건 도대체 무슨 의미일까? 그 교수와 그의 공저자에 따르면, 그것은 성과 측정에 집중하고, 비영리 단체의 이사로 취임하여 비영리 단체와 밀접한 관계를 맺고, 비영리 단체의 역량을 강화하고, 장기간 고액을 기부하고, 출구 전략을 세우는 단계를 밟는 것이다. 내 경영대학원 동기들은 이런 생각에 빠져들었다.

"자, 이제 우리 모두 벤처 캐피털리스트가 됩시다!"

그러나 하버드 비즈니스 리뷰에 실린 글은 필란트로피에서 새로운 내용이 아니고, 벤처 캐피털에서도 특별한 내용이 아니다. 기부자가 비영리 단체를 소유하는 건 아니라서, 성과가 높은 기관이 출구 전략을 반드시 목표로 삼아야 하는 것은 아니다. 기부자는 긴 안목으로 기부자와 단체가 공유하는 공동 목표를 달성하는 단체들을 계속 후원해야 한다. 아, 내가 아는 벤처 캐피털리스트는 한 가지만을 염두에 둔다. 바로 재무적 수익을 높일 수 있는 능력이다. 그러나 수익을 높이려는 동기가 세상을 변화시키고 싶은 사람들에게도 진정 좋은 비유가 되는 걸까?

결국 회사의 성공은 수익이나 경쟁사 대비 성장으로 정의할 수 있지만, 대개 비영리 단체는 단독으로 어떤 것도 해결할 수 없다. 비영리 단체들은 관련 문제를 다루는 여러 단체가 모인 복잡한 생태계의 일부이다. 영리 분야에서는 **경쟁** 관계가 전부이다. 우버Uber 대비 리프트Lyft의 시장 점유율은 얼마인가? 기부와 비영리 섹터는 **협력** 관계가 전부이다. 노숙인 쉼터가 약물 중독 센터와 함께 약물 중독으로 고통받는 노숙인들을 위해 더 나은 성과를 만든다는 공동 목표를 달성하려면, 노숙인 쉼터는 약물 중독 치료 센터와 어떻게 일해야 할까?

이런 인식이 확산되어, 경영대학원의 특강 강사처럼 벤처 캐피털리스트가 투자하는 방식으로 단체의 성장에 집중해야 한다는 개념을 주장했던 사람들의 상당수가 지금은 '제도 변화'라는 생각을 적극적으로 받아들이고 있다. 제도 변화라는 개념은 필란트로피가 다루는 문제는 복잡하고 상호의존적이라는 인식에 근거한다. 이는 수십 년 동안 비영리 섹터에서 경험을 쌓은 사람들이 계속해왔던 말이다.

서론에서 언급했던 테크 기업가인 마리오 모리노Mario Morino는 투자자였다가 기부자로 전환했다. 마리오 모리노는 2000년에 '벤처 필란트로피 파트너스Venture Philanthropy Partners'를 공동 설립했다. 당시 그는 벤처 캐피털 모델이 필란트로피의 훌륭한 모델이라고 보았다. 제너럴 애틀랜틱General Atlantic의 접근에 기반한 벤처 캐피털 모델은 그가 기업가로서 회사를 키울 때 중요했다.

벤처 필란트로피 파트너스는 워싱턴 D.C. 지역의 취약계층 청소년을 돕는 등 충분히 많은 일을 했다. 그러나 이제 마리노는 기부가 투자보다 훨씬 어려웠고, 투자와 같은 접근이 효과가 없었다고 인정한다. 물론 마리노는 투자 접근법이 비영리 단체가 장기적으로 일하고 생각하는 방식을 개선하는 데 여전히 도움이 된다고 생각한다. 그러나 투자 모델을 적용할 때에도 비영리 섹터가 영리와 다르고, 내재적으로 복잡하다는 것을 고려해야 한다. “사회적 복잡성의 정도가 훨씬 커서 이런 결정을 하게 되었죠.”라고 그가 말했다.

워런 버핏Warren Buffet은 투자를 안다. 2006년에 300억 달러 상당의 버크셔 해서웨이Berkshire Hathaway의 주식을 빌 앤 멜린다 게이츠 재단에 기부하기로 약정한 후, 이 투자 구루guru*는 자신이 비즈니스는 알지만 기부는 몰라 이런 방식을 택했다고 설명했다. 그는 비즈니스에서의 목표는 돈을 버는 쉬운 길을 찾는 것이지만, “필란트로피에서 가장 어려웠던 점은 돈과 기존 지식이 통하지 않는다는 것이었다.”라고 설명했다.[2] 인생의 전환기에 도달했을 때 앤드루 카네기는 “부를 축적하려는 노력을 그만두고, 부의 현명한 분배라는 훨씬 더 중요하고 어려운 과제에 뛰어든 것이다.”[3]라는 유명한 말을 남겼다. 설령 당신이 나를 믿기 어려워도, 기부와 투자 모두 깊이 관여한 사람들의 이야기는 들어야 한다. 효과적인 기부는 분명히 어렵다. 투자보다 훨씬 더 어렵다.

어떻게 기부할까?

오늘날 기부자는 기부의 어려움에 더해, 어떻게 기부할지에 관

* ‘선생님, 스승’을 뜻하는 산스크리트어로 힌두교나 시크교의 종교 지도자를 뜻하는 말이었으나, 오늘날에는 특정한 분야에서 오랫동안 많은 경험을 하여 단순한 지식 이상의 통찰력을 제공하는 사람을 뜻하는 말로 쓰인다.

한 선택의 문제에 직면하고 있다. 수표를 발행해야 하나? 요즘 급부상하고 있는 기부 서클giving circle에 가입하여 다른 사람들과 같이 기금을 모아볼까? 내가 사는 곳의 지역 재단community foundation에 기부해야 하나? 상업적인 내셔널 기프트 펀드national commercial gift fund에서 기부자조언기금donor-advised fund(DAF)을 골라볼까? 마트에서 결제할 때 기부를 요청받으면? 길을 걷다가 길거리 모금원과 만나면 어떻게 반응하지? 모금가가 우리 집 현관을 두드리면? 혹은, 상당한 재원이 있는데, 단독 재단을 설립해야 할까? 패밀리 오피스family office*를 설립해야 하나? 유한책임회사limited liability company(LLC)를 창업할까? 아니면 이 모든 것을 다 해야 할까?

이런 질문을 다루기 전에, 잠깐 미국의 방대하고 다양한 비영리 섹터를 전체적으로 살펴보자. 전체 기부액의 약 70%에 해당하는 4천억 달러 이상이 개인 기부이다. 8%는 유산 기부이며, 5%는 법인 기부이고, 16%는 민간 재단 기부이다.[4]

미국 기부의 전체적인 비중은 국내총생산GDP의 2% 이상이다. 기부 비중이 이렇게 높은 데는 여러 이유가 있다. 토크빌de Tocqueville이 남긴 유명한 말처럼, 시민들이 모여 단체를 만드는 것은 미국의 전통이기 때문이다. 1917년에 기부금 공제가 세금 코드에 도입된 것도 이유이다. 유럽 국가들이나 캐나다가 정부 주도로

* 패밀리 오피스(family office)는 특정 가족 또는 가문의 부를 투자·운용하는 전문적 집단이나 회사를 말하고, 유럽의 로스차일드, 미국의 록펠러 등이 시초이다. 패밀리 오피스는 가문의 비전과 유산, 소유권 및 리더십 승계, 투자 및 자선 사업 등 재무 계획, 세금 등의 업무를 담당하며, 가족 구성원의 프라이버시와 기밀성을 유지하는 장점이 있다. (참고. EY(2021.7.21.). 패밀리 오피스로 가문의 비전을 달성하고 유산을 보호하는 방법. 검색일(2023.1.8.))

시민들에게 제공하는 사회 안전망이 미국에는 상대적으로 부족하기 때문이기도 하다. 대신 미국에서는 필란트로피와 비영리 섹터가 사회 안전망 역할을 한다. 미국 정부의 역할에 관한 당신의 견해가 어떠하든, 미국인의 연민, 연대, 소속감, 창의성을 키우는 필수적인 엔진으로서의 기부의 역할을 부인할 수 없다.

비영리 단체들처럼 기부자도 다양하다. 기부자들은 정치적 배경과 지지 정당이 모두 다르다. 또한 인종, 사회경제적 지위, 성적 지향, 젠더 정체성 등에 따라 모든 기부자를 구별할 수도 있다.

그냥 "어렵겠습니다"라고 거절하라

기부는 요청받을 때 할 수 있다. 당신의 집 현관이나, 가게 계산대에서 기부를 요청받거나, 직장 동료가 이런저런 이유로 모금에 참여해 달라고 할 때 기부할 수 있다. 그렇지만 이런 경우 반드시 "그래요, 기부할게요."라고 답할 필요가 없다. 기부에는 엄격한 규칙이 거의 없는데, 이건 확실하다. 모금하는 사람이 지금 당장 기부하라고 말하거나, 감정에 호소하거나 그럴듯한 마케팅용 말을 늘어놓으면서 기부를 밀어붙일 때는 그냥 "어렵겠습니다"라고 거절하라. 아니면 최소한 생각할 시간을 달라고 하라. 물론 이렇게 말하기 어렵다. 그런 사람들은 어디에나 있기 때문이다.

댄 팰로타Dan Pallotta가 바로 그런 사람이다. 그는 자선단체를 위한 모금 행사를 기획하는 전문 모금가로 유명했다. 2002년에 폐업한 그의 회사는 모금액을 비영리 단체에 너무 적게 배분하고, 그의 회사로 너무 많이 귀속시켰다고 의심받았다.[5] 몇 년 후 그는 비영리 단체에 관한 책 두 권을 출간하고 (널리 시청되었으나 오해를 불러일으켰던) 2013년 TED 강연에 출연하여 다시 화려하게 복귀했다. 두 권의 책과 TED 강연에서 그는 비영리 단체가 모금에 투자하는 금액이 턱없이 부족하다고 주장했다.

모금할 역량이나 여력이 없는 소규모 단체들처럼 특정 사례에서는 이 주장이 분명히 맞다. 그러나 전체적인 상황에 대한 사실은 전혀 다르다. 앞서 논의한 것처럼, 미국의 총기부액은 전 세계의 기부액을 견인한다. 최근 몇 년 사이에 국내총생산GDP의 성장에 발맞춰 꾸준히 증가하고 있고, GDP 대비 총기부액은 큰 차이로 앞서가고 있다.

모금에 대한 이런 인상적인 숫자들로도 확신하기 어렵다면 당신의 일상을 생각해보길 권한다. 당신의 일상이 나와 같다면 암 연구에 기부해 달라고, 경찰이나 소방관을 지원하자고, 노숙인을 돕자고, 매일 밤 전화벨이 울릴 것이다. 케이블 방송 뉴스 채널에서는 퇴역 군인, 암환자, 유기 동물을 돕는 단체 후원 광고가 흘러나올 것이다. 뭐 하나 사러 들린 가게에서는 계산대 앞에서 기부해 달라는 요청이 따라올 것이다. 저녁을 먹으려고 막 앉았는데 초인종이 울린다니 정말 기막힌 타이밍이다. 초인종을 누른 사람은 여름방학 임시직으로 비영리 단체의 모금을 하는 대학생인데, 정해진 멘트를 쏟아낼 참이다.

나도 대학생 때 그런 여름 임시직을 했었다. "안녕하세요. 저는 필Phil이에요. 저는 오리건 페어 쉐어Oregon Fair Share에서 나왔어요. 저희는 오리건에 사는 모든 사람이 보건 의료를 이용할 수 있도록 돕는 단체입니다.” 이렇게 말을 꺼냈던 나는 그 일을 꽤 잘했고, 모금 명분에도 동의했다. 그러나 그들의 현관 앞에 내가 서 있을 때, 혹은 그들이 집 안으로 들어오라고 청해 내가 부엌 식탁에 앉았을 때, 나에게 수표를 써준 사람들은 그들의 기부 결정에 관해 충분히 생각했을까? 또한 그들이 나에게 준 기부금 중 꽤 큰 비율의 수수료를 내가 급여로 받았다는 것을 그들은 몰랐을 거다.

몇몇 비영리 단체들이 팰로타가 운영하는 회사 같은 모금 대행사나 텔레마케팅 회사는 어린 대학생을 왜 고용할까? 그들은 사람들에게 기부하라고 압박한다. 그리고 적어도 이 방식은 때때로 통한다.

이런 기부 요청을 거절하기란 어렵다. 나도 이런 기부 요청에 응한 적이 있다. 그렇지만 현명한 기부자는 이런 요청을 단호하게 거절하고, 개인적 목표와 전략(민간 재단의 경우, 기관의 목표와 전략)에 따라 심사숙고해서 선택한 단체에 기부하려고 할 것이다. 기부로 가장 좋은 일을 하고 싶으면, 기부를 요청받았다고 해서 바로 기부하면 안 된다. 당신의 소중한 기부금을 어떤 단체로 보낼 것인지 심사숙고한 후에 기부하라. 자료도 살펴보고, 홈페이지 주소도 적어 두라. 모금은 어려운 일이므로 이런 사람들 면전에서 문을 바로 꽝 닫지 말고, 친절하게 대하라. “이런 일을 소개해줘서 고마워요.”라거나, “그런데 저는 좀 다른 기부 원칙이 있거든요. 지금은 어려울 것 같아요.”라고 말할 수 있겠다. 혹은 기부 요청을 고려할 만큼 마음이 움직였다면, 이렇게 말하라. “저는 신중하게 기부하고 싶어서, 시간이 좀 필요할 것 같아요. 단체 소개 자료를 놓고 가실래요? 나중에 살펴볼게요.”

이런 말이 통하지 않는다면, 전화를 끊거나 문을 닫아도 좋다. 그렇지만 신중하게 기부를 고려할 수 있을 때까지는 기부하지 말라.

아는 사람이 기부를 요청하면 어떻게 해야 할까? 예를 들어 난치병 연구를 지원하는 걷기대회에 참가하는 당신의 동료나 학교 프로젝트로 지역 푸드뱅크를 위해 모금을 하는 조카가 기부를 요청할 수도 있다. 때로는 사회적 이유나 혹은 가족이라는 이유로 아니면 당신이 아끼는 사람을 도와주려고 기부할 수도 있다. 다 좋다. 그러나 개인적 목표와 무관한 기부를 위한 예산을 작성하고, 그 예산 내에서 기부하길 권한다. 당신이 개인 기부자라면, 이런 기부가 당신의 전체 기부액의 20%를 넘지 않도록 유의해야 한다.

만약 당신이 민간 재단에서 일하면서 다른 사람들의 재원을 관리하고 있다면, 당연히, 그 기금은 당신의 돈이 아니다. 당신은 재단의 명시적인 목표와 전략 혹은 기부자의 의도나 이사회의 지시를 기부에 늘 반영해야 한다. 어떤 식이든 목표는 동일하다. 다른 사람이 정한 기부 방식을 반사적으로 따르지 말고, 스스로 기준을 정하고 당신의 혹은 기관의 기부를 신중하게 선택하라.

알맞은 기부 방법

당신의 기부는 효과적인가? 이 질문에 자신감 있게 대답하려면, 어떻게 기부할 것인지, 기부할 때 어떤 조언과 지원을 받아야 하는지 자세히 알아야 한다. 그래야 기분 좋게 기부할 수 있다. 키가 큰 사람은 마쓰다 미아타Mazda Miata를 고르지 않고, 플로리다 사람에게는 사륜구동차가 필요없다. 자기 필요에 알맞은 차는 개인 사정마다 다른 것처럼, 자기에게 알맞은 기부 방법도 사람마다 다르다.

만약 당신이 일 년에 몇백 또는 몇천 달러를 기부하고 있고, 당신의 기부가 어떻게 쓰이는지 이미 알고 있다면, 편하게 수표를 쓰거나, 온라인으로 기부할 수 있다. 변화를 만들려고 기부하는 것이 아니라, 주로 소속감이나 관계 때문에 기부하는 많은 사람은 이렇게 기부해도 괜찮다. (물론 나는 이 책을 읽고 있는 당신은 그런 이유로 기부하지 않길 바란다.) 아마도 많은 사람은 모교에 기부하거나, 자기나 사랑하는 사람들이 다녔던 병원에 기부할 것이다. (병원 진료 후 감사의 마음으로 하는 기부는 '환자 감사grateful patient' 기부라고 한다.) 그들이 기부의 임팩트를 극대화하거나, 변화를 만들 수 있는 영역을 탐색하는 데 꼭 관심을 가져야 하는 것은 아니다. 이런 기부는 소속 단체에 내는 회비나 감사하는 마음을 담은 선물과 거의 유사하다.

우리도 소속감이나 관계, 혹은 감사의 표시로 기부할 수 있다. 내가 모교에 기부했을 때도 대학에서 나에게 줬던 학자금 지원에 대한 고마운 마음이 컸다. 학자금 지원이 없었다면 공부를 마칠 수 없었을 거다. 사람들 대부분이 하는 기부 중 일부는 이런 유형에 속한다. (앞서 말한 것처럼, 이런 기부는 전체 기부액의 20%를 넘지 않아야 한다.) 이런 기부도 괜찮다. 이 기관들도 충분히 좋은 일을 많이 한다. 그렇지만 그들은 상당한 기부금을 받고 있으며, 많은 경우 해당 기관의 학생이나 환자들은 별도의 경제적 지원이 필요하지 않은 비율이 높다.

그러므로 나는 당신이 할 수 있는 가장 좋은 일에 기부의 상당 부분을 할애하기를 권한다. 다음 장에서는 목표를 정확히 정하는 방법에 대해 논의할 것이다. 그러나 당신의 기부액이 수백 혹은 수천 달러 이상이라면, 예를 들어 5천 달러나 그 이상이라면, 혹은 당신이 (어떤 수준에서든) 좀 더 진지하게 기부하고 싶다면, 기부 방법이 계속 늘어나고 있고, 그 범위가 매우 다양하다는 사실에 관심을 가져야 한다. 선택지는 끝이 없다.

그중 기부 서클은 고려해볼 만하다. 기부 서클은 필란트로피적 목적을 가진 북클럽이라고 생각하면 된다. 최근 몇 년 동안 기부 서클은 좀 더 일반화되었다.[6] 2017년까지 미국에는 기부 서클이 약 1,600개 정도 있다고 추정된다.[7] 특히 여성 기부자들이 기부 서클을 선호한다. 기부 서클은 함께 기금을 모으고, 어디에 어떻게 기부할지 공동의사결정을 내린다.

보통 기부 서클은 특정 지역에 집중하는데, 종종 특정 분야에 집중하기도 한다.[8] 예를 들어 워싱턴 D.C.에 있는 아프리카계 미국인 여성들의 기부 서클the African American Women's Giving Circle은 최소 100달러를 내서 기금을 모아, "아프리카계 미국인 여성이 이끄는 단체들을 유지하고, 아프리카계 미국인 여성과 소녀들에게 부족한 필요를 효과적으로 채우는 프로젝트를 지원한다."[9] 로스앤젤레스Los Angeles에 있는 '에브리 차일드 재단the Everychild Foundation'은 여성 200명 정도가 모여 만들었는데, 각 회원은 매년 오천 달러씩 기부해야 한다. 그리고 '질병이나 장애가 있거나, 학대, 방임, 빈곤에 처한 어린이'를 돕는 단체에 매년 백만 달러의 지원금을 제공한다. 다른 지역의 많은 기부 서클들이 에브리 차일드 재단에 영감을 받아, 이 모델을 받아들였다.[10]

기부 서클은 공통 관심사를 가진 사람들과 연결되고, 서로에게 배울 수 있는 훌륭한 선택이다. 함께 기금을 모으기 때문에 혼자서 기부할 때보다 더 큰 임팩트를 만들 수 있다. 거의 모든 분야의 기부 서클이 있어서 당신의 관심사와 지역을 검색하면 근처의 기부 서클을 찾을 수 있다. 때때로 기부금은 늘어나는데, 혼자라는 고립감도 커질 수 있다. 따라서 당신이 많이 기부하든 적게 기부하든, 기부 서클은 커뮤니티와 연결되는 좋은 방법이다.

지역 재단

특히 지역사회에서 다른 기부자와 연결되는 것을 넘어 전문가의 조언도 받고 싶을 때 지역 재단은 좋은 선택이다. 내 친구도 지역 재단을 운영 중인데, 100년도 넘는 역사를 자랑하는 지역 재단은 여러모로 기부 서클의 원조라 부를 만하다.

미국에는 약 800개의 지역 재단이 있는데, 거의 모든 지역에서 지역 재단을 찾을 수 있다. 지역 재단은 지역 비영리 단체의 공익 활동을 지원하는 동시에, 그들이 지원하는 지역 비영리 단체와 마찬가지로 공익 면세 자선단체이다. 당신은 지역 재단에 기부하여 전문성을 가진 지역 재단 직원의 판단에 따라 가장 시급한 문제를 해결하게 할 수 있다. 아니면 당신이 지원하고 싶은 기금—예를 들면 교육—이나 지역을 지정할 수 있다. 아니면 기부자조언기금DAF을 개설하고, 지원하고 싶은 단체를 추천할 수도 있다. 기부자조언기금은 최근 몇십 년 동안 급격히 증가했는데, 2017년 한 해에만 개인 기부자가 거의 300억 달러의 기금을 모았다.[11]

첫 번째 지역 재단은 1914년에 소규모의 공동모금으로 설립된 클리블랜드 지역 재단Cleveland Foundation이다. 오늘날 이 재단의 자산은 20억 달러 이상이고, 주거, 교육, 예술, 문화 분야를 지원하는 기금을 매년 거의 1억 달러씩 조성한다. 일을 가장 잘하는 지역 재단은 그들이 활동하는 도시나 지역에서 중요한 리더십 역할을 감당한다. 클리블랜드 재단의 사례에서 알 수 있듯이, 지역 재단은 필요한 회의를 소집하여 지역사회를 위한 변화 의제를 선정한다. 1915년에 클리블랜드 재단은 오하이오Ohio 시로 밀려드는 이주 배경 아동을 포용하기 위해 공립 학교 체계에 관한 연구를 시작하고 전략을 세웠다.[12] 2000년대 초반 광역 버밍엄 지역 재단Community Foundation of Greater Birmingham이 철도 공원Railroad Park을 조성할 때나 단절된 도시의 남쪽과 북쪽을 연결하는 다리에 라이트레일LightRails*이라는 조명 작품을 최근에 설치했을 때도 마찬가지다.[13] 뉴 햄프셔 자선 재단New Hampshire Charitable Foundation도 2016년에 지역 청소년들의 기회 격차를 해소하기 위해, 영유아 발달, 가족 청소년 지원, 약물 예방 · 치료 · 회복 및 교육과 진로 프로그램을 확대하는 지원금, 연대 활동, 공공 정책을 활용하여 1억 달러를 10년 이상 집행했다.[14]

최고의 지역 재단은 위기의 순간에 출연하기도 한다. 2013년 극심한 홍수가 콜로라도Colorado 지역을 휩쓸고 지나간 후 볼더 카운티 지역 재단Community Foundation Boulder County은 구호 활동을 조직했다.[15] 서노마 카운티 지역 재단Community Foundation Sonoma County

* 버밍험지역재단에서 후원받은 예술 프로젝트.

은 재난 후 기부가 단기 대응에 집중된 현실을 보고, 2017년 캘리포니아California 지역에서 발생한 화재에 대응하여 장기적인 재건을 위한 회복탄력성 펀드를 조성했다.[16] 광역 휴스턴 지역 재단Greater Houston Community Foundation은 허리케인 하비Harvey가 지나간 후, 복구 기금으로 2018년 1월까지 1억 1천만 달러를 모금해 연방 정부와 지역 정부의 노력으로 복구되지 못한 사각지대를 지원하는 비영리 단체들에게 배분했다.[17]

당신이 지역사회에 관심이 있고 지역사회에 기여하고 싶은데 특정 분야의 전문가가 되는 데 필요한 시간을 내기 어렵다면, 지역 재단에 무제약unrestricted 기금을 기부하라. 당신이 기부금에 관여하고 싶지만 지역 재단에서 근무하는 전문가의 도움도 받고 싶으면 기부자조언기금DAF을 개설하라. 많은 지역 재단은 무제약 기금과 기부자조언기금 사이에서 다양한 선택지를 제공한다. 예를 들어, 기부자가 기부자의 사망 후 특정 단체를 후원하기로 지정기부금을 약정할 때, 수혜 기관이 해산하거나 경영관리에 문제가 생길 경우를 대비한 세이프가드 조항을 포함할 수 있다. 흔히 비영리 단체들은 지역 재단의 전문성을 활용하면서 비영리 단체에 대한 영구적인 지원을 보장하기 위해 지역 재단에 '에이전시 펀드agency funds'를 설정한다. 많은 지역 재단들은 기부자가 장학 목적으로 조성한 기금으로 상당한 규모의 장학 프로그램도 운영한다. 또한 분야 전문성을 가진 지역 재단도 있다. 예를 들어 프라이드 재단Pride Foundation은 '미국 북서부 지역Northwest의 성소수자LGBTQ를 위한 기회의 확장과 완전한 평등의 증진'을 추구한다. 다른 선택지로는 유대인 지역 재단처럼 종교 기반의 기부처도 있다.

지역 재단 직원은 기부자들이 기부 방법을 선택하도록 도울 수 있는 전문가이다. 그들은 사명 중심의 비영리 재단에서 일하기 때문에 그들의 수수료나 수익을 극대화하는 특정 방향으로 당신을 밀어붙일까 봐 걱정할 필요가 없다.

기부자조언기금DAF 논쟁

지역 재단에서도 기부자조언기금이 급증했지만, 피델리티 자선기금Fidelity Charitable 같은 내셔널 기프트 펀드national gift funds*에서 특히 성장세가 두드러졌다. 최근 피델리티 자선기금은 연간 40억 달러 이상을 모금하며, 그동안 미국에서 모금을 가장 많이 했던 비영리 기관인 유나이티드 웨이United Way를 뛰어넘었다.[18] 이제 피델리티 자선기금은 미국에서 가장 큰 기금제공기관으로, 매년 총 배분액이 빌 앤 멜린다 게이츠 재단에 크게 뒤지지 않는다. 거의 20만 명에 달하는 피델리티 자선기금의 기부자들은 기부자조언기금의 편리함과 쉬운 사용법, 낮은 수수료, 다양한 투자 기회에 만족한다. 초고액 기부자는 피델리티 자선기금 직원들의 특별한 관심을 받을 수 있는데, 이들은 어떤 단체에 어떻게 기부할 것인지 자문과 상담을 제공한다.[19]

피델리티 자선기금 그리고 슈왑Schwab이나 뱅가드Vanguard 같은

* 피델리티 자선기금 같은 자산운용사의 기부 상품으로 기부자가 자산운용사에 펀드를 개설하면, 자산운용사가 해당 펀드를 운용하여 원금과 수익금을 기부자의 의견에 따라 비영리 단체에 배분한다.

자산운용사들과 제휴한 내셔널 기프트 펀드들은 낮은 수수료와 이용상 편의성을 제공한다. 기부자가 5천 달러 정도의 최소 금액으로 기부자조언기금을 개설하면, 부엌에서 커피 한 잔을 홀짝이면서 어떤 비영리 단체를 후원할지, 투자 배분을 어떻게 변경할지 쉽게 선택할 수 있다. 이런 편의성이 최근 몇 년간 기부자조언기금의 급격한 성장을 견인하고 있다.

기부자가 기부자조언기금을 일단 개설하고 몇 년 동안 기부금을 실제 지급하지 않으면서 기부자조언기금을 통한 세제 혜택만 받는다고 많이 비판받았다. (물론 공평하게 말하자면 민간 재단도 이런 경우가 있다.) 이런 기부로 자선단체는 어떤 혜택도 못 받았는데 기부자는 단기 세제 혜택을 많이 받은 경우도 있다. 2014년에 고프로GoPro 설립자 겸 CEO인 니콜라스 우드맨Nicholas Woodman은 5억 달러 상당의 회사 주식을 실리콘 밸리 지역 재단Silicon Valley Community Foundation에 기부하여, 질 앤 니콜라스 우드맨 재단Jill and Nicholas Woodman Foundation의 재원을 관리하는 기부자조언기금을 개설했다. 그의 관대한 기부는 많은 칭송을 받았다. 그러나 4년 후 「뉴욕타임즈*the New York Times*」는 "우드맨 재단이나, 기부했다는 5억 달러의 실체가 거의 없다. 이 재단은 홈페이지도 없고, 관심 분야가 알려지지도 않았다. 비영리 단체들에게 상당한 기금을 어떻게 지급했는지 알려지지도 않았다. 정말 기금이 있었던 걸까?"라고 보도했다.[20]

보스턴 칼리지 법학대학원Boston College Law School의 레이 매도프Ray Madoff 교수 같은 비평가는 기부자조언기금을 10년 안에 소진해야 한다는 새로운 규제를 요구한다.[21] 그녀는 필란트로피스트인 루이스 컬먼Lewis Cullman과 공동 기고한 「뉴욕 리뷰 오브 북스*New York Review of Books*」의 글에서 이렇게 비판했다.

> 기부자조언기금은 미국 사회에 나쁜 선례를 남겼다. 기부자조언기금은 자산 관리 업계에 사적 혜택을 너무 많이 제공하고, 세금을 납부하는 일반인에게는 과도한 비용을 부과한다. 대체로 기부자조언기금이 사회에 제공하는 혜택은 매우 적다. 기부자조언기금의 효과를 전체적으로 고려하면, 기부자조언기금은 열심히 활동하는 비영리 단체와 수혜자들을 지원하기보다, 이들의 기반을 약화시킨다. 의회는 비영리 단체가 활동에 필요한 자금을 정기적으로 확보할 수 있도록, 기부자조언기금을 합리적인 기한 내에 비영리 단체에 배분해야 한다는 규정을 제정해야 한다.[22]

인디애나 대학교Indiana University의 패트릭 루니Patrick Rooney는 많은 기부자가 기부자조언기금에 돈을 일시적으로 그냥 넣어 둔다는 주장을 뒷받침할 '실질적인 증거는 거의 없다'고 주장한다.[23] 지역 재단과 내셔널 기프트 펀드를 포함한 기부자조언기금의 옹호자는 기부자조언기금이 기부를 더 쉽게 만들었다고 주장한다. 기부자조언기금이 없었다면 자신의 자선 재단을 직접 설립했어야 할 많은 사람에게 기부자조언기금은 더 효율적인 좋은 대안이라고 말한다. 우드맨 같은 사례는 극히 드물고, 대다수의 기부자조언기금은 매년 평균 20% 이상의 기금을 비영리 단체에 배분하고 있으며, 이는 민간 재단이나 기부금을 가장 많이 받는 비영리 기관인 대학들에게 배분하는 기금보다 훨씬 많다고 그들은 주장한다.[24] 수백 개의 지역 재단은 미국 지역 재단의 전국 기준National Standards for US Community Foundations을 통해 공인되며, 이를 준수한다. 이 기준은 기부자조언기금을 배분하지 않은 채 보유만 하지 않도록 권고한다. 이와 마찬가지로, 피델리티 자선기금과 다른 내셔널 기프트 펀드도 기부자조언기금을 배분하지 않고 무기한 보유하는 것을 허용하지 않는다는 정책이 있다. 마지막으로, 기부자조언기금을 옹호하는 사람들은 기부자조언기금이 급격히 성장하고 있지만, 전체 기부에서 기부자조언기금이 차지하는 부분이 민간 재단의 기금보다 여전히 적다고 언급한다.

적어도 내가 이 글을 쓰는 동안, 이러한 논쟁에는 기부자조언기금이 비영리 단체에 미친 영향력을 보여줄 수 있는 충분한 데이터나 분석이 없었다. 기부자조언기금을 옹호하는 사람들이 암시하는 것처럼, 기부자조언기금에 기부가 늘어나면 비영리 단체가 단기적으로 이용할 수 있는 기금이 순증가할까? 기부자조언기금은 기부의 새로운 흐름인가? 기부자조언기금은 민간 재단 설립을 대체할 수 있을까? 기부자조언기금과 민간 재단 설립 중 어떤 방법이 비용을 절감할까? 아니면 기부자조언기금을 비판하는 사람들이 시사하는 것처럼, 기부자조언기금의 증가는 비영리 단체가 이용할 수 있는 기금의 감소로 이어질까? 수표를 발행하여 비영리 단체에 직접 기부하던 기존 방식을 대신할까? 아니면 기부자조언기금 계좌에 보유한 기금을 천천히 소진할까? 기부자조언기금에 관한 정책 논쟁은 이런 질문들에 데이터로 대답해야 한다.

이 모든 논쟁은 당신에게 어떤 의미인가? 특별히 당신의 기부액이 연간 수천 달러 혹은 그 이상이라면, 당신은 세무사나 변호사와 기부 방법을 의논해야 한다. 나도 기부자조언기금이 기부를 관리하는 편리하고 유용한 방법이며 좋은 선택지가 될 수 있다고 생각한다. 그러나 당신이 기부자조언기금을 개설하든, 민간 재단을 설립하든, 또는 수표를 발행하여 기부하든, 당신이 할 수 있는 최선의 일을 가장 빠르게 실천하는 데 집중해야 한다. 뉴욕 타임즈에 보도된 우드맨처럼 기부자조언기금을 개설한 후 배분하지 않으면 안 된다. 민간 재단이 거액의 기부금을 통해 영속적으로 지속되는 것처럼, 개인 기부자도 먼 훗날이 아닌 지금 상당한 금액을 관대하게 기부해야 한다. 오늘날 제기되는 긴급한 문제들 중 기부금으로 해결할 수 있는 경우가 많다.

민간 재단이라는 핵심 기관

역사적으로 민간 재단private foundation은 카네기부터 게이츠까지 거액 기부자들이 선호하는 기부 방법이었다. 그러나 최근, 페이스북Facebook의 마크 저커버그Mark Zuckerberg나 마이크로소프트Microsoft의 스티브 발머Steve Ballmer처럼 몇몇 유명한 거액 기부자는 유한책임회사LLC나 패밀리 오피스 같은 다른 형태의 기부 방식을 선택했다. 그들의 기부 소식을 들은 많은 사람은 이제 민간 재단이 한물간 건지 의아하게 여겼다. 그렇지만 나는 그렇게 생각하지 않는다.

유한책임회사나 패밀리 오피스를 통한 기부가 기부자에게 정치적 활동에 관여할 더 큰 자유를 주는 건 사실이다. 또한 이런 형태의 기부는 기부금의 투명성에 관한 각종 의무에서 기부자가 자유로워지는 것도 사실이다. 그러나 내 생각에 민간 재단의 형태는 계속될 것이다. 왜냐하면 한 분야에 집중하는 전문화된 기관이 고액 기부자의 기부를 받는 데 유리하기 때문이다. 그러므로 만약 당신이 사회공헌에 쓰고 싶은 자산이 3천만 달러 이상이라면, 기부금의 추가 유치에 유리한 민간 재단 설립을 고려해도 좋다.

민간 재단 설립 비율이 감소하고 있어도, 기부금을 받는 민간 재단이 사라지는 건 아니다. 민간 재단은 기부 지형에 여전히 중요한 부분을 차지한다. 그리고 민간 재단은 우리 사회의 다른 제도들과 다르다. 많은 기부자가 기부할 때, 다양한 기부 방법을 활용한다는 것을 주목할 필요가 있다. 당신이 민간 재단의 운영에 관여하든, 민간 재단의 설립을 고려하든, 수표를 발행하거나 기부자조언기금을 개설하여 민간 재단에 기부하든, 민간 재단이 하는 역할을 이해하는 것이 중요하다. 민간 재단이 주는 많은 시사점은 넓게 보면 개인 기부자에게도 적합하기 때문이다.

민간 재단이 미국의 진보에 기여한 점과 사회의 기대에 미치지 못했던 점을 모두 아는 것이 중요하다. 비영리 단체가 지역 재단이나 당신이 알 만한 주요 민간 재단에서 기금을 지원받는지 아닌지가 해당 비영리 단체를 평가하는 좋은 방법이 될 수 있다. 민간 재단의 직원은 어느 곳을 지원할지 현명하게 판단하기 때문이다. 그렇다고 해서 민간 재단의 지원을 받는 비영리 단체가 항상 일을 잘한다거나, 민간 재단의 지원을 아직 못 받은 비영리 단체에는 기부하지 않아도 된다는 것을 의미하지 않는다. 그러나 비영리 단체가 민간 재단에 사업을 제안하여 기금을 지원받는다면, 대체로 그 비영리 단체는 일을 잘하는 단체라고 할 수 있다.

미국에 민간 재단은 대략 10만 개가 있다. 전체적으로 민간 재단의 자산은 거의 8천억 달러이고, 매년 580억 달러의 기금을 집행한다.[25] 대부분은 소규모 재단이며 전임 직원이 없는 경우도 많다. 전임 직원이 있는 대형 재단 몇 군데가 민간 재단의 전체 자산과 기부의 큰 부분을 차지한다. 이렇게 기부금이 많은 재단은 자율성이 굉장히 크다. 조엘 플라이시먼은 "좋든 나쁘든 간에 미국에서 민간 재단의 역사는 오래되었다. 미국 사회에 대한 책무성을 가지고 있는 민간 재단은 중요한 기관이다."라고 주장했다.[26]

좋든 나쁘든 민간 재단의 강점은 민간 재단의 약점이 되기도 한다. 민간 재단이 가진 책무성에서 비롯한 자유는 긍정적인 측면이다. 이는 우리 사회의 다른 주체가 다룰 수 없거나, 향후에도 다루지 않을 문제를 다룰 수 있는 능력이 있다는 것을 의미한다. 1990년대 미국 사회의 흡연을 비판한 로버트 우드 존슨 재단은 담배회사들과 싸운 결과, 특히 10대 청소년 흡연율이 감소되는 데 상당한 기여를 했다. 1950년대와 1960년대에 포드 재단과 록펠러 재단Rockefeller Foundation은 개발도상국에서 기근과 영양실조를 줄이기 위해 녹색 혁명으로 알려진 농업 생산 증진을 지원했다. 또한 민간 재단들은 인권을 증진하고, 공동체를 강화하며, 빈곤과 질병의 감소를 위한 노력을 지원했다. 세서미 스트리트*Sesame Street*의 제작, 911 위기 대응 체제 구축과 백신과 치료약의 개발까지, 미국과 전 세계에서 우리가 가치 있다고 생각하는 많은 좋은 일들과 너무나 당연하게 여기는 많은 일들 뒤에는 민간 재단의 기부가 있었다.

자유와 책임

그러나 민간 재단이 남들이 할 수 없거나, 향후에도 하지 않을 문제를 다룰 수 있는 자유, 즉 W. K. 켈로그 재단Kellogg Foundation의 전직 직원인 조엘 오로스Joel Orosz가 말했던 '유익한 외부 규제'의 부족에는 이면이 있다.[27] 민간 재단과 일한 17년 동안 자유를 남용하는 경우를 몇 번 보았다. 민간 재단은 수행 기관의 효과를 뒷받침하기보다 약화시킬 수 있고, 비효율적으로 운영될 수 있으며, 독단적으로 운영될 수 있다. 이런 민간 재단의 리더나 이사회는 스스로 사회 문제를 가장 잘 안다고 여기지만, 사실은 그렇지 않다. 이들은 비효과적인 전략을 지지하여 기금을 지원할 수 있고, 실제 도움이 필요한 단체를 지원하지 않을 수 있다. 이런 민간 재단은 비밀스럽게 운영되며, 우선순위나 사업 효과성에 관한 정보도 잘 공유하지 않는다. 이런 민간 재단은 "수행 기관이 우리를 어려워하면, 우리는 제대로 일하고 있는 것이다."라고 말하며, 비영리 단체와의 밀접한 관계가 사업 효과성의 핵심임을 인식하지 못한다.

민간 재단의 설립자나 대표, 직원, 이사들은 그들의 지원을 받는 수행 기관이나, 재단의 지원을 받고 싶은 예비 수행 기관이 하는 듣기 좋은 말들에 수긍하기 쉽다. 민간 재단의 대표가 되면 겪는 변화에 대한 많은 농담은 비영리 섹터에 숨겨진 역학 관계를 드러낸다. "갑자기 제가 예전보다 더 멋지고, 더 센스 있고, 더 재미있는 사람이 됐지 뭐예요?" 민간 재단의 많은 대표들이 나에게 이런 농담을 한다. 이런 농담을 최소한 수백 번은 들은 것 같다. 이런 농담을 들을 때마다 나는 맞장구치며 마치 처음 듣는 농담인 것처럼 함께 웃었다. (특히 내가 이끄는 기관을 지원할 가능성이 있는 사람이 이런 농담을 하면 더 그렇게 행동했다. 나를 오해하진 말아달라. 당신도 나처럼 그렇게 했을 것이다.)

최악의 경우는 민간 재단의 설립자나 대표들은 그들에게 하는 듣기 좋은 말을 진짜라고 믿으면서 현실과 유리될 수 있다. 이들이 매년 재단에 기부하는 액수가 크면 클수록, 이런 듣기 좋은 말에 빠져 현실과 멀어질 수 있다. 수행 기관이나 예비 수행 기관이 그들을 지원하는 재단의 설립자나 대표가 듣고 싶어 하는 말을 하는 것은 당연하다. 이런 경향은 서로의 이해관계가 더 많이 얽힐수록 고착화될 뿐이다.

물론, 영향력 있는 수행 기관의 리더도 독단적으로 행동할 수 있다. 그런데 기금을 배분하는 민간 재단의 설립자나 대표가 독단적으로 행동할 위험이 훨씬 크다. 독단적으로 행동하는 민간 재단의 설립자나 대표는 미디어에 언급되고, 이사회나 위원회에 임명되며, 주요 콘퍼런스의 연사로 초대받는 것을 효과성으로 혼동한다. 그들의 권위가 커지면, 그들은 더 강한 확신을 가지고 선언한다. 그들은 충분한 증거도 없는데도 성공했다고 섣불리 발표한다. 다른 사람의 공적을 독차지하는 방식으로 모두의 기대를 저버리고, 오직 민간 재단의 설립자와 대표만 만족할 수도 있다. 이런 사람은 실패도 인정하지 않는다. 전임 직원이 있는 민간 재단의 경우, 대표가 재단의 공적 자원인 직원도 마치 사적 자원인 것처럼 이야기할 수 있다.

개인 기부자 또는 재단의 리더들에게 어떻게 해야 기부를 더 잘할 수 있는지 질문을 받는다. 나는 가지고 있는 자원으로 할 수 있는 가장 좋은 일을 잘하는 사람들에게 위임해서, 그들이 그 일을 잘할 수 있게 돕는 것이 도덕적인 의무라고 항상 대답한다. 결국 미국의 민간 재단들은 세제 혜택을 받는 기관들이다. 이런 기관을 설립한 기부자들은 자선기부금 공제 혜택을 받는다. 그리고 재단들에 부과되는 연간 소비세는 배분액에 따라 투자 수익의 1~2% 정도의 소액이다. 더 넓게는 개인 기부도 과세 구분 코드tax code에 따른 혜택을 받는다. 이런 혜택을 받으면, 책임감이 따르는 것은 당연하다.

다행히 내 경험상 많은 기부자는 책임감 있게 행동한다. 그러나 우리가 알다시피 누군가는 그렇게 행동하지 않는다.

기부 관리 감독

오늘날 모든 유형의 기부자들은 5년 전에 비하면 기부의 관리 감독을 훨씬 중요하게 여긴다. 역사학자인 벤자민 소스키스Benjamin Soskis는 과거에는 고액 기부자들이 칭송받고, 비판적인 관리 감독을 거의 받지 않았는데, 이렇게 '간단하고 훈훈했던' 과거가 역사적 일탈historical aberration이라 주장하며, 현재 우리는 여기에서 벗어나고 있다고 했다.[28] 미시간 대학교 포드 공공정책대학원University of Michigan Ford School of Public Policy의 조교수 메건 톰킨스-스탠지Megan Tompkins-Stange는 이런 변화를 아래와 같이 묘사한다.

> 10년 전만 해도 필란트로피를 둘러싼 비판적인 토론이 전무했다. 설문조

사에 따르면, 거의 60%의 시민 사회 리더들은 민간 재단의 이름을 하나도 몰랐다. 다른 연구는 98%의 언론이 민간 재단에 대해 중립적인 혹은 긍정적인 톤으로 보도했다고 밝혔다. 2006년에 워런 버핏이 300억 달러를 게이츠 재단에 기부했을 때, 언론은 칭찬 일색이었다. 교육이 늘 문제라며 위기의식을 조장하던 언론은 민간 재단이 K-12(초중등교육)의 정체된 정책을 견인하고, 희망을 안겨줄 근원이라고 표현했다. 내 학생은 이런 시대 정신을 "억만장자는 믿을 수 있어요"라고 요약했다. 그러나 2012년 즈음 민간 재단들의 정치 관여에 대한 관리 감독이 이뤄지면서 이런 신뢰는 서서히 무너지기 시작했다. 지난 백 년 동안, 1910년대 초반, 1950년대 초반, 1960년대 후반에 변화의 큰 파도가 세 번 밀려들었다. 가장 최근의 변화는 연방정부의 교육개혁 노력에 대한 전국 민간 재단들의 목소리가 커지고, 이런 재단들이 가시화되면서 촉발되었다. 기존 교육에 도전하는 필란트로피의 여러 실험이 세간의 눈길을 끌었다.[29]

점점 더 많은 책들과 기사들이 거액 기부자의 동기와 기부 효과성에 대한 의문을 제기했다. 포드 재단의 전 대표인 마이클 에드워드Michael Edwards는 이전에 「이코노미스트*the Ecomomist*」에 '필란트로캐피탈리스트philanthrocapitalists'를 극찬하는 글을 쓴 매튜 비숍Matthew Bishop 같은 사람들을 지속적으로 비판했다. 에드워드는 2013년에 「크로니클 오브 필란트로피*Chronicle of Philanthropy*」의 외부 필진 칼럼에서 "필란트로피는 공익을 위해 사적 기금을 받을 수 있다. 그러나 필란트로피는 점점 더 사적 이익을 위한 놀이터가 되고 있다."라고 주장했다.[30] 기자이자 『엘리트 독식 사회: 세상을 바꾸겠다는 그들의 열망과 위선*Winners Take All: The Elite Charade of Changing the World*』(생각의 힘, 2019)을 집필한 아난드 기리다라다스

Anan Giridharadas는 "보통 미국 엘리트들은 기부를 돌려받는 순간에도, 그들이 고치려고 하는 많은 문제를 안고 있는 현 체제를 유지하려고 한다. 문제에 대한 그들의 접근법은 그들의 노력이 아무런 도움도 되지 않음을 보여준다."라고 주장했다. 그 결과, 그는 "그들이 한다는 좋은 일은 점점 더 많아지고, 점점 더 비가시화되며, 사회에 피해를 안기는 공범"이라고 주장했다.[31] 교육 전문가인 다이앤 래비치Diane Ravitch는 빌 앤 멜린다 게이츠 재단, 월튼 가족Walton family, 엘리 브로드Eli Broad가 시장 중심 원리를 공교육에 접목하려는 반민주적인 시도를 한다며, 이들이 '억만장자 소년 클럽billionaire boys club'이라고 일격을 가한다.[32]

진보주의자들이 찰스 코크Charles Koch 같은 보수주의자가 필란트로피에 미치는 영향력을 한탄할 때, 보수주의자는 조지 소로스George Soros나 오픈 소사이어티 파운데이션Open Society Foundation이 진보적 정책 커튼 뒤에 도사리고 있다고 비난한다. 두 관점은 일부분 맞을 수 있지만 빈번하게 과장되기도 한다. 필란트로피가 정책에 미치는 영향은 전혀 새롭지 않고, 달라진 것도 없다. 내 목적은 당신을 돕는 것이다. 당신이 거액 기부자라면, 책임감 있게 그리고 사회에 힘이 없는 사람들이 설 자리를 잃지 않고, 그들의 목소리가 커지도록 당신의 영향력을 쓸 수 있다. 당신이 소액 기부자여도 이런 이야기들은 필요하다. 어떤 재단에 관심을 가질 것인지 혹은 주의할 것인지에 관한 안목을 키울 수 있기 때문이다.

필란트로피 세상의 신출내기도 이렇게 비판한다. 냅스터Napster의 공동 창업자이고 페이스북의 초기 투자자였던 션 파커Sean Parker는 「월 스트리트 저널*Wall Street Journal*」의 외부 필진 칼럼에서 이렇게 썼다.

> 대다수 유명한 민간 재단과 기금과 기타 비영리 기관의 대표들은 그 무엇보다 그들이 운영하는 기관의 자원과 명성을 보존하는 데 헌신한다. 이는 관료제의 단계를 만들어 기관의 자원을 감독하며, 상당한 위험을 감수하지 않고 회피하면서 달성된다.[33]

파커의 비판은 필란트로피 일은 거의 하지도 않으면서 자기 이전에 활동했던 사람들에게 배울 점이 없다고 확신하는 실리콘 밸리의 많은 사람을 향한다. 이상하게도 필란트로피나 비영리 섹터에 대한 경험과 지식이 없는 사람들의 이야기는 정기적으로 가시화되고, 신뢰받는다. 이런 현상은 이해하기 어렵다.

파커의 거친 풍자는 가장 최악인 민간 재단과 비영리 단체에 적용될 수 있다. 그러나 파커의 이러한 주장은 엔론Enron이나 웰스파고Wells Fargo 스캔들을 예시로 비즈니스에 관여하는 모든 이들의 윤리의식에 의문을 제기했던 것과 유사하다. 이런 비판을 어떻게 널리 확산할지 고민하는 것은 여전히 중요하다. 이런 비판은 좀 더 빈번하게, 다양한 곳에서 터져 나오고 있다.

이런 일은 모두 '기득권establishment'이라 여겨지는 것을 비난하는 환경에서 일어난다. 기득권이라는 말에는 정치적인 책무성이 담겨 있다. 부글부글 끓어오르던 불만은 월가 점령 시위Occupy Wall Street나 티파티Tea Party에서 표출되었고 2016년 미국 대선이나 영국의 브렉시트 투표에서 알 수 있듯이 이제 주류화되었다.

우리를 보호하려고 만들었던 기관들이 우리의 기대에 부응하지 못하면서 이들에 대한 신뢰는 점점 무너지고 있다. 로마 카톨릭 교회의 아동 성추행 추문부터 대공황같은 금융위기를 야기한 대형 은행의 관행이나 경찰의 비무장한 아프리카계 미국인 학살까지, 어떤 기관을 진정 신뢰할 수 있는지 시민들은 묻고 있다. 2012년에 MSNBC의 진행자인 크리스토퍼 헤이즈Christopher Hayes는 『똑똑함의 숭배: 엘리트주의는 어떻게 사회를 실패로 이끄는가*Twilight of the Elite*』(갈라파고스, 2017)라는 책에서 "이제 우리는 당국으로부터 정당한 권한도 선의도 기대할 수 없는 세상에서 살고 있다. 그리고 이 단순하고도 참담한 깨달음의 결과는 신뢰가 낮고 부정의했던 지난 10년 동안 미국인의 삶을 정의하는 특징이다."라고 썼다. 지금 보면 이 책은 다소 예언서 같다. "엘리트의 실패와 이로 인한 불신은 현재 정치와 사회에 가장 강력한 영향을 미치지만, 이해가 가장 부족한 측면이다."[34]

이런 새로운 시대에, 모든 유형의 기부자들은, 특히 고액 기부자들은, 신뢰를 키우고 유지하기 위해 추가적인 노력을 기울여야 한다. 이를 위해서 기부자들은 돕고자 하는 사람들과 연결되어야 하고, 돕고자 하는 사람들이 문제 해결에 대한 이러한 접근을 환영해야 한다.

말은 쉽지만, 실천하기는 어렵다.

현장에 머물기

효과적으로 기부하려면, 돕고자 하는 사람들에게 귀를 기울이고, 이들과 함께하는 것이 중요하다. 오늘날 이런 태도는 더 강조되는데, 가진 사람과 가지지 못한 사람 사이의 거리가 멀어지고 있기 때문이다. 그러나 아무리 좋은 의도를 가져도 기부자는 '기득권'의 전형이자 커뮤니티에 기부자의 의지를 관철하려는 외부 세력으로 보일 수 있다. 기부자가 하향식으로 '문제 해결'을 기획하고 실행하려고 하면, 이에 대한 저항은 점점 더 커질 것이다. 시민들이 자신들을 문제 해결 과정에서 소외시키는 과정에 격분하는 것은 당연하다.

거액 기부자는 이런 환경에서 일하고 있다. 수행 기관은 이런 기부자들을 판단하기에 좋은 위치에 있는데, CEP의 연구는 수행 기관이 수혜자들의 필요에 대한 민간 재단의 이해가 부족하다고 여기고 있음을 보여준다.[35] 전직 민간 재단 관계자는 최근 나에게 이렇게 말했다. "우리는 정말 많은 운동을 지원하고 있지만, 우리의 이런 지원은 재벌을 위한 것으로 오해받기도 해요."

사실 재벌처럼 행동하는 민간 재단도 때때로 있다. 그러나 '새로운 힘'이 밑바닥에서부터 하향식의 고루한 힘에 도전하는 이런 시대에 그런 행동은 점점 더 비효과적이다.[36] 자산이 16억 달러이고 일 년에 8천만 달러를 배분하는 하인즈 기금Heinz Endowments의 대표인 그랜트 올리펀트Grant Oliphant는 이렇게 말한다. "리처드 킹 멜런Richard King Mellon과 데이비 로렌스Davey Lawrence가 피츠버그Pittsburgh의 공기와 강을 정화하던 시절은 끝났죠. 그런 일은 더 이상 없어요. 기금을 배분하기 때문에 힘을 행사할 수 있다고 여겨지는 우리 같은 기관도 그렇게 못해요."[37]

올리펀트의 견해는 기부자가 하향식 방식으로 일할 수 없다는 것은 아니다. 기부자들은 하향식으로 일할 수 있다. 그러나 사람들이 기관을 본능적으로 불신하고, 스스로 목소리를 내기 원하는 사회에서는 이런 방식이 효과적이지 않다고 말하는 것이다. 가장 효과적으로 기부하는 사람들은 이런 역학 관계를 이해한다.[38]

2016년에 CEP는 민간 재단 CEO를 대상으로 임팩트를 키우는 방법에 대한 설문조사를 실시했다. 스물네 가지 방법 중 가장 중요한 것은 예상 수혜자의 이야기를 듣고, 이들의 경험에서 배우는 것이었다. 수행 기관의 이야기를 듣고, 수행 기관의 경험에서 배우는 것이 그 다음이다.[39] 가장 최선의 일을 하려면, 전면에 있는 사람들과 연결되어야 한다는 것을 이런 거액 기부자들도 이해하고 있다. 물론 이해와 실천은 별개다.

겸손하게 접근하기

최고의 기부자는 겸손하다. 록펠러 형제 기금의 스테판 하인즈는 '야망은 담대하게, 접근은 겸손하게'라고 말한다.[40]

성공하는 데 시간이 걸린다는 것을 알고 있는 민간 재단은 효과적으로 일한다. 이런 민간 재단들은 그들이 제대로 일하고 있는지, 어떻게 일을 더 잘할 수 있을지 알려주는 성과 지표와 피드백 체계를 가지고 있다. 그들의 노력이 부족한 부분은 언제든지 배우는 데 열려 있다. 내가 만났던 많은 기부자는 종종 드러내지 않고 이렇게 일을 한다.

앞서 소개했던 윌버포스 재단과 로즈 렛윈의 예를 들어보자.

"저는 중서부 농업 지대의 작은 마을에서 자랐어요. 그래서 항상 동물에 대한 애정이 있었죠."라고 그녀는 말했다. "저는 1970년대에 시애틀로 이사했고 야외 활동에 푹 빠졌어요. 이런 관심은 저를 야생 동물 재활 센터에서 자원봉사를 하도록 이끌었죠. 그런데 많은 동물이 일단 치료를 받아도, 이후에 갈 곳이 없다는 충격적인 현실을 마주했어요. 시애틀과 인근 지역은 빠르게 커지고 있었고, 야생 동물이 갈 곳은 점점 더 줄었죠."[41]

윌버포스의 접근은 매년 수백 혹은 수천 달러를 기부하는 개인 기부자를 포함한 모든 단계의 기부자들에게 의미가 있다. 그들은 겸손하다. 그들은 현장과 가장 가까운 곳에서 활동하는 사람들의 지식과 활동가들이 현장에서 보낸 시간을 존중한다.

윌버포스의 사명문은 이렇다. "우리는 미국 북서부의 중요한 지역, 하천, 야생 동물을 보존하려는 방안을 전략적으로 내놓는 단체와 리더들을 지원하고 돕는다." 여기서 '우리는 돕는다'라는 문구에 집중해보자. 이 재단은 그들이 단지 보존 활동의 한 축이라는 점을 알고 있다.

물론 윌버포스는 성과에 집중하고 있으며, 수행 기관과 다른 기금제공기관과 함께해야 성과를 달성할 수 있다는 것을 알고 있다. 이 재단은 생태적 임팩트, 활동 지역에서의 기회와 위기, 활동 지역의 역량과 필요에 관련된 과학적 지식에 근거하여 관심 지역을 특정한다.

이러한 과정에서 윌버포스는 변화를 만들 수 있는 지역에 집중한다. 이런 일은 지역에서 이뤄지기 때문에 윌버포스가 지원하는 단체들은 대개 작은 규모이다. 상임 이사인 폴 보뎃은 "모든 지역이 달라요. 필요한 일을 수행하는 단체들도 다를 수 있죠."라고 말했다.

윌버포스의 직원들은 종종 반바지와 샌들 차림으로 출근하고, 몇몇 직원은 매일 개를 데리고 출근한다. 그렇다고 이런 느긋한 겉모습에 속지 말라. 그들은 정말 똑똑하고, 분석적이며, 열정적이다. 보뎃은 "우리는 진지하게 일해요. 그렇지만 우리 자신은 가볍게 살죠."라고 말했다.[42]

윌버포스는 CEP의 수행 기관 인식 보고서Grantee Perception Report(GPR)를 활용해 정기적으로 수행 기관의 피드백을 수집하고, 함께 공유하는 목표를 달성하기 위해 이런 기관을 어떻게 더 잘 도울지에 관해 리더들이 배운 점을 토대로 변화를 만든다. CEP는 활동 분야에 미치는 임팩트, 활동 분야에 대한 이해, 활동 분야에 관한 지식의 확장, 활동 분야의 공공 정책에 미치는 영향력, 문제 발생 시 이에 대한 접근 능력, 공정한 처우 및 즉각적 대응이라는 항목으로 수행 기관들을 조사했는데, 윌버포스는 몇백 개의 기금 제공기관 중 상위를 차지했다. (재단이 이런 결과를 홈페이지에 공유하기 때문에, 본서에서 이를 자유롭게 공유한다.)

윌버포스의 모델은 관계에 집중한다. 보뎃은 "아주 기초적인 단계에서도, 수행 기관과 단단하게 맺은 관계는 매우 중요해요. 우리에게는 수행 기관이 알려주는 정보가 매우 중요하거든요."라고 설명한다. 윌버포스가 지원하는 비영리 단체들은 "현장에서 활동합니다. 그들은 우리가 관심이 있는 특정 지역에서 해야 하는 활동의 배경을 깊이 이해하고, 현장의 미묘한 차이를 구분할 수 있죠. 우리가 수행 기관과 장기적으로 단단한 신뢰 관계를 맺으면,

우리는 수행 기관이 성과를 더 효율적으로, 더 효과적으로 달성할 수 있도록 수행 기관을 도울 수 있죠. 또한 그들의 기관 및 프로그램 역량에 현명하게 투자할 수 있고, 여기에 필요한 지식도 더 잘 알게 되겠죠."[43]

윌버포스의 직원들은 재단이 지원하는 비영리 단체들의 피드백을 받으면 그에 따른 변화를 시도한다. 예를 들어 기금 신청 절차를 간소화하거나, 다년도 사업 기금을 더 지급하거나, 5만 달러 이하의 기금을 신청하는 패스트 트랙을 신설하거나, 모든 비영리 단체가 기금을 신청하거나 갱신하기 전에 한 시간씩 대화를 나누는 일정을 수립하는 등 재단은 이런 서비스 제공의 최우선 순위를 정해서 비금전적인 포괄 지원이 가능하도록 대상 그룹을 더 세밀하게 타겟팅한다.

윌버포스는 지원하는 기관들이 공유하는 목표를 달성하도록 도우려고 존재하며, 이런 일을 잘하려면, 재단의 직원은 겸손하게 들어야 하고, 그들이 배운 점을 토대로 변화를 만들어야 한다는 것을 알고 있다. 이런 변화는 사소해 보일 수 있다. 그러나 이런 변화를 통해 그들이 수행 기관들과 더 좋은 관계를 맺을 수 있고, 더 좋은 관계는 성과를 만들어 낸다.

수행 기관과의 관계뿐만 아니라 돕고자 하는 수혜자들과의 관계도 중요하다. CEP는 이런 관계 형성과 유지를 특히 잘하는 민간 재단 리더들을 면담했는데, 그들이 일에 접근하는 방법은 세 가지 공통점이 있었다.

- 그들은 지원하는 비영리 단체를 전문가로 여긴다.
- 그들은 활동하는 분야와 커뮤니티에서 시간을 보내는 것이 중요하다는 것을 안다.
- 그들은 해당 분야와 커뮤니티 출신을 직원으로 채용한다.[44]

개인 기부자들에게도 돕고자 하는 사람들과 가까워지는 것은 중요하다. 이런 노력이 때론 고통스럽고 힘든 감정에 마음을 스스로 열게 한다.

거리 좁히기

제이슨 해크먼Jason Hackmann은 미주리Missouri 윈필드Winfield의 작은 시골 마을 출신이다. 그는 차상위 계층 가족들과 평범한 어린 시절을 보냈다. 1995년 봄에 그는 작은 고등학교를 졸업했는데, 함께 졸업한 친구들은 68명이었다.

1995년은 그의 형이 음주 운전자에게 치여 사망한 해이기도 하다.

형을 잃은 참담함은 해크먼이 그가 자란 시골의 작은 마을을 벗어나 성공해야겠다고 결심하게 했다. 성공적인 경력을 쌓아간 그는 마침내 세인트 루이스St. Louis에 부유한 고객이 주요 고객인 생명보험 대리점을 개설했다. 2004년에 그의 첫 아이가 태어난 후, 해크먼은 자기에게 무엇이 중요할까 생각하기 시작했다. "그때 제가 그리스도께로 돌아가는 여정을 시작했어요."라고 그가 말했다. 그는 과거에 했던 기부의 '숨은 동기'는 비즈니스의 이해관계에 따른 것이었다고 고백했다.

2008년에 터크스 케이커스 제도Turks and Caicos에서 휴가를 보낼 때, 그의 인생이 바뀌었다. 해변에서 해크먼은 아내 제니퍼에게 여행에 가져온 책이 재미없다고 말했다. 제니퍼는 이제 막 출간된 책을 내밀며 그에게 읽어보라고 권했다. 그 책은 팜 코프Pam Cope가 쓴 『잔센의 선물: 슬픔, 구조, 은혜의 진실*Jantsen's Gift: A True Story of Grief, Rescue, and Grace*』였다. 이 책은 열다섯 살 난 아들을 미진단undiagnosed 심장질환으로 잃은 작가가 자신의 상실감이 어떻게 다른 사람을 돕고 싶은, 특히 가나의 아동노예 근절을 위해 노력하고 싶은 열망으로 연결되었는지에 대해 작가의 이야기를 연대순으로 기록했다.

하루 만에 이 책을 읽으면서 해크만은 그녀의 이야기에 깊은 감동을 받았고, 자신도 아동노예 근절을 위해 뭐라도 해야겠다고 결심했다. "형이 죽지 않았다면, 이런 고통을 몰랐을 거고, 이런 일에 마음이 열리지도 않았을 거예요." 그는 말했다. "하나님이 비극을 통해 어떻게 다른 사람들을 도우시는지, 형의 죽음으로 어떤 목적을 이루시려 했는지 깨달았어요."

네 달 후, 해크먼은 다시 여행을 떠났다. 그러나 이번에는 아이들 세 명을 남겨 두고 제니퍼와 가나로 떠났는데, 가장 큰 아이가 겨우 다섯 살이었다. 그는 "친구들은 우리가 미쳤다고 생각했어요."라고 말했다. 이런 여행으로 해크먼은 달라졌다. "제가 뭐라도 하고 싶었고, 빈손으로 돌아가기 싫었어요. 전 그저 인간 대 인간으로 돕고 싶었을 뿐이에요. 제 인생에서 이런 일은 처음이었죠."

이후 3년 동안 그는 가나에 열 차례나 더 방문했다. 고작 세 살인 아이들이 가나 어부에게 노예로 팔리는 현실에서 자기는 무엇을 할 수 있을지 이해하려고 애썼다. 그는 이런 아이들을 돕는 지역의 작은 비영리 단체에서 시간을 보냈고 기부도 했다. 또한 자신도 이런 아이들과 이야기를 나눴다.

첫 여행에서 만났던 여섯 살짜리 아이가 그의 마음에서 떠나지 않았다. 그 아이는 어부의 노예였다. 그 소년은 내성적이었고 데면데면했다. 해크먼은 "아이는 웃지 않았어요."라고 말했다. 1년 후 해크먼과 함께 일했던 비영리 단체는 그 아이의 사진을 보냈다. 사진 속의 그 아이는 이제 자유로웠고, 크게 웃고 있었다. "그때 느꼈어요. 세상에! 엄마가 늘 하시던 말씀처럼, '받는 것보다 주는 게 훨씬 좋네.' 왜 이걸 몰랐지?"

시간이 흐르고, 해크먼은 기독교계 대형 비영리 단체인 인터내셔널 저스티스 미션International Justice Mission에 백만 달러 이상을 기부했다. 그는 단체의 리더들에게 가나의 아동노예를 근절시켜 달라고 부탁했다. 그는 2022년이나 2023년에 이 목표를 달성할 수 있을 거라고 생각했다. 해크먼은 이러한 노력에 상당한 에너지를 쏟았고, 회사에 이와 관련된 사회공헌기금을 만들었으며, 나중에는 모든 수익을 이 일에 썼다.

"상처를 많이 받았다면, 다른 사람을 더 많이 도울 수 있어요." 해크먼이 나에게 말했다. 아동 노예처럼 혹독하고 이해하기 힘든 문제에 가까이 다가가면 감정적으로 힘들어진다. 그러나 이런 감정은 해크먼이 이런 일을 할 수 있도록 인생에 새로운 차원의 의미를 부여했다.

해크먼의 기부로 아이들은 자유로워졌다. "이 일은 하나님이 저에게 맡기신 사명이에요."라고 그는 말했다. "사람들은 놀라운 우연의 일치라고 말할 수 있지만, 저는 저를 향한 하나님의 계획이었다고 생각해요."[45]

많은 미국인이 그러하듯, 해크먼이 기부했던 동기는 종교적인 믿음에서 비롯됐다. 종교적인 믿음은 그가 고통에 가까이 다가가고, 이런 문제의 해결에 헌신하도록 이끌었다. 다른 사람의 동기는 다를 수 있다. 그러나 기부의 동기가 무엇이든 기부자가 돕고자 하는 사람들에게 가까이 다가가고 그들의 고통에 마음을 열면, 기부에 대해 더 잘 알게 되고, 더 효과적으로 기부하게 된다.

이퀄 저스티스 이니셔티브Equal Justice Initiative의 설립자겸 상임 이사인 브라이언 스티븐슨Bryan Stevenson은 "너무 많은 사람이, 문제를 해결한다면서, 저 멀리서 피상적으로 생각해요."라고 말했다. "멀리 떨어져서 문제를 해결하려고 하면, 문제의 세부 사항이나 뉘앙스를 놓치게 되고, 해결방안도 효과적으로 작동하지 않아요."[46] 스티븐슨은 변화를 만들고 싶은 사람들을 향해, 해결하고 싶은 문제와 돕고 싶은 사람들에게 '가까이 다가가기'를 촉구했다.[47]

제이슨 해크먼은 그렇게 했다.

성과

좋은 기부는 모든 곳에 영향을 미친다. 해크먼의 기부로 이전에 노예로 팔린 아이들은 자유로워질 수 있었다. 윌버포스는 멸종 위기 야생 동물을 보호하고 자연 생태계를 보존하면서, 태평양 북서

연안의 수백만 에이커의 땅을 보존하는 데 공헌한다. 미국을 자동차로 횡단하면 숨이 멎을 듯 아름다운 풍광을 만날 수 있다. 이런 곳에서 자란 나는 인간의 손이 닿지 않은 자연을 잘 알고 있고, 그 아름다움에 매번 감탄한다. 이런 곳을 지난다면 이런 자연을 보존하는 데 기부가 얼마나 중요한 역할을 했는지 생각하지 않을 수 없다.

진정 기부는 자연 보존에 큰 역할을 했다.

다른 예를 들어보자. 1947년에 신문기자였던 찰스 에드워드 마시Charles Edward Marsh는 워싱턴 D.C.에서 공공복지재단Public Welfare Foundation을 설립했다. 공공복지재단은 최근까지 메리 매클리먼트Mary McClymont가 운영했는데, 자산이 5억 달러이고, 연간 2천만 달러 이상의 기금을 지급한다. 매클리먼트는 평생 비영리 섹터에서 경력을 쌓았다. 그녀는 국제 인권 역량 강화 단체인 글로벌 라이츠Global Rights의 상임 이사로 일했다. 또한 그녀는 미국의 국제개발 및 인도주의 비정부기구들의 가장 큰 연합체인 인터액션InterAction의 의장겸 CEO로 일했다. 그녀는 조용한 리더이다. 그러나 대단한 지성을 가진 그녀는 단체의 성과에 완전히 몰입하고, 또 성과를 이뤄 낸다.

공공복지는 형사 사법 제도 개혁의 원동력이었다. 재단은 청소년 사법 분야에서 인상적으로 일했다. 재단은 끔찍한 수준이었던 미국의 아동 수감률을 낮추고, 『월러가 나에게 가르쳐 준 것 *Just Mercy: A Story of Justice and Redemption*』(열린책들, 2016)을 쓴 스티븐슨 Stevenson 같은 활동가를 지원하는 데 열정을 쏟았다. 스티븐슨이 설립한 이퀄 저스티스 이니셔티브는 사형 선고를 받은 재소자들의 사면을 촉구하고, 아동 수감에 관한 정책에 영향을 끼쳤다. 재단은 경범죄나 비폭력적인 범죄로 아동을 투옥하면 재범률이 높아지고 나쁜 결과가 늘어난다고 입증한 연구를 활용했다. 또한 재단은 주 기반의 옹호 활동 지원을 통해 주정부의 정책을 바꾸도록 도왔다. 그 결과 지난 12년 동안 청소년 수감률은 절반 이상 감소했다.[48]

때때로 효과적인 필란트로피는 나쁜 결과를 피하는 데 도움이 된다. 예를 들어 록펠러 형제 기금은 미국과 이란 정부 관료들의 우호 관계를 증진하려고 몇 년 동안 노력했다. 두 나라 사이의 긴장을 완화하고 전쟁을 피하기 위해 2001년에서 2008년 사이에 열네 번의 회의가 기금의 지원으로 개최되었다. 전국 이란계 미국인 협회National Iranian American Council의 설립자이자 대표인 트리타 파시Trita Parsi는 "많은 참가자가 상대편의 누군가와 직접 이야기한 건 그때가 처음이었다."라고 썼다. "회의를 통해 양 당사국이 서로의 정치 체계, 한계, 이해타산을 깊이 이해하는 것을 넘어, 후일 양 당사국의 핵 협상을 주도했던 핵심 인사들이 연결됐다."[49] 즉 민간 재단이 2015년의 미국과 이란의 핵 협상 타결의 토대를 마련한 셈이다. 비록 2018년에 트럼프 대통령이 핵합의를 탈퇴했지만, 재단의 이러한 노력은 양국의 긴장 완화에 기여하고, 나아가 우리 모두를 위한 안보를 증진했다.

물론 어떤 기부자는 긍정적인 변화를 만들 수 있는 기회를 활용하지 못하는 것도 사실이다. 그러나 대다수 기부자가 미국의 공공 부문을 위해 보이지 않는 곳에서 노력하는 것도 사실이다. 해크먼 같은 개인 기부자나, 르윈과 윌버포스 재단이나, 공공복지재단, 록펠러 형제 기금 같은 민간 재단과 기타 기부는 미국과 세상을 튼튼하게 만들고 있다.

당신이 평생 몇천 달러를 기부하든, 몇백만 달러를 기부하든, 효과적으로 기부하는 것은 당신의 선택이다. 효과적으로 기부하기는 쉽지 않다. 다음 장에서 다룰 제대로 하는 기부의 요소는 명확한 목표, 일관적인 전략, 숙련된 실행 및 좋은 성과 지표이다. 이런 요소는 다른 일에도 마찬가지로 필요하다. 앞으로 설명하겠지만, 기부를 제대로 할 때 어려운 지점이 사례마다 모두 다르다. 그래서 헌신하는 마음과 겸손한 태도 그리고 미묘한 차이를 이해하려는 의지는 늘 필요하다.

2장 정리

기부 가이드

1. **기부는 투자가 아니다.** 이익을 창출하려고 회사에 투자하는 것은 기부에 적절한 비유가 될 수 없다. 기부의 성과 측정은 명확하지 않을 수 있고, 성공한 기부는 대개 여러 단체가 협력한 결과이다. 효과적으로 기부하기란 어렵고, 고유한 방법과 기술이 필요하다. 더불어 투자는 소유자가 있음을 암시하나, 기부자는 수행 기관들을 소유하지 않는다.
2. **기부 요청을 받았다고 바로 기부하지 말라.** 신중한 결정을 내릴 시간을 가져라. 대학생이 당신의 집 현관에서 기부를 요청하거나 텔레마케터가 전화로 기부를 요청할 때, 신중하게 결정하기 어렵다. 번지르르한 마케팅 메시지나 광고, 전화로 기부를 결정하지 말고, 당신의 목표와 전략에 부합하게 기부하라. 기부의 목표와 전략은 다음 두 장에서 다룰 것이다.
3. **당신에게 적합한 기부 방법을 찾아라.** 기부 방법에는 기부자조언기금, 장학금, 지역 재단의 분야별 기금, 기부 서클, 민간 재단 등이 있다. 기부하는 많은 방법이 있지만, 당신의 관심과 목표, 기부의 정도, 기부에 쓸 수 있는 시간, 당신에게 필요한 지원을 토대로 당신에게 적합한 기부 방법을 찾는 것이 관건이다.
4. **고액 기부자와 민간 재단이 주는 교훈에서 배워라.** 현장의 필요를 깊이 이해할 때 효과적으로 기부할 수 있고, 이런 기부는 진보에 크게 기여할 수 있다. 그러나 현장에 대해 전혀 모르거

나 자기 만족을 위해 기부하면, 좋은 일을 할 기회를 제대로 활용하지 못한다. 제대로 기부하려면, 기금을 배분받는 단체와 영향을 미치려고 하는 사람들, 분야, 지역사회를 잘 알아야 한다. 또한 겸손하게 인내하는 태도가 필요하다.

제3장

어려운 균형 맞추기
: 목표 설정

A Tough Balance:
Choosing Your Goals

3장

어려운 균형 맞추기 : 목표 설정

레슬리 실콕스Leslie Sillcox와 마크 실콕스Mark Sillcox는 정보과학기술Information technology의 중역으로 성공적인 경력을 가졌다. 그들은 필란트로피를 통해 변화를 만들고 싶었지만, 어디에 집중해야 할지 몰랐다. 많은 선택지를 고려한 끝에 그들의 인생에서 무엇이 가장 중요한지 생각한 후, 그들은 교육 분야에 기여하기로 했다.

1999년 골드만 삭스Glodman Sachs가 상장하던 해 최고 정보 책임자였던 레슬리는 과거에 교사로 일한 적이 있었다. 그녀는 "교육은 누군가의 인생을 변화시키는 플랫폼이라고 생각한다."고 말했다. 레슬리와 마크는 어떤 분야에 기여하고 싶은지 우선 마음을 정하고, 서두르지 않도록 노력했다.

"우리는 아이들과 가장 가까이에서 변화를 직접 경험해 보고 싶었어요." 마크는 뉴욕에 있는 그들의 아파트 근처에서 커피를 마시며 말했다. 그래서 그들은 학생들을 멘토링하고, 시간을 내어 자원봉사를 하고, 필란트로피를 통해 궁극적으로 돕고 싶은 사람들과 관계를 맺었다.

"우린 아이들을 알아요." 레슬리가 말했다. "우리는 아이들을 멘토링하고 지원했어요. 우리는 종합적으로 분석하고 이해한 후에 우리의 목표를 정했죠." 그들은 설립한 재단에 관해 설명했다. 재단은 "뉴욕에서 꾸준히 증가하는 청소년들이 사회경제적 장벽을 극복할 수 있도록 매년 수백만 달러의 기금을 지원하려고 해요. 청소년들은 공립고등학교를 졸업하고 대학에 진학할 수 있죠. 대학에서는 괜찮은 일자리를 찾고 적극적으로 사회에 참여할 수 있도록 준비돼요."

그들의 재단은 학업 성취도를 높인다는 확실한 증거가 있는 학교와 비영리 단체들을 지원하고, 재단의 목표를 분명하게 설명하는 데 최대한 집중한다.

레슬리는 "우리는 방향성을 잃지 않고, 사명을 확고히 하려고 노력했어요."라고 설명했다. 마크는 마음은 뜨겁게, 머리는 차갑게 하라며, "마음이 시키는 일을 하세요. 그렇지만 감정에 치우치진 마세요."라고 조언했다.[1]

그렇게 간단하지 않다

제대로 기부하기는 명확한 목표에서 시작된다. 일반적으로 목표는 적을수록 더 좋다. 너무 많은 것을 시도하면, 모든 것을 제대로 해내기는 어렵기 때문이다.

간단하게 들린다. 그렇지 않나? 그렇지만, 목표 설정은 말처럼 쉽지 않다. 어떤 목표를 선택해야 하나? 긴급한 문제가 너무 많다면, 그중에 어떤 문제를 목표로 설정할까? 문제들이 서로 얽혀 있을 때는 어떻게 목표에 계속 집중할까?

효과적으로 기부하는 다른 사람들처럼 실콕스 부부도 이런 질문부터 시작했다. 학업 성취도를 높이고, 변화를 만들며, 임팩트를 미치는 여정은 바로 자신에게서 시작되었다. 여기서 다시 강조하지만, 기부자를 위한 대부분의 안내서에 있는 관행적인 이야기에 의문을 품는 것이 중요하다. 이러한 안내서는 마음을 따라가라고 한다. 이런 안내서의 저자들은 그 목표가 다른 목표보다 더 가치가 있는지 판단하지 않는다. 나도 관심 분야에 집중하려면 마음이 중요하다고 생각한다. 그러나 나는 실콕스 부부처럼 이성적으로 접근하길 권한다.

데이터를 기반으로 필란트로피에 전략적으로 접근해야 한다고 주장하는 사람들조차 '마음에 따른 목표'를 선택하라고 한다. 친절한 기부안내서로 유명한 어떤 책은 "필란트로피에서의 목표 선택은 그 본질상 주관적이다."라고 말하며, "기부자의 목표를 결정하는 근본적인 요인은 기부자의 관심이나 걱정거리이다."라고 주장한다.[2] 록펠러 필란트로피 어드바이저스Rockefeller Philanthropy Advisors(RPA)는 '집중할 분야를 찾기finding your focus'라는 안내서에서 "보통 긴급한 문제에 대한 후원 요청이 많다. 그렇지만 가장 시급한 사안은 무엇일까? 이 질문에 대한 명백하고 객관적인 답은 없다."라고 했다.[3]

그런 답은 정말 없을까?

프린스턴Princeton 철학자이자 '효과적인 이타주의effective altruism' 운동의 창시자인 피터 싱어Peter Singer는 RPA 안내서를 혹독하게 비판했다. "이 질문은 잘못된 질문이에요. 설사 맞는 질문이라고 해도, 그 답이 틀릴 수 있어요. '가장 긴급한 문제가 뭐죠?'는 올바른 질문이 아니에요. 잠재적인 기부자는 이렇게 질문해야 합니다. '내가 어디에서 가장 가치 있는 일을 할 수 있을까?'"

싱어와 다른 효과적인 이타주의자들은 모든 목표가 동일하다고 생각하지 않는다. 그들은 '객관적으로 가장 좋은 명분'이 있고, 그 일을 지원하는 것은 도덕적 의무이며, 그래야 가장 가치 있는 일을 할 수 있도록 목표에 집중할 수 있다고 주장한다.[4] 싱어가 주는 시사점은 한 생명을 살리는 비용이 미국보다 해외가 훨씬 낮으므로, 해외 사람들을 지원해야 한다는 것이다. 예를 들어 기부자는 모기장을 공급하는 단체를 지원하여 개발도상국 아동의 주요 사망 원인인 말라리아를 예방하거나, 실명을 일으키는 가장 대표적인 원인이지만 예방이 가능한 트라코마trachoma를 예방하려는 단체를 지원해야 한다고 주장한다.

무엇이 가치 있나?

많은 사람들은 특정 목표를 달성하는 데 어떤 전략이 다른 전략보다 더 효과적이라고 주장하면서 데이터 중심 접근을 필란트로피의 전략에 적용한다. 물론 나도 이러한 주장에 동의한다. 그렇지만 싱어는 1달러로 할 수 있는 가장 가치 있는 일을 분석하는 목표 선택 과정에 데이터 중심 접근을 적용한다.[5] 싱어는 기부자가 지역 박물관의 부속 건물 건축에 기부하면 안 된다고 주장한다.

한 사람당 100달러면 실명을 예방하거나 치료할 수 있는데, 기부자가 박물관에 기부하면 한 생명을 살릴 기회가 사라진다고 그는 이야기하며, '마음에 따른 목표'를 정당화할 수 없다는 사례를 끈질기게 든다. 이런 그의 주장은 특정 명분을 지원하기로 선택하는 순간, 당신은 한 생명을 살리거나, 한 사람의 삶을 개선하는 기회를 버리는 것임을 암시한다.[6]

내가 아는 기부자나 기부자에게 조언하는 전문가들 가운데 이런 싱어의 주장을 거부하는 사람들이 있다. 그들은 이런 주장에 동의하지 않거나, 이런 주장이 불편하거나, 아니면 둘 다일 수 있다. 왜 그들이 싱어의 주장을 거부하는지 정확하게 알기 어렵다. (사실 나도 그의 주장이 불편하다. 그의 주장은 내가 수십 년 동안 했던 선택이 과연 그가 말하는 마음에 따른 목표에 해당하는지 질문하게 만든다.) 그러나 그의 책 『당신이 살릴 수 있는 삶, 당신이 할 수 있는 가장 가치 있는 일*The Life You can Save and The Most Good You can do*』에서 말하는 주장은 강력하고 고려할 만하다. 모든 필란트로피 목표가 도덕적으로 동일한 가치를 가지는 것이 아니라는 그의 주장은 아마도 맞을 것이다.

싱어가 주장하는 효과적인 이타주의 운동의 영향을 가장 많이 받은 사람들은 실리콘 밸리의 기부자들이다. 특히 페이스북 공동 설립자인 더스틴 모스코비치Dustin Moskovitz와 월 스트리트 저널의 전직 기자였던 그의 아내 캐리 튜나Cari Tuna는 그들의 재단인 굿 벤처스Good Ventures를 설립하면서 이런 영향을 많이 받았다. 나는 2015년에 열린 CEP 콘퍼런스의 한 세션에서 튜나에게 싱어를 따르는지 물었다. 그녀는 효과적 이타주의 운동에 관해 "모든 사람이 똑같이 생각하는 건 아니에요."라고 말하며 이의를 제기했다.

"제가 정말 실감하는 건 다른 사람의 생명을 살리는 데 우리는 할 수 있는 최선의 일을 한다는 거예요. 저한테 효과적인 이타주의는 그런 거예요."라고 그녀는 콘퍼런스 청중들에게 말했다.[7] 모스코비치는 모기장 사업이 100억의 가치가 있다고 보고했다. 그와 튜나의 필란트로피는 아직 초기 단계이다. 그러나 최대 규모로 진행될 이 사업은 효과적인 이타주의를 실천하는 노력으로 세간의 관심을 끌 것이다.[8]

사실 그들의 노력은 마음에 따른 목표를 거부하고, 싱어가 제기한 도덕적 질문에 답하려고 애쓰는 강력한 사례이다. 그러나 마음도 중요하다. 싱어와 다르게 나는 지역사회에 기부하는 것도 중요하다고 생각한다. 이는 지역사회의 사람들을 돕고자 하는 인간 본연의 마음에 부합하기 때문이다. 또한 싱어와 다르게 나는 예술과 문화, 인문학에 기부하는 것도 가치 있다고 생각한다. 기부자는 그들의 가치와 (필요하다면) 종교적인 믿음 등 많은 고려 사항을 따져 보고, 그들에게 가장 적합한 목표를 결정해야 한다.

효과적으로 기부하기는 어려운 일이다. 그러므로 당신은 장기적으로 기부에 접근해야 한다. 앞에서 소개한 마리오 모리노는 말한다. "저는 새로운 기부자를 만나면 '가장 마음 쓰는 일은 무엇인가요'라고 물어봐요." 그리고 그는 마음이 가는 곳의 최종 수혜자인 정말 돕고 싶은 사람들과 직접 이야기하고 자신의 마음을 검증하면서, 현장에서 기부를 배우라고 조언한다. 기부자로서의 경험을 토대로 그는 말한다. "저는 그들에게 천천히 기부해도 된다고 말해요. 그들은 당장 뭔가를 하고 싶어 하지만 아직 충분히 잘 모르거든요."[9] 목표를 정할 때는 시간을 들여야 한다. 그것이 중요하다.

결국, 당신이 어떤 선택을 하든 당신의 자유라는 것에는 싱어도 동의할 것이다. 물론 당신은 어디에서 가장 가치 있는 일을 할 수 있고, 무엇이 당신의 열정을 불러일으키고, 당신의 마음을 움직이게 하는지 최소한 스스로에게 질문해야 한다. 당신이 미국에 살면서 납세 신고 명세서를 작성한다면, 당신이 기부자로서 세금 공제 혜택을 받았음을 명심해야 한다. 앞서 우리가 이야기한 것처럼, 기관 기부자도 세금 공제 혜택을 받는다. 정부가 기부금에 대해서는 세입을 포기한 셈이므로, 당신은 기부의 의무를 심각하게 받아들이고, 단순히 마음에 끌리는 것을 넘어서야 한다.

기부의 목표를 설정할 때 차가운 머리와 따뜻한 마음은 모두 중요하다.

근본 원인과 주변 문제

목표 선택과 관련하여 빈번하게 제기되는 또 다른 논쟁으로 기부자는 문제의 '근본 원인root causes'에 집중해야 한다는 주장이 있다. 이렇게 주장하는 학파는 빈곤 같은 문제를 근본적으로 해결하지 못하고 그저 완화만 하는 필란트로피는 열등한 접근이라고 생각한다. 젊고 활기찬 기부자 덕분에 수십억 달러를 보유한 한 대형 재단이 근래에 부상했다. 미국 최대 50개 재단 중 하나인 이 재단의 CEO는 자기 재단은 문제에 접근하는 방식이 다른 재단과 다르다며, "우리는 남들과 다르게 근본 원인에 집중합니다."라고 말했다. 예를 들어 그들은 노숙인 문제를 초래하는 근본 원인과 관련된 실업이나 약물 중독 및 정신 건강 문제를 다루었고, 노숙인 문제가 야기하는 영향을 다루고 싶어 하지 않았다.

이 말을 듣고 나는 어리둥절했다. 오랜 세월 동안 기부자는 근본 원인을 다뤄왔기 때문이다. 근본 원인을 다루는 접근은 더 우월한 방식이고, 2015년 「포브스*Forbes*」 기사처럼 최근에 등장한 '트렌드'로 종종 묘사된다.[10] 그러나 이는 사실이 아니다. 근본 원인을 다루는 접근은 수세기 전부터 있었다. 1907년에 「아웃룩*Outlook*」이라는 잡지에 글을 썼던 다니엘 길먼Daniel Gilman은 앤드루 카네기나 마가렛 올리비아 슬로컴 세이지Margaret Olivia Slocum Sage처럼 당대에 등장한 새로운 기부자들의 관점이 '미래를 내다본다'고 극찬하며, 필란트로피 고액 기부를 '문명사회의 새로운 힘'으로 언급했다.[11] 길먼은 '근본 원인'이라는 말을 쓰지 않았을 뿐, 그가 묘사한 것은 동일한 개념이다. 사실 이것은 존 록펠러John D. Rockefeller가 남부에 만연했던 십이지장충증Hookworm Disease을 불과 4년 만에 거의 퇴치할 수 있도록 록펠러 새니테리 커미션the Rockefeller Sanitary Commission을 지원한 관점이기도 하다.[12]

재단을 비판하는 보수주의자인 윌리엄 샘브라William Schambra는 미국 주요 기관의 필란트로피가 초창기부터 근본 원인에 집중해왔다고 언급했다. 그는 초창기 주요 미국 재단들과 재단 뒤에 있던 기부자들은 '과학적인' 접근법을 필란트로피에 도입했고, 때로는 끔찍한 결과를 냈다고 지적했다. 샘브라는 1930년대 록펠러 재단이 지원했던 우생학 운동을 예로 들며, 근본 원인을 다루는 노

력 중 일부는 필란트로피 역사상 가장 수치스러운 일 중 하나였다고 언급했다.[13]

역사에 관한 샘브라의 말은 옳다. 기부자가 문제점을 가장 잘 알고 있다고 가정하고, 사회에 '해결책'을 제시하면서 근본 원인에 집중하는 것은 위험하다는 그의 지적도 타당하다. 그러나 우생학을 예로 든 참상이나, 정답을 알고 있다고 생각하는 이들이 도입하려는 해결책이 주는 경고 때문에 심각한 문제의 근본 원인을 아예 다루지 않을 수도 없다. 근본 원인을 다룰 수 있으면 다뤄야 한다.

십이지장충증의 사례가 보여주듯, 문제의 근본 원인을 다룬 필란트로피의 좋은 사례도 많다. 공익을 향한 이런 노력은 때로는 삶을 극적으로 개선하기도 하고 생명을 살리기도 한다. 때로는 일상적이고 간단한 노력이 강력할 수 있다. 1950년대에 성공한 공업화학자 존 도르John V. N. Dorr와 그의 아내 넬Nell이 기울인 노력을 살펴보자. 『현명한 기부: 결과를 만드는 필란트로피*Give Smart: Philanthropy That Gets Results*』에서 토마스 티어니Thomas Tierney와 조엘 플라이시먼은 넬 도르가 근본 원인을 어떻게 인식했는지를 알려준다. 넬은 "어두워지고, 특히 날씨가 안 좋을 땐 말이죠. 건너편에서 마주 오는 차의 헤드라이트가 너무 눈부셔요. 그 불빛 때문에 고속도로의 중앙선을 침범하게 되거나 도로를 넘어 비포장 갓길로 방향을 틀어버릴 수도 있어요. 때론 이런 일이 비극적인 결과로 이어져요."라고 말했다.

도르 재단Dorr Foundation은 도로 가장 오른쪽에 흰 선을 그리면, 운전자와 보행자가 더 안전해질 거라는 넬의 이론을 실험해보자고 코네티컷Connecticut 주에 로비했다. 이 실험의 긍정적인 결과를 토대로, 이러한 방식은 널리 알려지기 시작했다. 도르 재단은 이 사례를 확산하는 데 돈과 노력을 아끼지 않았다. 티어니와 플라이시먼은 도르 재단이 노력한 결과, "늘어나는 자동차 이동 인구가 훨씬 더 안전해졌고, 수많은 생명을 구했다."라고 말했다.[14]

이런 사례에서 보듯이, 근본 원인에 집중하면 효과가 강력할 수 있다. 십 대 자녀가 운전해서 밤 11시에 집에 들어오는데, "하나님 감사합니다. 도르 재단이 없었다면, 오늘 밤 우리 딸은 도로를 벗어나거나, 충돌하거나, 죽었을지도 몰라요."라고 생각하지는 않을 거다. 그러나 당신이 이런 생각을 했어도, 충분히 타당한 생각이다. 어떤 문제의 근본 원인을 다루는 방식은 나쁜 결과의 발생을 예방할 수 있다는 점에서 강력하다.

그렇긴 하지만, 근본 원인에 집중하는 방식이 필란트로피의 다른 형태들보다 더 우월하지는 않다. 전략적이거나 결과 중심적이라 여겨지는 필란트로피가 한 가지 유형만 있는 것도 아니다. 자동차 사고의 감소와 사고로 인한 사상자의 감소는 커다란 성취이다. 그러나 자동차 사고의 피해자가 실려 오는 병원 응급실의 성과를 개선하는 것도 큰 성취이다. 설령 이렇게 응급실을 개선하는 노력이 사고의 근본 원인을 다루지 않는다고 해도 마찬가지다. 기부자나 비영리 단체는 전략과 효과성에 있어 정도의 차이만 있을 뿐이다. 그들이 재난 구호, 기아 식량 원조, 생산적인 삶으로 복귀하도록 전과자를 돕는 갱생 같은 문제를 다룰 때 좋은 결과를 얻기도 하고, 나쁜 결과를 얻기도 한다.

물론 우리는 모두 문제를 영구적으로 해결하고 싶어 하고, 몇몇 사례에서는 가능한 일이다. 세계보건기구World Health Organization, 유니세프United Nations Children's Fund(UNICEF), 로터리재단Rotary Foundation, 더 최근에는 빌 앤 멜린다 게이츠 재단의 노력으로 소아마비가 거의 근절되었다. 이것은 굉장한 성취이다. 우리가 영구적으로 문제를 해결할 수 있다면, 당연히 그렇게 해야 한다. 그러나 영구적으로 해결할 수 없거나 아직 무르익지 않은 문제라면 피해를 감소시키는 것만으로도 기부자는 큰 변화를 만들 수 있다.

그러므로 근본 원인에 집중하는 방식이 당연히 더 우월하다고 간주하면 안 된다. 잔가지를 치는 것처럼 주변 문제를 다루는 것도 중요하다.

현실주의

당신이 무엇이든 해야겠다 결정할 때, 개입할 문제나 상황에 관해 필란트로피 목표를 명확하게 설명할 수 있어야 한다. 당신이 무엇을 결정하든지 근본 원인에 집중하든지 집중하지 않든지 언제나 목표를 설명할 수 있어야 한다. 당신은 다른 사람들은 어떻게 일하는지 인식하면서 당신의 목표를 할 수 있는 한 가장 명료하게 설명해야 한다.

이렇게 하려면, 당신은 현실적으로 생각해야 한다. 나는 엄청난 목표를 가진 야심이 큰 기부자를 만났었다. 이러한 기부자들은 그러한 목표들을 달성하기가 얼마나 어려운지 생각하지 않고, 현실에서 유리되어 보였다. 어떤 재단의 직원이 나에게 "우리는 공교육을 새롭게 만들 거예요."라고 말했다. 교육 분야는 대형 재단의 가장 큰 프로그램인 경우가 일반적이다. 그러나 재단이 교육에 돈을 얼마나 많이 쓴다 해도 (설사 재단의 예산 전부를 교육 분야에 쓴다 해도) 재단이 쓰는 기금은 정부의 교육 분야 총지출에 비하면 새 발의 피다. 그렇다면, 그것이 현실적인 목표인가? 이와 관련해 민주주의 안에서 활동하는 기부자에게 그 목표가 적절한 것인지도 질문할 수 있다.

기부자들은 때로 돈이 주는 신호에 도취된다. 마치 우버가 택시 업계를 빠르게 교란시킨 것처럼, '빈곤을 교란시킬 것이다.'라는 말을 들어본 적이 있다. 필란트로피로 향한 길에는 대단히 성공한 비즈니스 사업가들의 흔적들이 여기저기 흩어져 있다. 그들은 돈을 벌었던 것과 같은 방식으로 사회의 고질적인 문제를 같은 기간에 독자적으로 해결할 수 있다고 생각한다.

그러나 그런 식으로는 문제가 해결되지 않는다.

고질적인 문제에 변화를 가져오기란 정말 어려운 일이다. 변화를 만들려면 각자 고유한 목표를 가진 다른 기부자들과 더 큰 맥락 속에서 함께 일한다는 것을 알아야 한다. 어떤 일을 처음부터 시작해야 한다거나 다른 사람이 해왔던 일과 전혀 다른 일을 찾아내야 한다고 생각하지 않으면 좋겠다. 다른 기부자들과 경쟁하는 것이 아님을 기억하라. 다른 사람과 같은 목표를 선택하는 것은 실패가 아니라 현명한 선택일 수 있다. 때때로 기부자가 다른 사람들의 선례를 따르면, 문제 해결에 필요한 자원을 확보하기에 더욱 유용할 수 있다. 결국 어떤 기부자도 혼자서 많은 것을 이룰 수 없다.

필란트로피가 크고 어려운 문제를 해결할 수 없다고 말하는 것은 아니다. 물론 사회적 주체에게 크고 어려운 문제를 감당할 만한 자유가 있다면 필란트로피가 문제를 해결하는 역할을 감당할 수도 있다. 많은 대형 재단들이 기후 변화에 관해 함께 노력하기로 한 결정은 우연의 일치가 아니다. 2008년에 데이비드 패커드David Packard와 루실 패커드Lucile Packard, 윌리엄 휴렛William Hewlett과 플로라 휴렛Flora Hewlett, 그리고 맥나이트 재단McKnight Foundations은 기후사업재단Climate Works Foundation을 공동설립했다. 설립 후 오크 재단Oak Foundation, 존 D. 앤드 캐서린 T. 맥아더 재단John D. and Catherine T. MacArthur Foundation과 다른 많은 재단들의 기금 후원이 늘어나면서 이러한 노력은 확대되었다. 설립 후 거의 14억 달러가 직접 기부된 기후사업재단과 파트너십을 맺고, 협력하며, 함께 수십억 달러의 기금을 모으는 등의 공동 노력을 기울인 수많은 다른 재단들은 세계에서 가장 큰 '기부 서클'로 볼 수도 있다.[15]

이러한 재단의 리더들은 세계적으로도 큰 규모의 기부 기관을 이끌고 있지만 혼자서 기후 변화에 영향을 미칠 수 있다고 믿는 것은 어리석고 순진한 생각이라는 것을 알고 있다. 그래서 그들은 지혜를 모아 함께 노력한다. 함께 노력해도 원하는 결과를 얻을 가능성은 적고 어려움도 분명히 있을 것이다. 그러나 잠재적인 혜택이 대단히 크기 때문에, 거의 승산이 없다고 해도 함께 노력하는 시도 자체가 가치 있다. 나는 그들의 노력이 고맙다.

현실주의는 문제의 규모와 관련하여 기부자의 자원부터 살펴보는 것에서 시작된다. 문제와 관련된 기금을 냉철하게 바라보면 다음 두 가지의 깨달음을 얻을 수 있다.

- 다른 기부자들을 포함하여 다른 사람들과 한마음으로 일하는 것이 중요하다.
- 목표에 쓸 수 있는 자원이 많을수록, 더 좋은 결과를 얻는다. 목표들 사이에서 휩쓸리지 않도록 집중하기 어렵기 때문에, 목표는 많은 것보다는 적은 것이 좋다.

잘못 적용된 경쟁 프레임워크

비즈니스 비유는 제로섬 경쟁 환경에서 차별화된 한 기관에 집중하라고 한다. 여기서 우리는 이 비유가 주는 악영향에 다시 주목해야 한다. 1999년 「하버드 비즈니스 리뷰」에 발표된 글에서 최근 몇십 년 동안 주요 필란트로피의 효과적인 관행에 악영향을 미쳤던 주요 프레임을 찾을 수 있다. 그 글은 재단들이 각자 할 수 있는 차별화된 일에 집중해야 한다고 촉구한다. 이 글에 따르면, 재단은 비즈니스 세계에서 투자 자문가가 하는 방식으로 '가장 뛰어난' 수행 기관을 선택해야 하고(여기서 투자 비유가 재등장한다), '고유한 위치unique positioning'에서 '차별화된 활동unique activities'에 집중해야 한다.[16]

그 글은 경쟁 상황에서나 타당한 개념을 필란트로피에 도입했다. 그러나 궁극적인 목표가 이익이 아닌 임팩트인 비경쟁적인 상황에서 이 개념은 역효과가 난다. 유감스럽게도 미국의 대형 재단을 포함한 무수히 많은 기부자가 그들의 '고유한 위치'를 찾고 그에 따른 전략을 수립하려고 이 글의 저자들이 세운 회사인 FSG의 자문을 받았다. 이런 전략들은 빈번히 주위 상황과 동떨어졌고 하향식top-down이었으며 결과적으로 비효과적이었다. 다행히 FSG는 이후 기조가 바뀌었고 비즈니스 세계와는 매우 다른 기부 세계의 역학 관계를 좀 더 이해하게 되었다. 그러나 이렇게 되는 데 너무 오래 걸렸다. 그러면서 놓친 기회도 많다. 거액 기부자는 대규모 사업big business이라는 개념에 자주 끌렸다. 특히 대중의 인지도가 높고 거액의 마케팅 예산을 가진 사람이 이렇게 이야기하면 더 끌렸다. 그러나 우리가 본 것처럼 상황이 완전히 다르면 접근 방식도 달라져야 한다.

변치 않는 역사적 사실은 이렇다. 우리 사회의 가장 어려운 문제를 하나의 주체가 단독으로 해결할 수는 없다는 것은 그 누구에게도 새로운 사실이 아니다. 아쉽게도 MBA나 비즈니스 세계나 비즈니스 구루에게 얻은 지식이 기부로 쉽게 전달된다고 믿는 사람들은 이런 교훈을 매우 어렵게 배우는 것 같다.

목표를 선정할 때 기부 기관의 차별화된 특성에만 집중하면 안 된다. 오히려 반대이다. 목표를 선정할 때 타 단체들과 관심사가 겹치는 부분을 통해 협력할 기회를 찾아야 한다.

관심사 좁히기

현실주의에서 배울 수 있는 두 번째 교훈은 가능한 한 많은 목표에 헌신하고 싶은 기부자들은 무엇을 하지 않아야 하는지 결정하기 어렵다는 점이다. 이런 결정을 통해 기부자들은 서로 이질적인 의제에 착수하지 않고 어떤 목표도 제대로 다룰 수 없는 상황을 피하게 된다. 대형 재단 중 단지 한 가지 목표에만 집중하는 곳은 거의 없다. 대형 재단의 CEO를 대상으로 CEP가 수행한 설문조사에서는 프로그램의 목표가 하나인 재단은 6%, 2~5개 사이인 재단이 68%였으며, 6~8개 사이가 16%, 10개 이상인 재단은 10%였다. 10개 이상의 목표를 추구하면 임팩트를 극대화하기 어렵다.[17] 10개 이상의 목표도 효과적으로 달성하는 재단이 있을 수 있다. 그러나 내 경험을 돌이켜보면 이런 경우는 확실히 드물다.

그러나 목표 사이에서 흔들리지 않는 것은 말처럼 쉽지 않다. 비즈니스에서는 이익 추구라는 우선적인 목표가 명확하므로 목표에 집중하기 쉽다. 어떤 일이 이익이 나지 않거나, 이익이 날 가능성이 보이지 않으면 그 일을 멈추면 된다. 맥도날드McDonald가 마이티 윙Mighty Wings이나 맥핫도그McHot Dog 같은 새로운 제품을 출시하면 제품들의 정식 판매 여부를 빠르게 알 수 있다. 제품이 팔리지 않으면 맥도날드는 해당 제품을 메뉴에서 빼면 된다. 데이터는 이익이 나는지 안 나는지를 명백하게 보여준다.

기부는 훨씬 복잡하다. 기부의 효과가 잘 보이지 않는다고 해도 맥도날드처럼 언제나 빠르고 명확하게 피드백을 받을 수 있는 건 아니다. 그러다 보면 목표를 계속 추가하며 "첫 번째 목표를 해결하려면 관련된 두 번째 목표도 같이 다뤄야 한다. 그래야 효과가 생긴다."라고 생각할 수 있다.

결국 기부자는 선호하는 일을 전부 하려고 하고 그러다 보면 일을 지나치게 많이 하게 된다. 모든 일에는 가치 있는 명분이 있어서 모두 다 하고 싶은 유혹이 강렬해질 수 있다. 일단 목표 하나를 정한다고 해도 그 목표에 집중하기 어렵다. 그 목표의 주변 문제도 함께 다루는 것이 논리적이거나 때로는 필요할 수도 있다. 예를 들어 영유아 교육을 하는데 성인문해교육을 추가해야 할지도 모른다. 부모가 비문해여서 아이들에게 책을 읽어줄 수 없다는 것을 깨달았기 때문이다. 이런 경우 어디에서 멈춰야 할까? 빈곤에 관해서도 마찬가지다. 아이들이 배가 고프면, 어떻게 공부할까? 정부 정책을 바꾸지 않고 어떻게 빈곤을 다룰 수 있을까? 기부를 넘어 옹호 활동도 해야 하지 않을까?

이러다 보면, 원래 목표에 집중하지 못한다.

필란트로피의 흔들리는 목표

10년 전에 널리 존경받는 재단을 퇴직한 마이크Mike를 만났다. 그는 대형 재단 두 곳에서 관리자급으로 일했다. 그는 점심을 먹으며 이런 이야기를 들려줬다.

마이크가 일했던 재단 중 한 곳에 새로운 CEO가 취임했다. 이사회에서 대형 재단의 대표를 선임할 때, 필란트로피에 대한 경력이 전혀 없거나 비영리 섹터에 익숙하지 않은 사람을 임명하는 경우가 종종 있다. 직원들은 이런 인사 발령을 걱정한다. **이 사람**this guy이 뭘 알고는 있을까?

밥Bob이라 불리는 CEO는 미국에서 가장 오래되고 가장 규모가 크며 가장 존경받는 재단을 이끌게 되었다. 이 재단은 매년 기금으로 수백만 달러를 배분한다. 직원들은 어떻게 하면 이 상황을 새로운 리더에게 가장 잘 이해시킬 수 있을지 의문스러웠다. 직원들 가운데 마이크가 필란트로피 경력이 가장 풍부하여 마이크가 밥에게 필란트로피의 세계를 안내하기로 결정됐다. 한 직원은 “마이크, 그 사람한테 잘 이야기해요. 그가 재단을 이해하도록 도와줘야 해요.”라고 말했다.

그의 크고 화려한 사무실에서 차를 마시며 밥은 열심히 배우려고 했고 마이크에게 많은 질문을 던졌다. 시간이 거의 끝나가자 밥은 마이크를 바라보며 말했다. “마이크, 질문이 하나 더 있어요. 제가 서지를 수 있는 실수 중 당신이 가장 크게 우려하는 것은 무엇일까요?”

“좋은 질문이에요.” 마이크가 말했다. “제 생각에 당신이 저지를 수 있는 가장 큰 실수는 당신이 재단의 목표와 전략을 결정할 거라는 거죠. 이런 식이에요. 어느 날 당신이 신문을 보다 어떤 끔찍한 문제를 접했어요. ‘우리가 이 문제에 대해 뭐라도 해야겠어’라고 말하고 사무실로 들어오죠. 그리고 새로운 프로그램을 만드는 절차에 착수해요.”

마이크는 말을 이어 갔다. “6개월 후에 당신이 면도하다가 NPR(미국 공영 라디오 방송)에서 뭔가를 들어요. 당신의 마음이 움직였고 다른 문제와도 연관되어 있다고 생각하고 사무실로 들어오죠. 그리고 새로운 프로그램을 만드는 절차에 다시 착수해요.”

“그리고 이런 일이 계속 반복돼요.” 마이크가 계속 말했다. “5~6년이 흐른 후 당신이 사무실을 쭉 둘러보는데 바쁘게 일하는 사람들로 가득해요. 그런데 이 모든 것이 실제로 어떤 의미인지 전혀 모를 수 있을 거예요.”

마이크는 이 이야기를 내게 말하고는 극적인 효과를 위해 잠깐 이야기를 멈췄다. 마이크가 했던 경고에도 불구하고 밥은 이후 10년 동안 마이크가 말한 그대로 일했다. 마이크가 예견한 대로 밥은 그런 실수를 저지른 것이다. 그래서 밥의 후임자는 선택과 집중이라는 명목으로 많은 프로그램을 중단시켰고 직원 수십 명을 해고했으며 재단을 대규모로 구조조정 했다.

개인 기부자든 기관 기부자든 보통 좋은 뜻을 가진 기부자는 목표에 집중하려고 노력한다. 그러나 시간이 지나면서 점점 더 많은 목표와 전략에 한정된 자원을 분산시키는 경우가 흔하다. 필란트로피의 원래 목표에서 흔들리지 않는 것은 정말 어렵다.

과몰입의 단점

그렇다면 교훈은 명백하다. 집중하라. 대부분의 비지니스 구루도 똑같은 이야기를 한다. 2009년 짐 콜린스는 CEP 콘퍼런스에서 이렇게 말했다. "무엇을 하지 않을 건지 명확하게 선택하는 것에서 전문성이 다져지기 시작한다. 공헌할 수 있는 기회가 넘쳐나는 세상에서 우리는 무엇을 하지 않을 것인지 선택하는 것이 중요하다. 할 수 있는 일이 너무 많기 때문이다."[18]

나는 콜린스의 말에 동의하기 때문에 그의 말을 언제나 인용한다. 많은 기부자가 목표 위에 또 다른 목표를 더하는 덫에 빠진다. 맥도날드의 사례와 다르게, 기부에는 중심에서 벗어났다고 자연스럽게 알려주는 피드백 체계가 없기 때문이다. 한편으로는 이보다 더 복잡한 문제가 있다. 목표에 너무 집중하는 것도 다른 문제를 일으킬 수 있다.

자산이 450억 달러에 이르는 세계 최대 재단인 빌 앤 멜린다 게이츠 재단을 살펴보자. 나를 포함한 많은 사람들은 재단이 설립 후 운영 과정에서 중심을 잃지 않고 잘 유지되었다고 칭찬한다. 밥이 CEO로 일했던 재단과는 사뭇 다르게, 게이츠 재단에는 각기 다른 프로그램 분야가 10개를 넘지 않았고 프로그램마다 각각의 우선순위와 의제가 분명했다. 재단은 핵심 목표에 집중했는데 초창기에는 세계 보건과 미국의 공교육이 재단의 주요 관심 분야였다.

재단을 운영하던 초창기에 빌 게이츠Bill Gates는 그의 재단이 국제 개발이 아니라 국제 보건에 집중하고 있다고 강조했다.[19] 그러나 시간이 지나면서 그와 재단 직원들은 국제 개발에 관여하지 않으면 그들이 국제 보건 분야에 설정한 목표를 달성할 수 없다는 것을 깨달았다. 그들은 국제 개발이 없는 국제 보건은 있을 수 없다고 인정했다. 오늘날 재단의 웹사이트를 보면 긴급 대응, 가족계획, 공공 도서관, 보건의약품 배포, 모자보건, 영양, 소아마비, 백신 배포 등 국제 개발 프로그램을 볼 수 있는데, 2016년에 웹사이트에 게시된 목표보다 줄어든 목표이다. 추가적으로 글로벌 정책 및 옹호 부서가 있는데 여기서는 흡연 규제, 개발정책금융, 글로벌교육을 다룬다.[20]

빌 앤 멜린다 게이츠 재단이 프로그램 분야와 목표를 추가한 것이 잘못된 걸까? 지금 그들의 기부는 너무 분산되었나? 아니면 국제 보건 목표는 국제 개발을 다루지 않고서 달성할 수 없기 때문에 그들은 제대로 하는 건가? 예를 들어 백신이 있어도 도로와 다리 같은 인프라가 없어 필요한 사람에게 배달할 수 없다면 무슨 소용이 있나?

이는 어려운 질문들이다. 나라고 모든 답을 아는 것도 아니다. 그러나 게이츠의 경험은 '집중, 집중, 집중'이라는 상투적인 말이 필란트로피에 얼마나 부족한지 보여준다. 분명 규모도 관련 있다. 더 많이 기부하면 더 쉽게 핵심 목표를 가지고 더 효과적으로 일할 수 있다.

그러나 기부 규모가 작은 개인 기부자도 비슷한 문제를 겪을 수 있다. 실콕스 부부는 그들이 지원하는 프로그램에 참여하며 학업 성적이 좋아진 청소년 중 이민 서류를 갖추지 않아 어려움을 겪는 미등록 이주배경 청소년이 있음을 알게 되었다. 그들은 보통 폭력을 피해 남미에서 뉴욕으로 이주했는데 학업 성적이 좋아도 대학에서 재정 지원을 받을 수 없다는 것을 알게 된다. 어떤 경우에는 추방의 위험도 있었다. 그래서 실콕스 부부는 미등록 이주배경 소수자에게 법률 자문을 제공하는 프로보노 활동인 세이프 패시지 프로젝트Safe Passage Project를 지원하기 시작했다.

"실콕스 부부는 정말 듣고 배우려고 해요." 세이프 패시지 프로젝트 대표인 리치 라임사이더Rich Leimsider가 말했다.[21] 실콕스 부부는 문제들이 서로 밀접하게 관련되어 있다는 것을 알고 있다.

집중력을 유지하기란 어렵다. 목표들 사이에서 휩쓸리면, 기부자는 광범위한 분야에서 지나치게 많은 목표를 갖게 될 수 있다. 이럴 때 균형을 맞추는 것은 어려운 문제이다. 반대로 한 분야에 너무 세부적으로 집중하면 그 문제가 놓인 더 큰 맥락을 놓칠 수도 있다. 어느 지점이 적절한 균형점인지 과연 그 균형점을 찾았는지 확실히 알기 어렵다. 그렇기 때문에 지속적으로 평가하여 균형

점을 찾아야 한다.

여기서 다시 언급하자면 다른 기부자, 비영리 단체, 필요하다면 정부나 기업 등 다른 사람들은 무엇을 하는지 살펴보는 것이 핵심이다. 때때로 목표를 이루기 위한 접근들이 서로 다르고 서로 보완할 수 있으므로 기부자들은 서로 협력해야 한다. 개인 기부자들 사이에서 2장에서 언급한 기부 서클giving circle이 빠르게 늘어나는 이유는 혼자서 기부하는 것보다 함께 기부할 때 더욱 효과적이기 때문이다.

당신의 역할을 이해하기

효과적으로 기부하려면, 기부자는 어려운 도전에 기꺼이 응한다는 포부를 가지는 동시에 자기 역할을 겸손하게 받아들여야 한다. 기부자는 '로스앤젤레스 광역권 지역의 빈곤 감소'처럼 기부의 성과와 연결해서 목표를 설명할 수 있다. '로스앤젤레스 지역에서 빈곤 감소를 위해 일하는 단체의 역량 강화'처럼 목표 달성을 위해 다른 사람을 지원하는 데 집중하면 목표를 더 겸손하게 설명할 수 있다. 대부분의 거액 기부자와 재단은 첫 번째 유형의 목표를 설정해도 충분히 존경받을 수 있다. 그러나 내 관점에서는 두 번째 유형의 목표가 좀 더 겸손한 접근이며 성과 달성을 위해 일하는 단체들에 집중적으로 기부할 수 있다. 목표를 어떻게 설정하든, 당신의 목표를 달성하기 위해서는 단체들 및 다른 행위자들과 적극적으로 관계를 맺고 일해야 한다.

좋은 의도를 가졌지만, 공동의 목표를 달성하기 위해 관계를 맺어야 하는 사람들과 관계를 맺지 않았던 기부자의 사례는 멀리서 찾을 것도 없다. 페이스북의 창업자인 마크 저커버그는 2009년 오프라 윈프리 쇼*The Oprah Winfrey Show*에서 뉴저지New Jersey 뉴어크Newark의 공교육 제도가 퇴보하고 있다며, 1억 달러의 기금을 조성한다고 대대적으로 홍보했다. 데일 루사포크Dale Russakoff 기자의 기록에 따르면, 뉴어크의 공교육 제도의 문제점은 모두가 인정했으나, 교사들과 학부모들 간의 불신이 높은 가운데 공교육 제도를 어떻게 개선하는 것이 가장 좋은지 소통하려는 노력은 부족했다.[22]

마크 저커버그의 기부와 그의 기부에 뜻을 모은 사람들은 2억 달러의 기금을 학교를 개선하는 데 썼지만 그 결과는 신통치 않았다. 대대적 선전에 못 미친 뉴어크에서의 실패는 부분적으로는 전략에 대한 문제이지만, 목표를 어떻게 설명하는지에 따른 문제이기도 하다. (전략에 대해서는 다음 장에서 자세히 설명한다.) 뉴어크 밖에서 이러한 노력에 참여했던 상당수의 기부자들에게 목표는, 학생들과 학부모들을 위해 학교를 어떻게 개선할까에 대한 문제인 동시에 교사 노조와 어떻게 싸울 것인지에 대한 문제이기도 했다. 당시 뉴어크 시장(현재 미국 상원의원)인 코리 부커Cory Booker는 기금 조성을 위한 발표에서 맥킨지McKinsey 출신 컨설턴트가 준비한 '전국적으로 확산할 수 있는 교육 개혁의 청사진'을 홍보했다. 그러나 이 지역을 잘 알고 있는 주요 지역 단체들과 그들의 리더들이 이 사업의 논의 과정에 참여하지 못했다고 내가 직접 들었다. 루사코프에 따르면, "전국적인 모델이라는 용어는 뉴어크의 고유한 문제나, 학교나 아이들이 주목받을 수 있는 여지를 전혀 남기지 않았다."[23]

물론 이런 노력으로 뉴어크의 상황이 좋아졌다는 최근의 소식이 있지만, 그 결과도 애초의 기대에 훨씬 못 미친다. 물론 기부자가 남들이 하지 않거나 할 수 없는 문제에 도전하면 실패는 늘 있을 수 있다. 그러나 당신이 하향식으로 변화를 강요하면서 독단적으로 일하면 실패는 불가피하다. 독단적으로 공교육 개혁을 추진하기로 악명 높았던 워싱턴 D.C.의 교육감 미쉘 리Michelle Rhee를 지지했던 사람도 마찬가지의 상황에 처했다. 루사코프의 표현에 따르면 '훨씬 협력적이었던' 후임 교육감인 카야 헨더슨Kaya Henderson은 "수혜자를 제외한 운동은 실패하기 마련이죠."라고 말했다. 루사코프는 다른 도시에서도 '공교육 개혁'에 저항했던 '유권자들의 반발'이 "변화에 직접적인 영향을 받는 사람들의 승인을 얻지 않으면, 그 변화가 얼마나 파괴적이며 토대가 빈약할 수 있는지를 드러냈다."라고 언급했다.[24]

핸더슨과 루사코프의 경고는 목표 선정뿐만 아니라, 다음 장에서 살펴볼 전략 선택에도 적용된다. 기부자는 다른 사람들을 돕기 위해 일한다. 그것이 필란트로피의 본질이다. 그러므로 돕고자 하는 사람들과 관계를 맺고 소통하는 일은 중요하다. 어떤 도움이 필요한지 그들은 당신보다 더 잘 알고 있다.

분야에서 목표로

많은 기부자들은 기부 목표가 명확하지 않다. 그들은 자신이 기부하는 분야를 이야기한다. "우리는 교육을 후원해요."라거나 "우리는 환경 분야를 지원합니다."라고 한다. 그러나 그들은 자기가 무엇을 달성하고 싶은지 말하기 어려워한다. 명확한 목표가 없으면 무엇을 지원해야 하는지, 결과를 어떻게 측정할 것인지 결정하기는 더 어렵다. "저는 오마하Omaha에 있는 고등학교의 질을 개선하려고 해요. 2년제나 4년제 대학에 진학한 학생들의 수로 측정하려고 해요." 당신과 함께 기부하는 사람들이 가족이든 동료이든, 기부 목표를 명확히 하자고 이야기해야 한다.

명확한 목표 설정은 쉽지 않고, 당장 하지 못할 수도 있다. 특히 많은 사람들이 결정에 관여하는 대가족이나 거액 기부자들은 더 어려울 수 있다.

호텔 업계의 거물인 콘래드 힐튼 경Conrad Hilton Sr.은 1944년에 콘래드 힐튼 재단Conrad N. Hilton Foundation을 설립했다. 힐튼 재단은 상당한 규모로 성장해 지금은 자산이 27억 달러에 이른다. 설립자의 아들인 배런 힐튼Barron Hilton의 사후에 자산은 두 배가 되었다. 재단은 2007년에 CEP 동료들과 나에게 수행 기관 인식 보고서Grantee Perception Report(GPR)를 의뢰하였고, 우리는 그때부터 이 재단과 일하기 시작했다. 재단은 수행 기관 인식 보고서를 통해 수행 기관인 비영리 단체들이 다양한 기준으로 기금제공기관인 힐튼 재단을 어떻게 평가했는지 알 수 있었고, 그러한 결과를 맥락 안에서 비교할 수 있었다.

당시 배런의 아들 스티븐 힐튼Steven Hilton이 CEO였다. 그는 1980년대 초 프로그램 담당자로 힐튼 재단에 합류했다. 그의 표현에 따르면, 그때는 '거의 자동 수행 모드'였고, '일반적으로 일이 터진 이후에 반응'하는 식이었다. 힐튼의 전임자가 재단의 전문화를 시작했는데, 스티븐 힐튼이 리더가 된 후 이 과정을 지원하고 지속시켰다. 스티븐이 CEO가 된 2006년까지 재단은 초기에 소수의 비영리 단체를 돕던 것에서 더 나아가 힐튼가의 구성원들로 이뤄진 이사회와 협의를 거쳐 일련의 프로그램 목표와 전략을 가지게 되었다. 스티븐은 카터 센터 국제 개발 이니셔티브Carter Center's Global Development Initiative 본부장으로 일했던 에드먼드 케인Edmund Cain을 재단 부대표로 채용했다. 2007년에 CEP는 재단의 수행 기관을 대상으로 설문조사를 했다. 당시 재단은 목표와 전략을 명확하게 소통하는지를 묻는 질문에서 비교 집단보다 낮은 최하위 등급을 차지했다.

10년 동안 이런 상황이 빠르게 개선된 재단은 동일한 질문에 대해 가장 높은 등급을 받는 대형 재단으로 바뀌었다.[25] 어떻게 상황을 바꿀 수 있었을까? 위탁 보호가 종료된 청소년들의 생활 조건을 개선하는 것부터 로스앤젤레스 카운티Los Angeles County의 만성적인 노숙인 문제를 종식하는 것까지, 피할 수 있는 실명을 예방하는 것부터 재난 대비, 구호 및 장기 재건까지, 이제 재단의 웹사이트는 재단이 일하는 분야의 목표를 명확하게 설명한다. 이제 필란트로피와 비영리 단체에 경험이 많은 피터 라안Peter Laugharn이 대표로 재단을 이끌고 있고 스티븐 힐튼은 이사장으로 함께한다. 재단은 대형 재단들 가운데 보기 드물게 목표와 전략을 명확하게 제시하고 있다. 수행 기관 인식 보고서에서 측정하는 다양한 항목 중 재단의 임팩트에 대한 인식 부문에서 재단은 여타 동료 재단들에 앞서고 있다.

진짜 전문가

힐튼 재단이 지원하는 비영리 단체들은 재단이 '협력적'이고 '열려 있으며', 목표와 전략에 관한 의견 교환을 '자유롭게 할 수 있다'고 보기 때문에, 힐튼 재단이 높은 등급을 차지할 수 있었다. 이사회와 직원들은 재단이 독자적으로 이룰 수 있는 것은 없다고 인식한다. "우리는 우리가 답을 가지고 있다고 생각하지 않아요. 우리가 수행 기관보다 더 똑똑하고, 수행 기관 위에 있다고 생각하지 않아요." 힐튼이 설명했다. "오히려 반대죠. 우리는 열심히 들어요."

힐튼 재단의 목표는 설립자의 비전과 연결되어 있고, 근본 원인에 집중하는 분야와 단기적인 고통을 완화하는 분야를 포함한다. 예를 들어, 로스앤젤레스 카운티의 노숙인 문제를 다루는 재단은 이 문제에 대한 장기적이고 통합적인 해결책을 강조하고 있고, 전국적으로 확산할 수 있는 모델을 만들려고 노력한다. 프로그램의 주요 수행 기관 중 하나인 코퍼레이션 포 서포티브 하우징 Corporation for Supportive Housing은 과거에 노숙인이었던 사람들을 관련 문제를 옹호하는 활동가로 성장시킨다.

힐튼 재단은 재단의 목표가 명확하고, 그 목표를 형성하는 과정에 문제에 가장 가까이에 있는 사람들을 참여시키기 때문에 효과적이다. 재단의 직원들은 문제와 가장 가까이에 있는 비영리 단체들과 그들이 돕는 사람들이 진짜 전문가라고 말한다. 스티븐 힐튼은 개인적으로 힐튼 재단에서 일했던 시간과 기부가 그에게 '목적의식과 삶의 의미를 주었고', 그의 삶에 중대한 영향을 미쳤다고

말한다.[26]

그러므로 명확한 목표를 설정하는 것은 중요하다. 목표를 설정할 때, 당신의 돈으로 할 수 있는 가장 가치 있는 일이 무엇인지 생각해보라는 피터 싱어의 요청을 고려해야 한다. 물론 무엇이 당신의 마음을 움직이고 기부를 계속하게 하는지, 당신의 열정도 고려해야 한다. 상황이 어려워질 때 열정이 있으면 기부를 멈추지 않고 계속할 수 있다. 당신은 근본 원인을 다루고 싶은지 단기적인 필요를 다루고 싶은지 살펴봐야 한다. 명백하게 둘 다 필요하고, 둘 중 어느 방식이 꼭 우월한 건 아니다. 아마존Amazon의 제프 베조스Jeff Bezos는 2017년에 자신의 필란트로피에 관해 자문을 구하는 트윗tweet을 올렸고 이 트윗은 엄청난 관심을 받았다. 그의 순자산이 약 800억 달러라는 것을 고려하면, 그의 필란트로피는 상당히 중요하다. 그는 "저는 단기적으로는 지금 여기에 있는 사람들을 돕는 필란트로피 활동을 하고 싶어요. 긴급한 필요와 장기간의 임팩트가 교차되는 지점에 있는 사람들을 돕는 싶은 거죠."라고 언급했다.[27]

그러나 당신의 트위터 팔로워들에게 기부에 대한 조언을 구하지 말라. 당신이 관심을 가지는 문제의 현장에서 일하는 비영리 단체가 목표를 어떻게 생각하고 있는지 이해하려고 노력해야 한다. 당신의 필란트로피가 사람들의 더 나은 삶을 추구한다고 가정한다면, 당신이 돕고 싶은 사람들이 가장 중요하게 생각하는 목표가 무엇인지 이해하려는 노력이 가장 중요하다. 힐튼 재단처럼 당신이 개선하고자 하는 문제의 영향을 받는 사람들과 그 문제를 해결하려고 노력하는 사람들과 관계를 맺어라. 그들은 자기들에게 가장 도움이 되는 것이 무엇인지 가장 잘 알려줄 수 있다.

당신이 기부 목표에 대해 생각할 때 이런 질문을 고려하길 제안한다. 어디에서 내가 가장 가치 있는 일을 할 수 있을까? 내가 가진 자원을 고려하면 현실적으로 할 수 있는 일인가? 내 목표를 공유해야 할 다른 기부자, 비영리 단체, 다른 행위 주체는 누구일까? 내 목표는 다른 목표와 우선순위와 어떻게 연결될까? 그리고, 다른 사람들 없이 내 목표를 달성할 수 있을까? 내가 도우려고 하는 사람들은 내가 그들에게 기대하는 목표를 스스로 가지고 있을까? 나는 한 문장이나 혹은 그보다 더 간단하게 각각의 목표를 명확히 설명할 수 있나?

당신의 기부 목표는 중요하므로 각각의 질문을 주의깊게 생각해보라. 전략을 선택하고, 비영리 단체들과 어떻게 일할지 결정하고, 결과를 어떻게 평가할지, 이러한 노력을 보강하기 위해 기부 외에 무엇이 더 필요한지 등의 모든 사항은 명확한 목표에 따라 달라질 수 있다. 당신의 마음을 따뜻하게 하는 목표와 당신이 가치 있다고 생각하고, 현명하게 선택했다고 느끼는 목표가 기부 과정에서 당신의 자부심을 결정한다. 목표 선택은 쉽지 않다. 목표를 몇 가지나 선택해야 할지 결정하기도 어렵다. 그러나 이런 문제는 중요하다.

당신의 목표에서, 다른 모든 것들이 파생된다.

3장 정리

기부 가이드

1. **모든 목표가 동일하게 가치 있는 건 아니다. 그러니 단순하게 '당신의 마음을 따르지 말라.'** 그렇다. 당신은 기부에 열정을 가져야 한다. 그러나 당신은 당신의 돈으로 할 수 있는 가장 가치 있는 일도 고려해야 한다. 지리적으로 가까운 지역 사회에 대한 책임감을 고려해야 하지만, 개발도상국에 있는 사람들의 더 나은 삶에 큰 비용을 들이지 않고도 상당한 영향을 미칠 수 있다는 잠재력도 고려해야 한다.
2. **소위 말하는 핵심 원인에 집중하는 목표만 가치 있는 건 아니다.** 당신은 가치 있는 일을 정말 많이 할 수 있다. 당신이 긴급한 필요에 집중하든, 근본 원인에 다가서든, 이런 활동은 효과적일 수도 있고, 비효과적일 수도 있다. 어떤 접근이든 반드시 우월한 건 아니다. 우리 세계는 두 가지 접근 모두 필요하다. 문제 해결을 위해 당신이 개입하려는 분야와 당신의 기부와 관련된 분야에서 다른 사람들은 어떻게 기부하는지 알아야 한다.
3. **다른 사람들이 하는 것을 그대로 따라하는 것을 두려워하지 말라. 당신이 좋아하고 존경하는 사람들의 목표에 당신의 목표를 일치시켜라.** 경쟁 사회에서는 차별화된 위치 선정이 필요하나, 기부자에게도 똑같이 적용되는 비유는 아니다. 오히려 해로울 수 있다. 목표를 달성하려면, 그 목표를 가급적 많은 사람들과 공유해야 한다.

4. **단순히 기부 분야가 아니라, 세부적이고 명확한 기부 목표를 설정하라. 한 가지 목표에 초점을 맞추는 것과 여러 문제들의 연관성을 인식하는 것 사이에 균형을 모색해야 한다.** 집중을 유지하기란 어렵다. 어느 정도는 문제들이 서로 연결되어 있기 때문이다. 목표에 과몰입하거나, 목표를 급선회하는 것 모두 문제가 될 수 있다. 그러므로 적절한 균형감을 찾는 것이 중요하다. 당신이 목표를 추가한다면, 어떤 목표를 빼야 할 수도 있다는 것을 생각해야 한다.

제4장

제대로 수립된 전략
: 목표 달성하기

Strategy Done Right:
Achieving Your Goals

4장 제대로 수립된 전략 : 목표 달성하기

팻 레이놀즈-허바드Pat Reynols-Hubbard는 캔자스Kansas의 토피카Topeka에서 자랐고, 8살 때 샌프란시스코San Francisco로 가족들과 이사를 왔다. 그녀의 아버지는 변호사였고, 어머니는 교사였다. 그녀는 부모님의 봉사 정신과 흑인 민권 운동civil rights movements 참여를 존경했다. 그녀는 자신도 그렇게 살고 싶다고 생각했다.

그녀는 1990년대 중반에 샌프란시스코 카운티San Francisco County의 아동복지국장으로 근무하며 경력의 대부분을 가정위탁 청소년들을 위해 일했다. "저는 그 일에 그냥 끌렸어요."라고 그녀는 말했다.[1] 그녀는 캘리포니아의 가정위탁 종료 청소년들이 겪는 비참한 삶에 마음이 쓰였다. 가정위탁이 '종료aging out'된 후 18개월 이내에 청소년들의 1/4이 감옥에 갔다. 다른 많은 청소년들은 노숙인이 되기도 했다.

레이놀즈-허바드가 필란트로피에서 일을 시작했을 때, 그녀는 이런 상황을 바꾸고 싶었다. 목표는 명확했다. 그 목표는 의미가 있고, 가치도 있었다.

그렇지만 어떻게 그 목표를 달성할까? 가정위탁제도를 강화하는 방법이 있는 걸까? 입양을 촉진해야 하나? 가정위탁이 종료된 청소년들이 대학을 마치도록 도와야 할까? 아니면 이 모든 것을 다 해야 하나? 복잡한 문제를 다룰 때 원하는 결과를 얻으려면 어떤 전략을 써야 하는지 종종 알기 어렵다.

이 문제는 20년 전 레이놀즈-허바드와 그녀를 고용한 스튜어트 재단Stuart Foundation이 봉착한 문제였다. 샌프란시스코에 있는 스튜어트 재단은 1941년에 카네이션사(社)Carnation Company*의 창업자인 E. A. 스튜어트E. A. Stuart가 설립했다. 재단의 자산은 현재 5억 달러이고, 매년 여러 분야에 2천만 달러 상당의 기금을 배분한다. 18세가 되면 가정위탁이 종료되는 청소년들의 삶에 대한 암울한 통계 자료를 알게 된 재단 이사회와 직원들은 그들이 무엇을 할 수 있을지 고민했다. "우리는 이런 청소년들과 시간을 보내면서 관계를 쌓았어요. 그들의 이야기를 들으면서, 그들을 이해하려고 최선을 다했죠."라고 그녀는 회상했다.[2]

당시 통념으로는 나이가 든 청소년들에게 입양이나 '영구적 배치premanency**'라 불리던 가정위탁제도 밖에 있는 신뢰할 수 있는 어른과의 장기적인 돌봄 관계는 어떤 형태로든 불가능하다고 여겨졌다. 가정위탁 청소년들과 일하는 사람들 모두가 그렇게 믿었다. 그렇지만 레이놀즈-허바드는 정말 그런지 궁금했다.

* 카네이션 연유로 유명한 유가공 식품회사로, 1984년에 네슬레(Nestle)에 인수됨.

** 아동 보호의 영구성을 보장하기 위한 영구적 배치는 사실상 입양과 동일하다.

"저는 그 아이들이 특별한 관계를 얼마나 그리워하는지, 얼마나 외롭다고 느끼는지 들었어요."라고 그녀는 말했다. "예를 들면, 그 아이들은 어떤 공지도 없이 자기를 담당하던 사회복지사가 바뀌면 속상해해요. 부모님도 없는데, 그런 지원조차 못 받는다는 사실에 늘 신경이 쓰였어요. 저한텐 큰 일이었죠. 아이들이 나이가 들면 영구적 배치가 어렵다고 쉽게 단정 지었거든요."[3]

새로운 접근법의 실험

2000년에 레이놀즈-허바드는 당시 통념에 도전하는 실험을 시작했다.

먼저 스튜어트 재단의 아동복지 프로그램은 청소년들을 위한 영구적 배치를 위해 다른 사람들은 어떤 일을 하고 있는지 알아보려고 외부 컨설턴트가 수행하는 연구를 지원했다. "우리는 그런 일을 하는 사람을 찾으려고 전국을 뒤졌어요. 그런 사람은 많지 않았죠. 그렇지만 정말 소수의 몇 명이 혁신적이고 성공적으로 일하고 있었는데, 정말 고무적이었어요." CEP의 사례 연구를 위해 우리가 그녀를 면담했을 때, 그녀가 들려준 이야기이다.

다음 단계는 성공적으로 일하고 있는 사람들을 불러 모아 캘리포니아와 워싱턴에 있는 아동복지 종사자들과 함께 일하게 하는 것이었다. 이런 시도를 회의적으로 보는 사람들도 있었다. "제가 왜 청소년 영구적 배치를 위한 모임을 만드는지 어떤 사람들은 이해하지 못했어요."라고 레이놀즈-허바드가 말했다.[4] 그러나 결국 재단이 실험했던 이 접근 방식이 효과가 있었고, 주를 넘어 전국적으로 확대되었다.

쉬운 일은 아니었다. 레이놀즈-허바드는 가정위탁 청소년들과 일하는 사람들의 접근 방식을 바꾸기 어려웠다고 나에게 말했다. "정보만 준다고 그렇게 일하지 않았어요." 그래서 재단은 카운티 사회복지사들이 효과가 있는 새로운 인사이트를 적용하도록 코칭하는 데 투자했다. 비슷하게 캘리포니아를 넘어 새로운 방식을 확산하는 것도 지원했다. "우리는 여러 해 동안 전국 회의를 잇달아 열었어요."라고 레이놀즈-허바드가 회상했다.[5]

시간이 지나면서 가정위탁 청소년에 대한 접근이 전국적으로 달라지기 시작했다. 또한 나이가 든 가정위탁 청소년들의 입양에 대한 태도가 전국적으로 바뀌고 있다는 증거도 있었다. 캘리포니아에서는 가정위탁을 받는 청소년의 수가 2001년과 2015년 사이에 극적으로 감소했다.[6]

만병통치약은 거의 없다는 것을 명심해야 한다. 스튜어트 재단과 다른 후원자들은 이를 인식하고 대학 재학 중인 가정위탁 종료 청소년을 돕는 등 상호보완적인 전략도 지원했다. 그들은 협력하고, 피드백을 구하며, 작게 시작해서, 성공의 증거를 기반으로 확장하는 등 상호보완할 수 있는 방식으로 일했다. 스튜어트 재단은 다른 후원자들은 거의 하지 않는 중요한 일도 했다. 재단은 관련된 모든 사람이 상호 동의한 지표를 추적할 수 있도록 데이터 시스템에 투자했다. 이러한 노력으로 모든 사람은 서로 다른 접근들의 효과성을 정확하게 측정할 수 있었다.

스튜어트 재단의 가정위탁 청소년 사례는 기관 기부자와 개인 기부자 모두에게 교훈을 준다. 이 사례는 관습적인 통념에 도전하고, 더 나은 성과는 불가능하다는 생각을 거부하는 용기에 관한 것이다. 이 사례는 데이터 자체는 행동을 변화시키지 않는다는 것을 인식하면서도, 데이터를 중심으로 연구하고, 배우기를 반복하는 인내에 관한 것이다. 이 사례는 무엇이 효과가 있는지 없는지를 기반으로 변화하려는 의지에 관한 것이다. 이 사례는 돕고자 하는 사람들의 이야기를 듣는 것에 관한 것이다. 그리고 이 사례는 재단의 직원들이 스스로가 모든 답을 알고 있다 여기지 않는 겸손함에 관한 것이다.

물론 스튜어트 재단은 많은 이해관계자 중 하나이다. 우리가 2008년에 스튜어트 재단의 노력을 좋은 전략 사례로 선정하여 당시 대표였던 크리스티 피첼Christy Pichel에게 연락했을 때, 그녀는 주저했다. 그녀와 재단의 직원들은 전략은 '그들의 것'이 아니고, 공유되어야 한다고 생각했다. 그녀는 모든 공적을 차지하려고 하지 않았다.

사실, 이런 겸손함이야말로 그들의 전략을 효과적으로 만드는 가장 큰 요소일 것이다.

기부자의 네 가지 유형

목표가 '무엇what'에 관한 것이라면, 전략은 '방법how'에 관한 것이다. 이때 '무엇'에 대해 정확히 말하자면, 당신이 기부자로서 달성하고 싶은 목표이다. 전략은 목표를 달성하기 위해 자원을 어떻게 분배할 것인지에 관한 논리이다. 전략은 효과가 있는 곳을 지원해서 중요한 목표를 향한 진전을 돕는 것이다.

1990년대 후반과 2000년대 초반에 청소년 복지를 위해 노력한 스튜어트 재단 사람들은 CEP에서 분류한 '완전한 전략가total strategists'에 해당할 수 있다. "실제 명확한 전략이 있는 청소년 복지 프로그램은 프로그램의 진행에 따라 수정할 수 있도록 명확한 데이터를 사용했고, 프로그램 수행을 성공적으로 이끄는 전략에 집중했다."고 피첼이 말했다.[7]

CEP의 엘리 부토와 케빈 볼덕의 연구를 시작으로 2006년부터 2011년까지 재단들이 전략을 어떻게 활용하는지 주의 깊게 분석하는 연구가 수행되었다. 우리는 민간 재단과 지역 재단의 CEO와 프로그램 담당자들이 어떻게 의사결정하는지를 면담, 설문조사, 사례연구를 통해 조사했다. 우리가 자원 배분과 관련된 의사결정에 어떻게 접근하는지 살펴볼 때, 대다수는 전략이 있다고 대답했다. 그러나 CEP에서 규정한 전략의 정의에 부합하여 의사결정을 내리는 곳은 거의 없었다. 우리가 규정한 전략은 다음과 같다.

> 전략은 재단과 기부자가 일하는 외부 환경에 집중하고, 필란트로피 자원과 목표 성취 간의 인과관계 가설을 포함하는 의사결정 프레임워크이다.

즉, 전략은 논리다. 특정 단체에 기부하는 것이 당신의 목표 달성에 도움이 된다는 믿음에 대한 이유가 있어야 한다. 정말 단순하지만 기부자로서 매일매일 전략을 실행하는 데 숙달되기는 어렵다. 전략은 열정과 감정에서 도출된다. 실질적인 임팩트를 내고 싶다는 감정적인 열망은 기부자가 전략적으로 실천하도록 이끈다. 효과적으로 기부하려는 마음에서 이성적인 접근이 시작된다. 기부자가 추구하는 임팩트가 나지 않으면, 기부자는 좌절할 수 있다. 그래서 기부자는 더욱더 전략적으로 행동하게 된다.

우리의 연구에 기반하여 기관 기부자를 네 가지 유형으로 분류하는 체계를 개발했다. 자산이 크든 작든 직원이 많든 적든, 기관 기부자에게 이 분류 체계를 적용할 수 있다. 또한 내 경험에 비추어 보면, 개인 기부자에게도 이 유형은 적용될 수 있다. 기부자 유형을 효과가 가장 적은 순으로 설명한다.

자선 은행가 Charitable banker에게는 분명한 전략이 없다. 은행가가 대출 신청을 검토하듯이, 이들은 개별 후원 신청을 검토, 요청, 거절하는 절차에 따라 의사결정한다. 이들은 외부 환경을 거의 언급하지 않는다. 대다수의 자선은행가는 기존에 했던 관행대로 목표를 세우고 의사결정 프레임워크를 적용한다. 기부 요청에 반응하는 기부자의 상당수는 자선은행가로 기부를 시작하는데, 달성하고자 하는 목표가 뚜렷하지 않은 경우가 많다. 자선은행가에 해당하는 재단은 사전에 요청하지 않은 사업 제안서가 접수되어도, 승인할 만한 제안서가 있는지 살펴본다. 자선은행가에 해당하는 개인 기부자는 마트의 계산대나, 전화나, 직장에서나, 친구를 만날 때 기부를 요청받으면, 이에 대한 응답으로 기부한다. 이 두 경우 모두 명확한 목표가 없고, 목표를 달성하기 위한 의사결정과정을 안내하는 논리가 없다.

끝도 없는 조정자 Perpetual adjuster는 늘 변화의 한가운데에 있다고들 한다. 우선순위를 수정하거나, 특정 영역에 자원을 얼마나 할당해야 하는지 결정하면서, 다양한 범주의 이해관계자를 만족시키려고 한다. 그들의 말을 들어보자. "자원을 배분하는 사람으로서 우리는 커뮤니티의 의견을 듣기 위해 여기 있으면서, 동시에 새로운 커뮤니티에 열려 있어야 해서 저기에도 있어야 해요. 새로운 이야기, 색다른 일들에 언제나 열려 있어요." 영원한 조정자인 개인이나 기관은 항상 변화하고, 새로운 일을 추가한다. 그러나 그 모든 일들이 얼마나 일관적인지 설명하지 못한다.

불완전한 전략가 Partial strategist는 그들의 목표를 외부 요인과 종종 연결하거나, 그들의 접근 방식을 개발할 때 일반적으로 외부 데이터를 이용한다는 점에서 자선은행가나 영원한 조정자와 다르다. 부분적인 전략가는 전략 사례를 최소한 한 가지는 인용할 수 있다. 그러나 그들이 실제 하는 대부분의 일에서는 목표 달성과 자원 활용의 논리적 연결을 설명하지 못한다.

완전한 전략가 Total strategist는 목표와 전략을 지속적으로 지키기 위해 근면하게 일한다. 이들은 목표를 잘 정의한다. 거의 모든 완전한 전략가는 기부 요청에 단순히 응하는 것을 넘어, 문제를 사전 예방하는 방식으로 기부에 접근한다. 이들은 외부로 향하는 관심을 고려해 전략을 개발한다. 외부 상황에 대한 데이터를 적극적으로 활용하여 수립한 전략은 주로 분석적이다. 재단 직원이나 개인 기부자 모두 완전한 전략가가 될 수 있다. 완전한

전략가는 목표를 달성하는 데 끈질기게 집중한다. 또한 모든 의사결정과정에서 이러한 집중력을 유지한다.[8]

당신은 어떤 유형의 기부자인가?

기부자의 네 가지 유형

완전한 전략가가 되려면

당신의 기부로 만들 수 있는 변화를 극대화하려면, 가급적 완전한 전략가가 되어야 한다. 완전한 전략가는 효과가 있는 곳을 집중적으로 지원한다. 무엇이 효과적인지 모를 경우, 스튜어트 재단이 그러했듯이 효과성을 검증하는 실험에 참여한다. 효과성에 대한 확실한 증거가 있다면, 그들은 더 많이 기부한다.

때때로 가장 좋은 전략에 대한 신뢰할 수 있는 정보가 있다면, 목표 달성에 도움이 된다. 효과가 있는 곳에 지원하면 되므로 이런 정보를 쉽게 활용할 수 있다. 예를 들어 여러 해 동안 살충제 처리를 한 모기장은 말라리아로 인한 사망을 예방하는 가장 좋은 방법이었다. 그래서 당신의 목표가 말라리아와 관련된 사망을 줄이는 것이라면, 말라리아를 예방하는 모기장을 보급하는 단체를 지원하는 것은 좋은 기부 전략이다.

그러나 효과적인 프로그램에 대한 정보가 많아도, 대개는 겉으로 보이는 것보다 훨씬 복잡하다. 모기장 활용을 장려하는 방법 중 특정 방법이 다른 방법보다 더 좋은 결과를 보일 수 있다. 아이들을 위한 말라리아 모기장을 어머니에게 나눠주는 것도 한 가지 방법이다. 어머니가 모기장을 쓰는 것은 또 다른 문제이다. 모기장 사용을 상기시키는 문자 메시지를 발송하거나, 모기장을 사용할 때 얻을 수 있는 유익한 점을 담은 이야기를 들려주는 등 접근법이 달라지면 실제 사용의 측면에서 다른 결과를 얻을 수 있다.[9] 물론 모기가 모기장에 쓰인 살충제에 내성을 갖게 되면 모기장 사용의 효과가 잠재적으로 줄어들 수 있다.[10] 그러나 일반적으로 모기장을 쓰도록 돕는 단체를 지원하는 것은 말라리아로 인한 사망률 감소에 좋은 전략이 된다. 어떤 특정 접근법이 가장 좋은 결과를 내는지 살펴보고, 어떤 단체가 그런 방법을 활용하는지 알아보는 등 많은 일이 여전히 남아있다.

효과성에 관한 증거가 명백한 환경이 가장 좋지만, 그런 경우에도 필란트로피의 전략 수립은 쉽지 않다. 어떤 방법이 타당해 **보여도**, 효과가 있을 것 같거나 혹은 실제 효과가 있을 때조차, 모든 상황에서 실제 적용될 수 있는지 장담할 수 없기 때문이다.

기부자들 가운데 가장 많이 기부한 빌 게이츠는 이런 교훈을 어렵게 터득했다.

닭들이 되돌아오다,
기부를 거부당한 닭들

2016년에 빌 게이츠는 극빈과 싸우는 비영리 단체인 헤퍼인터내셔널Heifer International과 파트너십을 맺어 암탉 10만 마리를 개발도상국에 기부할 결심을 했다. 그는 빈곤에서 벗어나는 방법으로 닭을 키우는 아이디어에 관한 글을 블로그에 올렸다. 그는 "극빈에 처한 사람이 닭을 키우면 형편이 나아질 거예요. 저에겐 이 방안이 꽤 명확하게 이해돼요. 사실 제가 그들의 입장이라면, 전 그렇게 할 거 같아요. 닭을 키울 거 같다고요."라고 썼다.[11]

그러나 이러한 아이디어가 게이츠에겐 명확하게 이해됐지만, 다른 모든 사람들도 명확하게 이해한 것은 아니었다. 사실 볼리비아 정부는 이러한 도움이 '모욕적'이라고 하면서, 제안을 거절했다.

'폐기된 아이디어: 볼리비아 정부, 빌 게이츠 재단의 암탉 거부'라는 표제가 영국의 신문인 「가디언*Guardian*」에 떠들썩하게 실렸다.[12] "빌 게이츠는 볼리비아 사정을 몰라요. 우리가 500년 전처럼 정글에서 살고 있고, 농사를 짓는 법도 모른다고 생각하나 보죠."라고 볼리비아의 토지농촌개발부 장관minister of land and rural development인 세자르 코카리코César-Cocarico가 말했다.[13]

때때로 기부자들은 도와주려는 사람들에게 가장 좋은 방법을 자신들이 안다고 느낀다. 기부자들에게는 이러한 사실이 명확하다. 기부자들은 도와주려는 사람들의 문제를 해결하려는 **바로 그것**just the thing을 알고 있다. 때때로 그들이 맞을 수도 있고, 틀릴 수도 있다. 빌 게이츠의 사례에서 닭을 사육하는 것이 실제로 극빈에 처한 누군가가 할 수 있는 가장 좋은 방법이라고 가정해보자. 문제는 이것이다. 게이츠가 돕고 싶었던 사람들과 그 사람들과 기부 사이에 있는 사람들이 그렇게 생각하지 않거나, 이들이 이런 제안을 모욕적이라고 느낀다면, 게이츠가 맞았는지 틀렸는지는 사실 중요하지 않다.

이 경우 볼리비아 정부는 성명을 발표하고 도움을 거절했다. 그러나 종종 비영리 단체나 다른 핵심 행위자들은 돈줄을 쥔 사람들과 멀어질까 봐 입을 굳게 다문다. 사람들이 그 당시 전략을 실제 어떻게 생각했는지, 비영리 단체는 기금을 확보하려고 어떻게 활동했는지, 아니면 활동하는 척한 건지, 기부자는 결코 알 수 없다. 일종의 위장인 셈이다.

빌 게이츠 재단의 안팎에 있는 몇몇 사람들은 비슷한 일이 재단이 하는 교육 분야에서도 일어나고 있다고 나에게 넌지시 알렸다. 재단 내 다른 사람들은 큰 규모의 학교를 작은 규모의 학교로 분할하는 일은 일반적으로 생각하는 것보다 훨씬 효과적이라고 말한다. 그러나 몇몇 사람들은 이런 일이 암탉 기부와 다르지 않다고 지적한다. 재단은 소규모 학교로 전환하는 대신, 교사 평가를 바꾸고 강화하는 데 집중했다. 그러나 볼리비아의 암탉 기부처럼, 이런 교육 의제가 기대에 미치지 못했을 뿐이다. 이와 유사하게 공통 핵심 교육과정Common Core Curriculum*이 하향식으로 강요되었다고 여긴 사람들은 공통 핵심 교육과정을 거세게 거부했다.

재단이나 빌 게이츠 자신이 이렇게 잘못 적용된 조치를 인정해서 다행이지만, 학교, 직원, 학부모, 교사들의 거센 반발을 겪고 난 이후에나 가능했다. 이해관계자의 이야기를 더 듣고, 더 연구하고, 빅 벳big bet**을 하기 전 가설을 검증하려는 최소한의 노력만 기울였더라도 이런 대혼란은 피할 수 있었을 것이다.

빌 게이츠는 2018년에 게이츠 부부가 보낸 연례 편지에서 "우리가 교육 분야에서 기대하던 큰 임팩트를 보지 못했어요."라고 시인했다. 아마도 기부자와 재단의 직원들은 초기 실패에서 배운 교훈을 충분히 내재화하지 못했을 것이다. 같은 편지에서 멜린다 게이츠는 "우리가 교육 분야에서 할 수 있는 모든 일은 교육자들이 우리에게 제안하는 아이디어로 시작할 거예요. 교육자들이야말로 교육 현장에서 숨쉬고 살아가는 사람들이니까요."라고 암묵적으로 인정하는 것 같았다.[14] 이러한 현장 기반 접근 전략이 게이츠 재

* 미국에서 교육은 주정부 소관이다. 따라서 주별로 교육과정과 성취 기준이 다르다. 따라서 전국의 모든 학생들이 동일하고 일관적인 교육과정을 근거로 평가받을 수 있도록, 주정부와 민간이 함께 공통핵심기준(Common Core State Standards)을 규정했다. 2010년에 영어와 수학에 대한 공통핵심기준이 발표되었고, 2011년 켄터키주의 도입을 시작으로 44개 주가 공통핵심기준을 통해 초중고등학교에서 학년말 영어와 수학을 평가하고 있다.

** 빅 벳(Big Bet) 필란트로피는 사회문제의 본질적인 해결을 위해 수백억 원에서 수조 원에 달하는 돈을 베팅하는 새로운 방식의 기부로, '대담한 자선' 혹은 '통 큰 기부'라 불리기도 한다.

단에 자리를 잡을지는 시간이 알려줄 것이다.

내가 게이츠 재단을 비판하려는 것은 아니다. 게이츠 재단은 중요하고 의미 있는 일을 이미 많이 했다. 이 부분은 뒤에서 추가로 논의하려고 한다. 다만 내 요점은 당신이 돕고 싶은 사람들을 포함하여 현장 가까이에 있는 사람들이 당신의 전략이 타당하다고 생각하는지 검증하지 않으면, 겉보기에 그럴싸해 보이는 일에 휘말리기가 쉽다는 것이다.

뉴어크에서 마크 저커버그도 똑같은 허들에 발이 걸렸다. 플레이 펌프 인터내셔널PlayPumps International에 큰 금액이나 적은 금액을 기부했던 사람들도 마찬가지다. 플레이 펌프는 어린이들이 회전놀이기구merry-go-round에서 놀 때 발생하는 동력으로 작동하는 물 펌프로, 플레이 펌프 인터내셔널은 이 회전놀이기구를 아프리카 전역에 설치하겠다고 수천만 달러를 모금했다. 윌리엄 맥어스킬William MacAskill이 기록한 바에 따르면, 플레이 펌프는 거의 활용되지 않았다. 플레이 펌프는 회전놀이기구를 단지 몇 바퀴 돌린다고 충분한 동력이 생기지 않아 회전놀이기구를 계속 돌려야 한다. 이런 회전놀이기구는 재미도 없었고, 전통적인 수동 펌프보다 비싸고 비효율적이었다. 플레이 펌프로 혜택을 얻을 줄 알았던 마을 사람들은 플레이 펌프를 좋아하지 않았다. 다시 말하지만, 기부자는 아이들이 회전놀이기구에서 놀기만 해도 깨끗한 물을 얻을 수 있다는 혁신적인 아이디어에 푹 빠져, 이런 회전놀이기구를 아이들에게 주려고 했다.

그러나 이런 아이디어는 듣기에는 좋지만 실제 효과는 없었다.[15]

‘전략적 필란트로피’

이런 이야기를 들으면 비영리 리더들 사이에서 소위 말하는 전략적 필란트로피를 거부하는 최근의 반발이 새삼스럽지 않다. 점점 더 많은 사람들이 기부할 때 전략에 집중해야 하는지 의문을 가진다.

나는 주요 재단의 이사에게 전화를 받았다. 그 재단은 새로운 대표를 선임하는 절차에 착수했다. 전화를 건 이사는 선임위원회를 맡았고 대표 선임에 대한 내 생각을 듣고 싶어 했다. 나는 왜 대표를 선임하려고 하는지 배경에 관해 물었다. “음, 이건 말해야겠네요.”라고 격앙된 목소리로 그녀가 말했다. “그 대표는 ‘전략적 필란트로피’를 했다고 해요. 이 정도면 우리는 그에게 충분히 많은 시간을 줬어요.”

전략을 열렬히 옹호하는 대표가 온 이후, 재단은 새로운 방향으로 나아가기 시작했다고 그녀가 나에게 말했다. “대표는 자기가 뭘 하는지도 몰랐어요. 그래서 우리 이사회가 원했던 임팩트를 낼 수 없었어요.”라고 그녀는 그 대표에 관해 이야기했다. “이제 우리는 들어야 해요. 우리가 기금을 지원하는 비영리 단체들의 현장 활동을 진심으로 존중하면서요.”

이야기를 들으면서 나는 그녀가 말하는 것은 전략이 아니라는 것을 깨달았다. 전략은 재단이 목표를 달성하는 데 가장 도움이 되는 일련의 활동을 추구하는 것이다. ‘전략적 필란트로피’라는 용어가 의미하는 바는 완전히 다르다. 그녀가 이해하는 전략은 마음이 결여되고, 홀로 동떨어져, 하향식으로 일하고, 비영리 단체들이 비즈니스 산업의 경쟁자들인 것처럼 '차별성'에 집중해야 한다고 암시하는 것 같았다. 그녀를 포함하여 비영리 섹터의 많은 사람들은 전략적 필란트로피를 이렇게 이해한다.

'전략적 필란트로피'는 기부자나 재단의 리더나 프로그램 담당자가 비싸게 채용한 컨설턴트들이 화려한 콘퍼런스룸에서 만든 계획이다. 이런 컨설턴트들은 비즈니스 MBA를 취득하고, 캐주얼한 복장으로 뛰어난 발표 실력을 뽐낸다. 그러면서 현장에서 수고하는 비영리 단체들에게 인정사정없이 자기 방식을 강요한다. 기금을 후원받아야 하는 비영리 단체는 이런 계획을 실행하지만, 계획 수립에 관한 목소리를 내지 않는다. 컨설턴트들이 제시한 '새로운 계획' 아래에서 몇 년을 보낸 후, 기부자나 재단 이사회나 직원들은 한 가지 사실을 깨닫는다. 그들의 지원을 받는 비영리 단체들과 수혜자들은 이런 사실을 말하지 않았지만, 오랫동안 알고 있었다. 바로 이 계획은 효과가 없다는 사실이다. 이 계획은 너무 많이 가정했고, 부적절한 비즈니스 비유를 너무 많이 적용했다. 현실의 복잡함을 과소평가하여 의도하지 않은 결과로 이어졌다. 대개는 훨씬 좋지 않은, 부정적인 결과로 이어졌다.[16]

사려 깊은 기부자는 비즈니스의 전략과 필란트로피의 전략이 다르다는 것을 깨닫는다. 그런데 교체된 전 대표는 이 사실을 몰랐다. 스스로 비즈니스 지식이 풍부하다고 여겼던 그 대표는 전략적 필란트로피를 적용하도록 재단의 방향을 바꿀 수 있다고 생각했다. 그가 생각하는 전략적 필란트로피는 재단의 방향을 빠르게 바꿀 고속도로를 타는 것 같았다. 그의 태도나 내가 여태 만나본 비즈니스 출신 사람들의 태도는 비즈니스 지식이 풍부한 그들이 비영리 섹터에서 능력을 기꺼이 발휘하는 것을 우리가 고마워해야 한다고 여기는 것 같았다. 자기들이 필란트로피를 실천한 르브론 제임스LeBron James*라도 되는 것처럼 자부심이 높았다.

비즈니스 경험이 대단한 기부자가 되는 제대로 된 방법을 알려준다는 믿음은 꽤 널리 퍼졌다. 콘퍼런스에서 만난 어떤 지역 재단 대표가 저녁을 먹으며, 테이블 건너편에 앉은 이사장이 혹시나 들을세라 조심스럽게 말했다. 그 재단의 이사회에는 비즈니스로 돈을 벌어 크게 기부한 개인 기부자들이 있었다. "우리 재단 이사들은 모두 제가 일하는 것보다 자기들이 일을 더 잘한다고 생각해요. 있죠. 저도 비즈니스 출신이라고요. 그들은 모르지만 저만 아는 사실이 있어요. 기부를 제대로 잘하는 건 너무 어렵다는 것을 그들은 몰라요. 진짜 몰라요."

비즈니스에서 직접 끌어온 전략 개념을 옹호하던 이들은 이런 전략이 통하지 않는다는 것을 시간이 흐르면서 알게 된다. 그러나 빈대를 잡으려다 초가삼간을 다 태울 필요는 없다. 내 생각에 문제는 전략이 아니다. 전략은 그 자체로 필란트로피의 임팩트를 끼치는 데 필수적이다. 문제는 나쁜 전략이다. 때때로 잘 계획된 전략도 제대로 실행하지 못할 수 있다. 물론 나쁜 전략도 지나치게 많다. 그러나 내가 노래를 잘못한다고 해서 음악을 거부하지 않는 것처럼, 나쁜 전략을 이유로 전략 자체를 거부할 수는 없다.[17]

* NBA 농구 스타로 르브론 제임스 패밀리 재단(LeBron James Family Foundation)을 설립하여 고향인 오하이오 애크런(Ohio Akron)의 청소년 교육과 주택 사업에 1억 달러 이상을 기부했다.

전략은 비즈니스 개념이 아니다

그렇다면 필란트로피에서 전략은 어떤 의미일까? 무엇이 잘못되었을까?

비즈니스 비유를 들먹이는 경영대학 교수들과 필란트로피 컨설턴트들이 필란트로피의 방향을 잃게 한다. 비즈니스 비유는 내가 3장에서 이야기한 「하버드 비즈니스 리뷰」에 실린 1999년 글에서 시작되었다. 그 글은 '고유함uniqueness'과 '차별화된 위치distinct positioning'가 필요하다고 끊임없이 강조했다. 문제는 저자들이 비즈니스와 필란트로피 간의 핵심적인 차이점을 인정하는 데, 혹은 이해하는 데 실패했다는 점이다. 대신 그들은 필란트로피 전략의 근본적인 논리는 비즈니스와 동일하다고 주장했다.

전략은 비즈니스 개념이 아니다. 전략은 스포츠에서 체스, 전쟁에 이르기까지 모든 분야에서 각각의 의미를 지닌다. (전략이라는 단어 자체는 그리스어 '군대'에서 유래했다.) 필란트로피의 전략은 고유함이나 차별화된 위치 같은 비즈니스의 전략과 다르다는 것이 중요하다. 필란트로피의 전략은 기관 기부자나 개인 기부자가 공유하는 접근 방식으로, 이들은 가장 어려운 문제를 다룰 때 인과관계를 인식하기 어렵다는 점을 알고 있다. 비즈니스에서는 경쟁 상황을 고려한 차별화한 전략을 세울 수 있지만 필란트로피에서는 독자적인 전략은 거의 확실하게 실패한다. '전략'을 단순한 체크리스트로 축소하는 단순함을 전파한 하버드 비즈니스 리뷰의 글은 영향력이 있었다. 그러나 다른 맥락에서 워런 버핏이 언급한 유명한 말처럼, "공식을 안다고 말하는 괴짜를 조심해야 한다."[18]

소위 말하는 전략적 필란트로피를 구상할 때, 기부자를 전략 혹은 통제의 중심에 너무 많이 둔다. 2011년에 필란트로피 평가 컨설턴트인 패트리샤 파트리치Patricia Patrizi와 엘리자베스 하이드 톰슨Elizabeth Heid Thompson은 이런 상황을 잘 묘사했다. "계획들은 종종 실행과 분리되어 있을 뿐만 아니라, 전략을 실행하는 수행 기관의 실제 활동과도 동떨어져 수립된다. 이런 방식이 좋은 사례가 되는 상황을 생각하기 어렵다."[19]

좀 더 자세히 살펴보자. 몇 년 전 나는 우리가 실시한 수행 기관 인식 보고서GPR의 설문조사 결과를 해당 재단의 설립자와 직원들에게 공유했다. 나는 재단의 수행 기관들이 문제가 생겼을 때 재단이 가까이에 있지 않다고 여긴다고 재단에게 알렸다. 또한 자금을 지원받으려면 수행 기관의 우선순위를 수정하라고 재단이 보통 수준을 넘어 지나치게 압박한다는 수행 기관의 말을 전했다. 우리가 제시한 비교 데이터에서도 그 설립자와 그 재단은 좋지 않은 방식으로 양극단에 치우쳤다.

그러나 놀랍게도 그들은 이런 결과가 그들의 방식이 통한다는 것을 입증했다고 생각했다. "우리가 생각할 때 우리 지원을 받는 비영리 단체들이 해야 할 일을 아직도 이해하지 못했어요."라고 한 직원이 말했다. "우리 전략을 따르도록 비영리 단체를 밀어붙여야 해요. 그래야 그들의 성과가 좋아질 거예요. 그래서 비영리 단체들과 껄끄러운 관계는 우리가 일을 제대로 하고 있다는 신호라고 봐요." 보통은 이와 반대다. 사람들은 관계가 나쁘면 임팩트에 집중하지 못하고 부수적인 손해가 불가피하게 발생한다고 말한다.

그러나 유감스럽게도 이러한 강압적 접근은 언제나 대부분 실패한다. "궁극적으로는 수행 기관이 전략을 실행하므로, 그들을 핵심적인 파트너로 대우해야 한다. 또한 그들은 전략적 사고에 필요한 알맹이와 쭉정이를 구분할 수 있는 현장 지식과 경험도 보유하고 있다."라고 파트리치와 톰슨은 썼다.[20]

생각을 바꾸다

최근 필란트로피 업계의 사람들은 '지휘와 통제command and control'라는 사고방식을 과도하게 받아들였다. 이런 사고방식을 비즈니스 출신 사람들만 받아들인 게 아니다. 윌리엄 앤드 플로라 휴렛 재단William and Flora Hewlett Foundation의 대표이자 스탠포드 법학전문대학원Standford Law School의 전직 학장이었던 폴 브레스트Paul Brest는 효과성에 헌신한 사려 깊은 사람으로, 나는 그를 존중한다.[21] 전략적 필란트로피를 열렬히 옹호하는 브레스트는 종종 비행사의 비행 항로 차트 비유를 들어 이 개념을 설명한다.[22] 그는 비행사에게 비행 계획이 필요한 것처럼 기부자와 비영리 단체들도 '인과관계 모델causal model', 즉 전략이 필요하다고 주장한다.

그런데 나는 이 비유가 적합하지 않다고 생각한다. 첫째, 이 비유는 필란트로피를 너무 납작하게 만든다. 비행기를 조종하는 비행사에게 주는 피드백은 가령 '순항 중' 혹은 '진로 이탈'처럼 분명하고, 본질적으로 실시간이다. 그러나 필란트로피에서는 이렇게 할 수 없다.

둘째, 브레스트에게 공평하게 말하자면 그는 전략이 필란트로피스트와 비영리 단체 모두에게 필요하다고 역설했다. 그렇지만 이런 주장은 마치 재단과 기부자는 비행사이고, 비영리 단체와 수혜자들은 목적지까지 최적의 항로 탐색에 적절하게 개입할 필요가 없는 승객인 것처럼 느껴지게 만든다. 사실 때때로 수행 기관이나 지원받기로 예정된 수혜자가 느끼는 좌절감은 오랜 시간 비행기가 지연되었는데 불완전하고 정확하지 않은 정보만 있거나, 아니면 그런 정보조차 없는 승객이 느끼는 무력감과 유사하다.

비영리 수행 기관이나 예정된 수혜자는 기부자가 만든 지도를 그저 따라가는 사람들이 아니다. 그들은 중요한 항해자이다.

기부자 중심의 전략을 옹호하던 사람들 가운데 전략 계획 및 실행이 생각보다 어려운 문제라고 인식하는 사람들이 늘어나고 있다. 2012년에 브레스트는 "우리가 아무리 전략을 잘 계획해도 실행하기 어렵다는 것을 경험으로 힘들게 배웠다."라고 썼다.[23] 2008년에 브레스트와 『돈을 잘 쓰기: 현명한 필란트로피를 위한 전략적 계획*Money Well Spent: A Strategic Plan for Smart Philanthropy*』이라는 책을 공저한 할 하비Hal Harvey도 전략적 필란트로피를 옹호했다. 한발 더 나아간 하비는 2016년에 「크로니클 오브 필란트로피*Chronicle of Philanthropy*」의 외부 필진 칼럼에 글을 기고했다.

하비는 윌리엄 앤드 플로라 휴렛 재단의 프로그램 담당 이사였고, 에너지 재단Energy Foundation과 기후사업재단의 리더였다. 하비는 전략을 바라보는 그의 관점이 달라졌다고 썼다. "가끔 저는 사람들에게 사과하고 싶어요. 제 책에서 말한 아이디어나 주장은 지금도 중요하고 정당해요. 그러나 전략적 필란트로피라는 개념이 불러올 잠재적 부작용을 미리 예상하지 못했어요. 일부 부작용은 정말 심각했거든요." 그는 기부자들 사이에 퍼졌던 '전지전능하다는 망상'을 계속 묘사했다. 기부자들은 "자신들이 모든 문제를 다 안다고 생각하고, 돈의 흐름도 결정한다고 보기 시작했죠." 그의 칼럼은 재단 직원을 독자로 한 글이었지만, 칼럼의 시사점은 더 폭넓게 적용할 수 있다. 그에 따르면, 효과적으로 기부하려면 '전지전능한 리더가 아니라 겸손하게 전체를 아우르는 사람처럼' 행동해야 한다. 그는 기부자는 "듣고, 모으고, 통합하고, 실험해야 한다. 그러는 척만 하지 말고, 진짜 이렇게 해야 한다. 그렇게 배운 점을 중심으로 전략을 수립해야 한다."라고 말했다.[24]

몇몇 사람들은 하비의 글을 오독했지만, 하비가 전략이 중요하지 않다고 말하는 것은 아니다. 오히려 그는 전략에 대한 더 겸손한 접근이 필요하다고 제안했다. 그리고 브레스트와 하비는 2018년에 두 번째 개정판을 내면서 이러한 생각의 변화를 상당히 많이 반영했다. 나는 잘못 판단한 점이 있었다고 시인하는 하비의 솔직함이 대단하다고 생각한다. 다른 사람들도 하비처럼 생각을 바꾸면 좋겠다.

크게 기부할 때, 기부를 접을 때

필란트로피에는 독특한 어려움이 있다는 인식이 자라고 있다. 그렇지만 필란트로피스트가 기술적인 해결책이나 혁신을 개발하여 활용하면, 돌파구가 되어 답을 찾을 수 있을 거라 여기는 경향은 여전히 있다. 이런 경향은 특히 실리콘 밸리의 새로운 기부자들 사이에 널리 퍼진 것 같다. 최근에는 많은 사람들이 '빅 벳' 필란트로피를 요청하고 있다.[25] 백신이나 질병 치료제 개발처럼 문제에 대한 단일 해결책이 있는 특정 상황에서 이런 빅 벳 필란트로피 방식은 타당하다. 물론, 이런 경우에도 개발된 백신이나 치료제를 어떻게 보급할 것인가에 대한 문제는 남아 있다.

그렇다면 "왜 필란트로피스트들과 재단들이 빅 벳 필란트로피를 발굴하고 요청하려고 더 열심히 노력하지 않을까요?"라고 윌리엄 앤드 플로라 휴렛 재단 대표인 래리 크레이머Larry Kramer가 물었다. 스탠포드 법학전문대학원의 학장이었고 휴렛 재단의 대표를 역임한 크레이머는 폴 브레스트의 후임자로 두 기관에서 일했다. "필란트로피가 실제 필요하고, 필란트로피의 도움을 받을 수 있다고 해도, 사회문제는 크고 어렵고 복잡하기 때문이죠."

"신체의 질병은 치료약이나 백신을 발명하면 치료할 수 있어요. 그렇지만 사회문제는 일회성 처방으로 거의 해결할 수 없죠."라고 그는 말을 이어갔다. "빈곤이나 인종주의, 기후위기나 교육, 여성의 권리나 소득 불평등 같은 문제를 다룰 때는 특효약도 없고, 지름길도 없어요. 필란트로피가 제기하는 주요한 문제를 몇 가지만 이야기해 봐도 알 수 있죠. 이런 문제에 진지하게 접근하려면 다른 사고방식을 서로 종합해야 하죠."[26]

공교육 분야의 기부는 '전략적'인 '빅 벳' 필란트로피 방식의 어려움을 가장 뼈저리게 상기시킨다. 지난 15년이 넘도록 개인 기부자와 기관 기부자는 미국의 공교육을 '변혁'할 수 있다고 여겨지는 특정한 방식의 개입에 집중해왔다. 휴렛 재단의 크레이머의 설명에 따르면, "미국 교육 제도를 개선하려는 노력에 막대한 필란트로피 자원이 쓰였어요. 그렇지만 교육 제도의 이런저런 면을 개선하는 것이 아니라 '지장'만 초래했죠. 뉴어크 사람들에게 물어보세요. 아니면 콜롬비아 디스트릭트District of Columbia* 사람들에게 물어봐도 좋아요. 뉴욕이나 로스앤젤레스에 가서 물어봐도 되겠네요. 소규모 학급이 정답이다! 학교 선택제School Choice**가 답이다! 차터 스쿨Charter School***이 교육 문제를 해결할 것이다! 교사 노동조합만 없애면 된다! 교육 문제의 특효약을 찾는 이런 헛된 노력에 너무 많은 돈이 들어갔어요."[27]

현장에서 통하는 전략을 찾으려면 근면함, 인내, 겸손함이 필요하다. 기부자는 기존 연구를 활용하고, 비영리 단체와 예정된 수혜자와 소통하고, 독자적인 전략을 고수하기보다는 다른 사람의 성공적인 전략을 기꺼이 수용해야 한다. 전략이 통하는지 확실하지 않은 분야를 지원하려면, 엄밀한 실험 연구를 먼저 지원해야 한다. 때때로 빅 벳이 통할 때가 있다. 그러나 접근 방식을 시험해보는 소규모의 기부가 더 필요할 수 있다. 특정 방식이 통한다고 검증된 이후에 비로소 더 큰 기부를 통한 확장이 이뤄져야 한다.[28]

기존의 증거에 따르면 게이츠 재단은 교육 의제 중 이펙티브 티

* 공교육 개혁을 추진했던 미셸 리가 교육감으로 있었던 워싱턴 D.C.의 행정구역.

** 미국 공립 학교들의 심각한 질적 저하에 대한 대안으로 등장한 학교 선택제는 국가가 공교육 제도를 직접 확립하고 예산을 투입해 공립 학교를 운영하는 것이 국가가 교육을 독점한 것이라고 비판한다. 대신 납세자인 학부모가 자녀를 보내고 싶은 학교를 선택하고 국가는 그 비용을 바우처 형식으로 제공하여 공교육에 자유 시장 개념을 도입한다.

*** 학교 선택제의 유형인 차터 스쿨은 공립학교 시스템을 활용한 일종의 대안학교이다. 학부모나 지역사회가 정부와 협약(charter)을 통해 직접 운영하는 학교 형태로 정부의 재정 지원을 받는 공립학교지만, 사립학교처럼 교육과정 및 예산집행의 자율성을 인정받는다.

칭 이니셔티브Effective Teaching Initiative에 너무 많은 자원을 투입한 것 같다. 재단은 먼저 소규모의 시험을 통해 해당 의제가 통하는지 살펴봤어야 했다. 게이츠 재단의 초중등교육 프로그램 부국장이었고 현재는 하버드 교육대학원에 재직 중인 토마스 케인Thomas Kane은 이와 관련해 2018년에 쓴 글에서 "재단은 주 전체에 적용되는 대규모의 다년도 사업기금을 지급하는 대신, 소규모의 시범 프로그램 시행에 관한 제안서를 받았어야 했다."라고 언급했다.[29]

현장에서 어떤 전략이 통하는지 알 수 있을 때가 빅 벳이 가능한 시점이다. 전 세계적으로 5세 미만의 아동 사망률을 절반으로 줄이기 위해, 게이츠 재단이 백신 연합인 가비Global Alliance for Vaccines and Immunization(GAVI)에 25억 달러 이상을 지원할 때는 그렇게 일했다.[30] 2018년에 「와이어드*Wired*」에 실린 글은 이러한 프로그램 확대 과정을 묘사한다. "1999년 11월에 게이츠 재단에서 7억 5천만 달러를 받아 시작한 가비의 백신 프로그램은 전세계 최빈국 73개국에서 약 1천만 명의 사망을 방지했다. 2000년에는 이 국가들의 인구 1%만이 디프테리아, 파상풍, 백일해, B형 간염, b형 헤모필루스 인플루엔자를 예방하는 5가 백신을 맞았다. 2016년까지 백신을 맞은 인구 비율은 76%로 증가했다." 게이츠 재단이 미국의 공교육 분야에서는 비판받았지만, 국제보건 분야에서는 크게 공헌했다.[31] 이러한 공헌은 깜짝 놀랄 만한 업적이고, 제대로 한 기부의 고무적인 사례이다.

핵심은 빅 벳의 접근이 언제 필요한지 아는 것이다. 상황이 가장 중요하다. 다시 말하지만, 무엇이 효과적인지 확실히 알 수 있다면, 검증된 전략에 대한 빅 벳은 타당하다. 그러나 검증되지 않은 전략에 대한 빅 벳은 무책임하다. 무엇이 통하는지 엄밀한 시험을 통해 확인하는 과정이 먼저 필요하다. 그래야 전략을 학습하는 동안 잠재된 부정적인 임팩트를 제한할 수 있다. 스튜어트 재단의 방식처럼, 전략이 현장에서 통하는지 시험을 통해 검증한 이후에 지원해야 한다.

개인 기부자도 전략이 필요하다

대형 재단만 전략이 필요한 건 아니다. 개인 기부자도 목표 달성을 위한 전략과 이러한 전략을 실행하고 있는 특정 비영리 단체를 확인해야 한다. 위에서 제시한 예로 돌아가 개인 기부자가 말라리아로 인한 사망률을 줄이는 노력을 지원하고 싶다고 하자. 그는 서로 다른 비영리 단체들의 효과성을 면밀하게 분석해주는 기브웰GiveWell 같은 기부 정보를 찾아볼 수 있다. 개발도상국에서 장기간 지속되는 살충제 처리를 한 모기장을 보급하는 데 기금을 제공하는 말라리아예방재단Against Malaria Foundation은 그중에 추천할 만한 비영리 단체이다.[32]

사실, 전략을 발견하고 그 전략에 따라 기부하고 싶은 사람들에게 기브웰은 훌륭한 정보이다. 이러한 전략은 기부금의 임팩트를 극대화하는 데 유용하다. 널리 알려진 비영리 단체 평가 사이트인 채리티 네비게이터는 행정비의 비율 같은 척도를 과도하게 사용하고 전략과 임팩트에 관해서는 아무런 정보도 주지 않는다. 기브웰은 어떤 비영리 단체가 실제 결과를 만드는지 확인하는 데 관심을 둔다. 이들은 비영리 단체의 예산상의 항목이 아니라, 비영리 단체가 들인 노력의 임팩트를 분석한다. 노동집약적인 기브웰의 분석은 주로 개발도상국의 비영리 단체에 집중하므로, 모든 단체를 다 포괄하고 있지 않다. 그렇지만 해외에서 생명을 구하고 삶의 조건을 획기적으로 개선하는 데 관심이 있으면 기브웰을 참고하면 좋다. 예술이나 문화 분야를 지원하거나 아동들의 기회 불평등을 다루는 등 지역사회에서 만들 수 있는 변화에 더 집중하고 싶은 사람도 있다. 효과성에 대한 증거 기반 전략을 실행하는 비영리 단체를 확인할 때는 지역 재단이 매우 유용한 정보를 준다.

어떤 전략을 추구하든, 전략이 고정된 것은 아니다. 대신 진행 상황에 관한 피드백을 받을 수 있는 방법을 찾아야 한다. 우리 연구에서 만난 완전한 전략가들은 외부의 피드백을 구하고 이런 과정을 반복하여 전략을 개선한다. 실제 이들은 주변 사람들보다 훨씬 더 전략적으로 기부한다. 또한 전략적인 계획이 있다고 해서 일상적으로 활용되는 논리보다 더 나은 것은 아니다. 이러한 일상의 논리는 전략을 결정하고 반복하는 데 상대적으로 더 유용한 지침이 될 수 있다.[33] 전략은 책장 위의 계획이 아니라, 매일 결정하는 방식이다.

개인 기부자든 기관 기부자든 모든 기부자는 다음 질문에 긍정적으로 답할 수 있어야 한다.

- 다른 사람들이 추가적인 설명 없이도 이해할 수 있을 정도로 내 기부의 목표와 전략을 명료하게 설명할 수 있는가?
- 배우자, 가족, 동료들은 내가 설명하는 것과 동일한 방식으로 내 기부를

설명하는가?

- 내 전략을 개발하는 데 유용한 외부 환경을 데이터 기반으로 분석할 수 있는가?
- 내 기부의 목표를 향한 진행 상황을 정기적으로 검토하고 평가하는가?
- 내 전략을 개선하는 데 유용한 정보들을 다른 사람들로부터 모으고 있는가?
- 최근에 기부 요청이 내 전략과 맞지 않아서 그 요청을 거절한 적이 있는가? 목표는 같으나 전략이 맞지 않은 경우에도 기부 요청을 거절했는가?[34]

재난 필란트로피

때때로 재난이 닥친다. 당장 기부해야 할 일이 터졌는데, 아직 기부 전략이 없거나 어떤 전략이 가장 효과적인지 모를 수 있다. 이런 경우에는 전략을 조사할 시간도 부족하다. 막대한 피해를 입힌 허리케인, 쓰나미, 지진이 닥치면 무엇을 해야 할까? 정말 많은 사람들이 2장에서 논의한 것과 같은 실수를 한다. 그들은 기부 요청을 누가 하더라도 기부하고, 미국적십자사American Red Cross처럼 누구나 이름을 아는 대형 단체에 기부한다.

2005년에 허리케인 카트리나가 닥쳤을 때, 벤 스밀로비츠Ben Smilowitz는 달랐다. 청소년 시민 참여를 조직하는 활동 경험이 있었던 스밀로비츠는 당시에 대학을 갓 졸업하고 구직 중이었다. 허리케인 대응에 기부할 돈은 없었지만, 그는 자원봉사자로 참여해 조직 활동 기술을 쓸 수 있다는 것을 깨달았다.

적십자사는 그를 미시시피에 배치했다. 그가 목격한 상황에 압도되는 데 채 몇 시간도 걸리지 않았다. 재난 후 도움은 체계가 없었고, 외부에서 온 전문가들은 현장에 도움을 줄 수 있는 현지 사람들을 외면했다. 이후 그는 자신이 목격한 현장이 너무나 전형적인 재난 대응 현장이었다는 것을 알게 되었다.

'현장에서 재난에 실제 대응할 수 있는 역량을 갖춘 그룹들'은 기부를 못 받았다고 스밀로비치가 말했다. 대신 대중에게 널리 알려진 유명한 단체들이 기부를 받았다. 그러나 이런 단체들은 지역에 관한 경험이나 네트워크가 부족해 재난에 효과적으로 대응할 수 없었다.

지역 단체야말로 현장의 필요를 가장 잘 알고, 가장 잘 도울 수 있는 위치에 있지만, "재난 이후에 쏟아지는 돈이 현장의 지역 단체로 흘러가지 않아요."라고 그가 말했다.

이런 상황을 바꾸고 싶었던 스밀로비치는 재난 책무성 프로젝트 Disaster Accountability Project(DAP)를 설립했다. DAP는 재난 후 대응 감시 기관으로 활동하며, 2013년 허리케인 샌디Sandy에 대한 대응에서 적십자사가 부족했던 점을 공론화했다. 또한 DAP는 스마트 리스폰스Smart Response라는 웹사이트를 개설해 기부자들이 재난 후 대응을 가장 잘 할 수 있는 단체를 찾을 수 있도록 정보를 제공했다.

다른 목표를 추구할 때의 효과적인 기부 전략과 마찬가지로, 재난 이후 효과적인 기부 전략은 재난으로 야기된 어려움에 가장 가까이 있는 사람들과 재난의 영향을 받은 지역사회에 뿌리내린 이들을 중심으로 해야 한다. 스마트 리스폰스는 전 세계와 미국에서 관련 정보를 적극적으로 수집해서, '어떻게 돕는지'에 대한 목록을 선별해서 보여준다. 그래서 재난이 닥치면 기부자는 지원할 지역 단체들을 재빨리 찾을 수 있다. 이 일을 시작한 스밀로비치의 비전을 실현하려면 더 많은 지원이 필요하다. 그러나 그의 노력은 재난 후 기부를 변혁할 수 있는 잠재력이 있다. 변혁은 기부하고 싶은 사람들과 이런 도움을 가장 잘 활용할 수 있는 사람들을 연결하는 것에서 시작한다.[35]

적십자사는 재난 후 대응과 관련하여 중요한 일을 빈번하게 했다. 그러므로 적십자사에 기부하는 일이 항상 잘못된 것은 아니라고 말하고 싶다. 그렇지만 재난 후 기부처의 디폴트가 적십자사가 되어야 하는 것도 아니다. 기부자가 재난의 영향을 받은 지역의 단체가 하는 이야기를 듣고, 그들에게 가장 필요한 것을 발견하는 것이 중요하다. 허리케인 하비가 닥쳤던 2017년에 낸시Nancy라는 내 동료는 뉴욕에 사는 부유한 개인 기부자와 전화통화를 했다. 당시 그녀는 휴스턴에 있는 재단의 대표였다. 낸시는 그 기부자에게 필요한 것을 이야기했지만, 그 기부자는 자기 생각이 있었다. 그 기부자는 "저는 그 일은 하고 싶지 않군요."라고 낸시에게 말했다.

"정말 웃기죠."라고 낸시는 분통을 터뜨렸다. "전 세계와 도시 전역에서 돕겠다고 하는 사람들이 넘쳐나요. 상당수의 기부는 좋은 일도 많이 했어요. 그렇지만 훨씬 많은 기부가 허비되고 있어요. 사람들이 기부한 옷 박스가 넘쳐나죠. 그런데 옷은 필요하지 않아요. 제 딸이 어떤 비영리 단체에서 자원봉사를 했는데, 말 그대로 필요 없는 기부물품을 폐기하는 일을 했어요. 그중엔 스틸레토 힐(굽이 높은 구두)도 한 켤레 있었어요. 재난 현장에 스틸레토 힐이라뇨? 말이 되나요?"

우리 모두는 돕고 싶어 한다. 그러나 재난으로 영향받은 사람들의 진짜 필요를 채워주는 방식으로 도와줘야 한다.

재난에 대응할 때 재난 예방이나 장기 재건보다 단기 구호를 우선시하는 것도 빈번하게 발생하는 잘못이다. 재난 필란트로피 센터Center for Disaster Philanthropy를 운영하는 벤 오텐호프Ben Ottenhoff는 개인이나 기관이 기부할 수 있는 기금을 조성하여 이런 방식을 부분적으로나마 바꾸었다. 이런 기금은 도움이 꼭 필요한 곳에 장기적인 관점을 토대로 시간이 걸리는 장기 재건을 지원한다.

"재난 기부의 75%는 긴급 구호에 쓰여요."라고 설명한 오텐호프는 이런 기부는 재난이 발생한 지 3일 이내에 대부분 이뤄진다고 언급했다. "미디어의 보도가 끝나면, 이런 기부도 끝나죠." 긴급 구호를 위한 모금은 너무 많이 되고, 중장기 재건을 위한 모금은 거의 되지 않는다. 현명한 기부자라면 어떤 노력을 지원할 것인지 살펴봐야 한다. 이때 재난 필란트로피 센터는 필요한 관련 정보를 제공할 수 있다.[36]

일시적으로 타격을 입히는 재난이든 계속적인 어려움이든 이에 대한 대응으로 기부할 때 현명한 기부자라면 무엇을 이루고 싶은지, 그런 접근법이 타당한지 살펴봐야 한다. 또한 다른 사람들은 어떻게 기부하는지도 알아봐야 한다. 모든 기부자는 다른 기부자들과 더 큰 기부 생태계를 함께 움직이기 때문이다.

시민권을 향한 전략적 노력

효과적으로 기부하려면 다른 사람들은 무엇을 하는지 아는 것이 중요하다. 지난 20년 동안 성소수자들의 시민권을 위해 효과적으로 노력해온 거액 기부자의 예를 들어 보자. 기부 전략을 연구하던 초기에 동료들인 케빈 볼릭과 엘리 부토는 고인이 된 로저 맥팔레인Rodger McFarlane과 면담했다. 당시에 맥팔레인은 콜로라도Colorado 덴버Denver에 위치한 길 재단Gill Foundation의 집행이사였다. 소프트웨어 엔지니어로 쿼크Quark를 창업한 팀 길Tim Gill이 설립한 길 재단은 오늘날 자산이 2억 3천만 달러이고, 매년 약 1천만 달러의 기금을 조성한다.

우리는 맥팔레인과 길 재단이 보여준 노력에 감동받았다. 그들의 접근은 완전한 전략가의 대표적인 사례로 손꼽을 수 있었다. 그래서 우리는 길 재단의 사례를 연구보고서와 자체 제작한 비디오에 담아 2007년에 개최된 CEP 콘퍼런스에서 집중조명했다. 길 재단은 성소수자들의 시민권에 집중했는데, 데이터를 기반으로 과정을 반복 학습하고 결과를 개선해나가는 접근 방식은 우리가 정의한 완전한 전략가와 일치했다.

초기에 길 재단은 몇몇 주에서 증오 범죄 법안을 통과시키기 위해 다른 기금제공기관과 수행 기관들과 함께 일했다. 그러나 결과를 모니터링한 재단은 증오 범죄 법안이 있다고 해서 성소수자를 타깃으로 한 범죄가 줄어들지 않는다는 것을 알게 되었다. 그래서 길 재단은 사법 당국과 검사들을 교육시키는 쪽으로 방향을 전환했다. 마침내 길 재단은 증오 범죄 감소를 볼 수 있었다. 길 재단의 목표는 뚜렷했고, 그들의 접근 방식은 끈질기게 전략적이었다. 길 재단은 증오 범죄 법안이 증오 범죄를 감소시킬 것이라는 그들의 가정을 끊임없이 시험해야 한다는 것을 인정했다. 그래서 그들은 반복 학습을 통해 전략을 개선할 수 있었다.

몇몇 사람들은 시민권에 집중하는 전략은 갈등을 초래한다고 주장했다. 그러나 길 재단은 그렇지 않다는 것을 보여줬기 때문에, 우리가 길 재단을 집중조명하기로 했다. 몇몇 재단의 대표들은 성소수자의 권리에 집중하는 재단의 사례를 공유한 우리의 노력에 고마워했다. 한편으론 그 콘퍼런스에 참석한 어떤 재단 리더가 나에게 다가와 '그렇게 논란이 많은' 주제는 다루지 말았어야 했다고 말하기도 했다. 그러나 이들 중 그 누구도 10년 후에 찾아올 변화의 정도를 예측하지 못했다. 이런 성공은 상당 부분 이 문제에 전략적으로 접근하고 이해관계자들을 조정한 길 재단 덕분이다. 길 재단은 에벌린 앤드 월터 하스 주니어 펀드Evelyn and Walter Haas, Jr. Fund와 다른 재단들과 연합하여 법률혼연대를 결성했다. 샌프란시스코에 있는 에벌린 앤드 월터 하스 주니어 펀드는 자산이 5억 달러인데, 리바이 스트라우스Levi Strauss의 재산으로 조성됐다. 개별적으로는 목표 달성이 어렵고 함께 연대할 때 더 효과적으로 목표를 달성할 수 있다고 인식한 기금제공기관들이 연합하여 결성한 법률혼연대는 1억 5,300만 달러의 공동 기금을 조성했다.

이 연대체는 데이터를 기반으로 효과적인 방식과 비효과적인 방식을 구분하고, 효과적인 방식을 반복하여 개선하는 방향으로 접근했다. 하스 주니어 펀드의 전직 부대표인 실비아 이Sylvia Yee는 2015년 CEP 콘퍼런스에서 평등결혼marriage equality이 그렇게 빨리 실현될 거라고 "감히 꿈도 못 꿔봤다."라고 발표했다. "우리는 단순한 시도를 작게 시작했어요."라고 말한 그녀는 그들의 접근이 "시간이 지나면서 진화했다"고 언급했다. "우리는 수행 기관과 우리 자신에게 빈둥거릴 수 있는 시간을 충분히 줬어요. 그래서 우리는 시행착오를 통해 배웠고, 이런 학습을 통해 연대체는 공동 전략을 추구할 수 있었어요."라고 그녀가 말했다.[37]

그녀는 '동등한 권리equal rights'를 강조하던 기금제공기관들의 방향이 어떻게 달라졌는지 설명했다. 그들의 연구는 이러한 메시지가 대중에게 와닿지 않는다는 것을 보여줬다. "과거 메시지들은 많은 권리와 혜택을 강조하는 경향이 있었어요. 병원 방문 같은 기본적인 권리를 포함해서요. 게이 커플은 결혼 제한 때문에 병원 방문도 못 했거든요. 그러다 2004년에 많은 주들이 주헌법 개정과 주민발의안을 통해 동성 결혼을 명시적으로 반대했어요. 우리의 좁아진 입지는 우리 이야기가 얼마나 대중에게 공감되지 않는지 보여줬죠."[38] 그래서 기금제공기관들은 사람들이 평등결혼을 어떻게 생각하는지 이해하려고 심리학 연구에 기금을 지원했다. "그 연구 결과를 토대로 우리는 중요한 인사이트를 얻었죠. 이성애자들은 결혼을 떠올릴 때 병원 방문이나 세금, 치과 보험에 대해 생각하지 않아요. 대신 우리는 사랑, 가족, 헌신을 떠올리죠."[39]

이런 인사이트는 사람들의 '마음과 생각'을 바꾸려는 캠페인의 메시지와 이미지의 변화로 이어졌다. 예를 들어 게이 자녀를 둔 부모님들은 자녀가 행복하길 바란다는 점에 주목하여 부모님들의 관점에 더 집중하기 시작했다. 이러한 관점의 전환은 대중의 생각과 정책을 바꾸는 데 기여했고, 이런 노력은 2015년에 성소수자의 결혼을 할 권리right to marry를 보장하는 미국 연방대법원의 판결로 결실을 맺었다.[40]

길 재단와 하스 주니어 펀드 그리고 다른 재단들은 비효과적인 방식을 밀어붙이지 않았다. 실제 증거와 다른데도 자기 전략이 옳다고 주장하지 않았다. 대신 그들은 전략을 학습하고 수정했다. 그들의 목표는 명확했고, 상황이 어려워도 그들은 장기적인 관점으로 접근했다. 그러면서 그들의 전략은 진화했다. 그들의 전략은 고정된 것이 아니라, 많은 사람들이 문서의 수정과 개선에 참여하여 계속 진화하는 위키wiki 문서나 구글 독스Google Doc 문서 같았다.

물론 여전히 해야 할 일은 많지만, 성소수자 권리의 진전은 절정에 도달한 필란트로피 전략의 빛나는 사례이다. 전략은 수정될 수 있다. 전략은 효과가 있는 방식을 학습하여 진화할 수 있다. 전략은 많은 행위자들에게 공유된다. 이러한 전략은 비즈니스의 전략보다 훨씬 더 어렵다.

기부자들은 필란트로피 전략의 고유한 어려움을 받아들여야 한다. 기부자들은 효과적인 방식과 비효과적인 방식을 이해하고, 이런 내용을 알려줄 수 있는 사람들의 이야기를 듣고, 더 좋아지려고 계속 반복 학습을 하면서 열심히 노력해야 한다. 전략은 쉽지 않다. 전략은 효과적인 기부의 특징인 겸손함과 배우려는 마음가짐이 필요하다. 실콕스, 힐튼 재단, 팻 레이놀드-허바드, 실비아 이, 이들은 모두 겸손하고 배우려고 한다. 문제를 해결하려는 많은 사람들과 단체들이 전략을 공유해야 한다는 점을 인정하고, 함께 연대할 때 전략을 실행할 수 있다. 독자적으로 실현할 수 있는 필란트로피는 거의 없기 때문이다. 정말 쉽지 않지만, 가치 있는 일이다.

전략이 제대로 실행될 때, 우리 사회를 성공적으로 변혁할 수 있다.

4장 정리

기부 가이드

1. **당신의 노력이 목표에 도달할 수 있도록 이끌어줄 전략이 필요하다.** 전략은 의사결정논리이다. 예를 들어 위탁보호 중인 청소년의 '입양'에 초점을 두고 지원한다면, 이들의 삶이 더 나아질 것이다. 혹은 모기장 보급을 지원하면, 말라리아로 인한 사망률을 줄일 수 있다. 효과성을 뒷받침하는 증거를 확보한 접근방식에 재원을 투입하는 것이다. 새로운 일을 지원할 때 활용할 수 있는 증거가 아직 없다면, 진행 상황을 어떻게 평가하고, 적절하게 수정할 수 있는지 확인해야 한다.
2. **기부의 좋은 전략은 비즈니스의 좋은 전략과 다르다.** 경쟁 상황이 아니라면 전략은 다르게 접근해야 한다. 기부자가 모든 것을 통제하는 것은 아니다. 다른 행위자들이 연대하여 함께 노력하고 지속적인 피드백에 반응해야 한다. 필란트로피에서 전략은 중요하다. 그래서 필란트로피의 독특한 어려움—가장 까다롭고, 복잡하고, 상호의존적인 문제들—을 인정하고 전략에 적용해야 한다. 독자적인 노선을 걷지 말고 가능하다면 기존의 이미 효과적인 전략을 지원하라.
3. **효과적인 전략이 되려면 반복하는 과정이 필요하다.** 일반적으로 필란트로피가 추구하는 문제들은 복잡하고, 상호의존적이며, 인과관계를 예측하기 어렵다. 그 결과 전략도 고정되지 않고 역동적이어야 한다. 효과적으로 기부하려면 반복 학습을

토대로 전략을 수정해야 한다.

4. **어떤 방식이 통한다고 스스로 확신하는 것으로는 부족하다.** 당신이 지원하는 비영리 단체나 당신이 돕고 싶은 사람들이 그 방식에 동의해야 한다. 비영리 단체뿐만 아니라 당신이 돕고 싶은 사람들의 이야기를 주의 깊게 듣는 것이 중요하다. 현장에 가까이 있는 사람들이 좋은 전략을 알려주고, 좋은 전략은 단체들 간에 공유된다. 때때로 재난 대응에 대한 가장 좋은 접근 방식은 재난으로 피해를 입은 지역에서 활동하는 단체에 기부하는 것이다. 지역단체는 피해를 완화한다는 공동 목표를 달성하는 데 가장 좋은 전략을 알아낼 것이다.

제5장

핵심 파트너
: 비영리 단체를 선정하고 함께 일하기

Essential Partners:
Selecting and Working
with Nonprofits

5장 핵심 파트너
: 비영리 단체를 선정하고 함께 일하기

가족들과 함께 보내기로 한 토요일 저녁, 시작은 좋았다. 부인인 로라Laura와 나는 평소보다 더 근사한 저녁을 먹기로 했다. 우리는 당시 11살인 딸 에바와 7살인 마고Margo를 데리고 이제 기억은 안 나지만, 뭔가를 축하하고 싶었던 것 같다. 우리는 케임브리지 하버드 스퀘어Harvard Square에 있는 식당을 예약했다.

딸들은 '멋진 곳'에 간다고 들떠있었고, 로라와 나는 평소 우리가 먹는 음식들보다는 훨씬 호화로운 메뉴를 한껏 기대했다. 우리 모두 평소 주말 복장보다는 잘 차려입고 식당으로 출발했다. "거기 웨이터들은 흰 장갑을 끼고 있어요?" 차 뒤에 앉은 마고가 방방 뛰어오르며 물었다. "잘 모르겠는데?" 로라가 대답했다.

우리는 조명이 어둑어둑한 식당에 재빨리 착석했다. 이 식당은 하버드 교수들이나 보스턴Boston 지역의 핵심 인사들이 좋아하는 곳이었다. 샐러드가 나오고 5분이 지났을 때, 로라와 에바가 뭔가를 쳐다보며 서로 귓속말했다. 그들이 쳐다보는 곳을 보니 세련되게 꾸미고 저녁을 즐기고 있는 노년 부부의 테이블 밑으로 쥐 3마리가 총총 지나가고 있었다. 그때, 첫 데이트를 하는 것 같은 젊은 커플의 테이블 밑으로 또 다른 쥐가 지나갔다. 다행히 그들은 눈치채지 못했다. 그런데 부엌문 옆에 다른 쥐가 또 있었다.

"엄마, 쥐가 사방에 있어요."라고 에바가 속삭였다.

우리 셋 다 이 사실을 알게 되었고, 막내인 마고만 행복하게 샐러드를 먹고 있었다. 마고도 쥐를 보았으면 행복하게 샐러드를 먹지 못했을 거다. 마고는 쥐나 다람쥐 같은 설치류 동물을 좋아하지 않았다. 그래서 로라가 마고에게 화장실에 다녀오겠다고 말한 후 식당 직원에게 조심스럽게 이 사실을 알렸다. 나는 마고가 이 사실을 알아차리지 못하도록 계속 말을 걸었다. 그런데 그 식당 직원의 반응은 너무나 실망스러웠다. 그들은 그날 오후에 있었던 행사 때 식당 문을 열어놔서 그런 것 같다며, 대수롭지 않게 여겼다. 그렇지만 그 일은 정말 큰 일이었기 때문에 그런 설명이 우리에게 납득되지 않았다. 그래서 우리는 전채 요리가 나오기도 전에 일어나 식당을 나왔다.

우리가 집에 도착한 후 나는 무엇을 했을까? 당연히 옐프Yelp부터 트립어드바이저TripAdvisor까지 내가 아는 모든 웹사이트에 들어가 그 식당에 대한 혹평을 남겼다. 그리고 그 식당에 다시는 가지 않겠다고 다짐했다. 케임브리지에는 거기가 아니어도 갈 수 있는 다른 좋은 식당들이 많았다.

왜 내가 이런 이야기를 할까? 이 이야기는 내가 하고 싶은 기부에 관한 이야기와 극명하게 대비되는 측면이 있기 때문이다.

실망스러운 식당 방문이 있었던 바로 다음 주에, 나는 CEP를 후원하는 민간 재단의 프로그램 담당자와 힘든 회의를 했다. 그 자리에서 재단 담당자는 몇 년 동안 이 자리에서 상당한 성공을 거둔 사람이 아니라, 자기가 하는 일을 하나도 모르는 사람처럼 나를 대했다. 그 사람이야말로 자기가 해야 하는 일인 회의 준비도 안 해왔는데, 몇 가지 정확하지도 않은 '사실'을 인용하면서 자기 생각에 내가 일을 잘못하고 있다고 했다. 내가 조심스럽게 반박하자, 그는 자기 생각을 더 밀어붙였다. 결국 나는 동의하는 척 잠자코 있어야 했다.

회의가 끝날 때까지 나는 조용히 화를 삭였다. 그때 옐프 같은 민간 재단에 대한 리뷰 웹사이트가 있었더라도, 나는 이 회의에 대해서는 인터넷에 아무것도 남기지 않았을 것이다.

한 글자도 안 썼다.

왜 그랬을까? 내가 그런 글을 쓰면, 내 이름을 밝히지 않아도 내가 누군지 프로그램 담당자가 알 수 있기 때문이다. 그는 담당하는 수행 기관이 12개 남짓이었는데, 다른 기관들도 나만큼 화가 났는지 알 수 없었다. 그러나 나 때문에 CEP가 기금을 유치할 수 있는 기회를 놓칠 수 없었다. CEP에 기금을 제공하는 몇 안 되는 민간 재단 중 하나였던 그 재단과 CEP에 제공할 수 있는 기금의 예산을 함께 이야기던 중이었다. 이해관계가 이렇게 얽혀 있으면, 무슨 말을 제대로 할 수 없다.

그래서 나는 그냥 자존심을 억누르고 조용히 있었다.

단체 선정

종종 기부자들은 자신이 후원하는 수행 기관에 관해 이야기할 때, 고객이라고 지칭하기를 좋아한다. 예를 들어 팔로 알토Palo Alto에 있는 피어리 재단Peery Foundation의 관리 이사인 데이브 피어리Dave Peery는 "우리는 수행 기관을 우리의 고객으로 여기고, 그에 합당하게 행동하려고 한다."라고 썼다.[1]

나는 그가 말하고 싶었던 바를 알고, 그 말 뒤에 있는 감정을 이해한다. 그러나 이런 식의 생각은 정말 타당하지 않다. 이런 식의 생각은 좋은 비유가 아니다. 기부자에게는 고객이 있을 수 없다. 고객은 재화나 서비스에 돈을 내지만, 수행 기관은 오히려 기금을 받는다. 이처럼 돈은 반대로 흐른다. 그 결과 내가 앞서 했던 두 이야기처럼, 내재된 권력관계는 전혀 다른 양상을 보인다. 비즈니스를 포함한 대부분의 업계에서는 고객이 재화나 서비스를 선택하고, 적어도 이론상 고객의 취향을 무시하면 해당 비즈니스는 그에 따른 대가를 치른다.

나는 어떤 식당에 갈지 선택할 수 있다. 그러나 비영리 단체를 이끄는 대다수의 사람들은 우리가 누구로부터 돈을 모을 것인지 선택할 수 있다고 생각하지 않는다. 어떤 사람이라도 기부하겠다고 하면, 우리는 모금을 해야 한다.

기부처인 비영리 단체와 관계를 맺을 것인지 여부는 기부자가 선택한다. 그러므로 효과적인 기부는 당신의 목표를 달성하는 데 최적화된 기부처를 현명하게 선택하는 것에서 시작한다. 그 기부처는 당신과 목표와 전략을 공유하며, 목표를 달성하기 위한 전략을 실행해야 한다. 기부를 시작할 때부터 목표와 전략이 일치하면 좋겠지만, 그렇지 않다고 해서 무리하게 요구할 수는 없다. 서로가 당면한 어려움이 다르므로, 기금제공기관과 수행기관인 비영리 단체는 협력적인 관계를 구축해야 한다. 기금제공기관에는 일을 추진할 수 있는 자원이 있고 수행 기관은 직접 실행한다는 점에서, 양측은 구별되는 각자의 강점으로 협력할 수 있다. 독특한 위치에 있는 기금제공기관은 그들의 관심 분야와 커뮤니티를 아우르며, 모임을 개최하고, 유용한 비재무적인 자원도 수행 기관에 제공할 수 있다.

당신이 잠재적 수행 기관의 목록을 작성하도록 도와줄 수 있는 다양한 출처의 정보가 있다. 당신이 자신감을 가지고 기부할 수 있도록 특정 영역에서는 비영리 단체를 높은 기준으로 검증할 수 있다. 예를 들어 당신이 철학자인 피터 싱어의 주장에 찬성한다면, 당신은 개발도상국의 빈곤 완화에 집중할 수 있다. 이 경우 당신은 기브웰GiveWell이나 더라이프유캔세이브thelifeyoucansave.org를 참고할 수 있다. 싱어가 설립한 더라이프유캔세이브는 대단히 효과적으로 일하는 비영리 단체들에 대한 정보를 제공한다. 아니면 당신은 지역 보건 인력community health promoter을 훈련시키는 리빙 굿즈Living Goods를 지원할 수도 있다. 지역 보건 인력은 집집마다 방문하여 건강 관련 물품 및 관련 교육을 제공하고 아동 사망을 일으키는 공통적인 원인에 대응한다. 아니면 당신은 주로 학교에서 구충제를 배포하여 심신쇠약을 일으키는 주혈흡충증*을 예방하

* 주혈흡충증은 주혈흡충이라 불리는 일부 편충(흡충류)에 의한 감염으로, 흡충으로 감염된 민물에서 수영하거나 목욕함으로써 감염된다. 주혈흡충증에

여, 아동 한 명당 75센트 미만의 돈으로 학교 출석률을 높이는 주혈흡충증 예방 이니셔티브Schistosomiasis Control Initiative를 지원할 수도 있다.[2] 전 세계에 있는 극빈층에게 직접 돈을 보낼 수 있는 기브다이렉틀리givedirectly.org를 통해서도 기부할 수 있다. 기브다이렉틀리는 단순하지만 매우 강력한 방식이다. 그러나 지역 사회에 직접 기부하고 싶거나 이런 웹사이트들이 다루지 않는 분야에 기부하고 싶으면 정보를 더 찾아봐야 한다.

다시 말하지만, 지역 재단도 당신이 이런 선택지를 찾아볼 수 있도록 중요한 정보를 제공한다. 또한 친구나 가족에게 이런 정보를 물어볼 수도 있다. 또한 당신이 팔로우하는 다른 기부자들이 추천하는 단체 정보를 들을 수도 있다. 이렇게 예상 기부처 목록을 작성하게 되면, 이런 기부처가 당신의 목표와 전략에 부합하는지 각각의 단체를 더 잘 이해하기 위해 더 자세히 알아보고 싶을 수 있다. 이때, 비영리 단체라면 다음 세 가지 기본 질문에 대답할 수 있어야 한다는 것을 명심해야 한다.

- 해당 단체는 무엇을 달성하려고 하는가? (목표)
- 해당 단체는 어떻게 목표를 달성하려고 하는가? (전략이나 프로그램)
- 해당 단체는 어떤 정보로 진행 상황을 평가하는가? (결과)

감염되면, 가려운 발진이 나타나고, 몇 주 후 발열, 오한, 근육통, 피로, 메스꺼움, 복통 및 감염된 기관에 따른 다른 증상들이 나타난다. 주로 남미, 아프리카, 아시아의 열대와 아열대 지역에서 2억 3천만 명 이상의 사람들에게 영향을 미친다.

가이드스타라는 웹사이트에서는 비영리 단체가 미국 국세청에 반드시 제출해야 하는 990s 양식Form 990s이라는 필수 공시 자료를 이용할 수 있다. 가이드스타는 웹사이트에 질문을 올려 비영리 단체가 답변할 수 있게 한다. 실제 많은 비영리 단체가 이러한 답변을 제공하고 있다. 비영리 단체가 제공하는 정보 수준에 따라서 가이드스타는 '투명성' 인증 표시seals of 'transparency'를 제공한다. 이러한 질문들은 아주 작은 규모의 단체도 대답할 수 있다. 예산상 행정비 비율로 단체를 평가하는 방식보다 비영리 단체가 제공하는 답변을 활용하여 평가하는 방식이 기부처를 선정하는 데 훨씬 더 효과적이다. 앞서 논의한 바와 같이 행정비 비율로 단체를 평가하는 것은 오해의 소지가 있고, 때로는 단체를 평가하는 데 역효과가 나기도 한다. 분명히 이런 평가 방식은 재무 비율을 비교하는 방식보다 어렵다. 하지만 이 방식은 결과적으로 가장 중요한 점인 단체가 실제 무엇을 달성하고 있는지를 알려준다.

7개의 핵심 항목

비영리 단체가 제공하는 정보가 당신의 목표와 전략과 일치한다면, 그 단체는 당신의 기부를 받을 수 있는 잠재적 기부처가 될 수 있다. 그러나 당신이 고액 기부를 한다면 조금 더 알아야 한다. 이전 장에서 언급했던 필란트로피스트 마리오 모리노는 2014년과 2015년에 비영리 리더 그룹을 모아 성과가 높은 비영리 단체를 어떻게 구별할 수 있을지에 관하여 논의했다. (나도 이 회의에 참석했는데, 물론 내가 기여했던 부분은 미미했다.) 이 그룹은 성과가 높은 비영리 단체를 이렇게 정의했다. 성과가 높은 비영리 단체는 돕고자 하는 사람들이나 명분을 위해 장기적으로 의미가 있고, 측정가능하며, 재무적으로 지속가능한 결과를 만드는 데 헌신하려고 존재한다.

비영리 단체의 탁월함을 보여주는 7개의 핵심 항목이 이 그룹이 작성한 문서에 포함되었는데, 이 핵심 항목은 기부자와 비영리 단체 모두에게 유용한 정보를 제공한다. 퍼포먼스 임페러티브 Performance Imperative라 불리는 이 문서의 일곱 가지 핵심 항목은 다음과 같다.

1. **용기 있게 새로운 상황에 적응하는 대표와 이사회 리더십.** 여기에는 "대표와 이사회는 의미가 있고, 측정가능하며, 재무적으로 지속가능한 결과를 만든다는 그들의 책임을 수용한다."와 "견고한 이사회는 단순한 후원자와 모금가가 아니라 적극적으로 활동하는 이사와 감사로 구성되어야 한다."와 같은 원리를 포함한다.
2. **사람 중심의 숙련된 매니지먼트.** 이 핵심 항목의 근본에는 리더가 있다. 리더는 "사명에 따른 결과를 달성하는 데 필요한 인재를 발굴하고 양성하며 이들과 관계를 맺고 이들이 계속 일할 수 있도록 지속적이고, 솔직하며, 건설적인 피드백을 구성원들에게 제공해야 한다."
3. **잘 계획되어 실행되는 프로그램과 전략.** 이 항목의 핵심 요소에는 다음 사항이 포함된다. "리더와 관리자는 쟁점과 증거 기반의 가정을 철저히 분석하여 프로그램과 전략을 선정하거나

계획한다. 종종 '변화이론theory of change'이라 불리는 증거 기반의 가정은 단체 활동이 어떻게 목적한 변화로 이어지는지 보여준다."

4. **재무 건전성과 지속가능성.** 여기에는 "이사회와 고위급 관리자는 단체 전반에 재무상 관리의무와 책무성에 관한 견고한 체계를 구축한다."와 "이사회와 관리자 그리고 직원은 단순한 활동이 아니라 목표 달성 지향적인 예산 절차를 구축하고 이에 참여한다."가 포함된다.
5. **학습 중심 문화.** 이 항목의 요소에는 "이사회와 관리자 그리고 직원은 그들이 돕고자 하는 사람들의 이야기를 듣지 않으면, 그들의 필요를 완전히 이해할 수 없다는 사실을 인식하고, 공식적인 그리고 비공식적인 방식으로 이러한 점을 배워야 한다."가 포함된다.
6. **지속적인 개선을 위한 내부 모니터링.** 이 항목의 핵심 원리는 다음과 같다. "이사회와 관리자 그리고 직원은 단체 전반적으로 그리고 각각의 프로그램에서 달성하고자 하는 결과에 가장 부합하는 양적 지표와 질적 지표를 설정하기 위해 함께 노력해야 한다."
7. **효과적인 사명 달성에 대한 외부 평가.** "리더는 평가의 핵심 역량을 갖춘 전문가가 독립적으로 수행하는 외부 평가로 내부 모니터링을 보완해야 한다."가 중요하다.[3]

이 핵심 항목은 당신의 기부처를 찾을 때 참고해야 하는 목록이다. 나는 일부만 인용했지만, 퍼포먼스 임페러티브는 각 항목별 세부 사항을 제시한다. 각 항목에 수록된 자기평가지로 비영리 단체는 각 항목에 대하여 스스로 평가해 볼 수 있다. 모든 항목에서 탁월한 비영리 단체는 극히 드물지만, 이 핵심 항목은 비영리 단체의 역량을 측정할 때 좋은 참고 자료가 된다. 당신이 비영리 단체에 상당한 기부를 한다면, 단체의 리더가 퍼포먼스 임페러티브의 일부 항목을 달성하는 데 어려움을 겪고 있을 수 있다는 점을 알아야 하고, 이를 개선하기 위해 당신이 도울 수 있는 점이 있는지 그들에게 물어야 한다.

이 모든 과정에서 해야 할 일이 많아 보일 수 있다. 실제 해야 할 일이 많다. 당신이 정말 상당한 액수의 기부를 한다면 "당신은 기부처와 시간을 보내야 해요."라고 마리노는 조언했다. "기부처를 검증할 필요가 있고, 이를 위해서는 그들과 시간을 보내야 해요."[4]

어떤 단체를 지원해야 할지 알기 어렵다. 우리가 앞으로 논의할 것처럼, 비영리 단체의 역량을 평가하는 것은 간단하지 않다. 단체가 달성하고자 하는 목표에 따라 평가에 대한 접근 방식이 천차만별로 다양하기 때문이다. 그래서 다양한 기관의 효과성을 비교할 수 있도록 공통의 평가 기준을 통해 정보를 정리해서 제공하는 모닝스타Morningstar* 같은 기관을 비영리 섹터에 새롭게 만들려는 시도는 오해의 소지가 있고, 필연적으로 실패할 수밖에 없다.

* 모닝스타(Morningstar Inc.)는 미국 시카고에 본사를 둔 독립적 투자리서치 회사로 투자자들이 여러 가지 펀드 분석툴을 활용한 국내외 펀드 관련 투자 정보에 객관적으로 이해하기 쉽게 접근하도록 지원한다.

작지만 효과적인 단체

당신이 특정 지역 사회의 구체적인 문제에 집중한다면, 비록 모금 전담 인력이 없거나 유명세가 없어 알려지지 않았지만, 놀라운 일을 해내는 작은 단체를 간과하면 안 된다. 휴스턴Houston에 있는 에피퍼니 커뮤니티 헬스 아웃리치 서비스Epiphany Community Health Outreach Services(ECHOS)가 그런 단체이다. ECHOS는 집행 이사인 캐시 무어Cathy Moore가 '극빈에 처한 취약한 가정'이라고 일컫는 사람들을 돕기 위해 1999년에 설립되었다. ECHOS는 "삶을 개선할 수 있는 보건, 사회, 교육 자원과 그것이 필요한 사람들"을 연결한다.

ECHOS의 서비스는 어린이 면역, 혈압 체크, 혈당 검사, 어린이 건강 검진, 시력 검사, 치과 치료를 망라한다. ECHOS 직원은 수혜자들이 빈곤층을 위해 행정 당국에서 운영하는 보건의료 프로그램이나 식료품 지원 및 각종 혜택을 받을 수 있도록 서류 작성을 돕는다. ECHOS는 푸드 팬트리food pantry 프로그램으로 기부식품을 배포하거나, 영어 수업이나 컴퓨터 수업을 개설하거나, 가정폭력 지원그룹을 결성하는 등 사람들의 기본적인 필요도 돌본다. ECHOS는 직원 9명과 50만 달러의 예산으로 모든 잠재적 수혜자의 필요에 대응하려고 애쓴다. 수혜자의 상당수는 적법한 체류 자격이 없거나, 절박한 도움이 필요한 사람들이다.

ECHOS 직원들이 일하는 모습을 보면 효과적으로 일한다는 것이 어떤 것인지 알게 된다. ECHOS는 단체의 모든 구성원들이 사명에 집중하여 탁월하게 실행한다. 나는 2018년 6월의 어느 무더운 날에 ECHOS의 사무실이 있는 에피퍼니 성공회 교회에 방문했다. 오전 7시 15분밖에 안 되었는데 기온은 벌써 섭씨 30도를 웃돌았다. 수수하고 비좁은 사무실에는 직원들이 이미 자리에 앉아 그날 일과를 논의하고 있었고, 사무실 밖에서는 ECHOS가 문을 여는 오전 8시를 기다리는 사람들의 줄이 점점 길어졌다.

느긋한 리더십을 보유한 무어는 회의할 때 직원들이 갑자기 질문을 쏟아부으며 중간에 끼어드는 것을 허용했다. 다양한 서비스를 기다리는 수혜자들에게 어떻게 공정한 기회를 보장할 것인지에 관한 토론이 벌어지면, 무어는 자기 방식을 고집하지 않고 직원의 문제 제기에 바로 마음을 바꾸기도 했다. “당신이 옳아요. 정말 그렇네요. 자, 그러면 당신이 말한 대로 해 볼까요?”라고 그녀는 말했다. 그녀는 자기 직원들을 믿었다. 직원들은 자기 일에 대한 열정이 있었고, 서로를 배려했다.

8시가 되자 무어는 대기실로 성큼성큼 걸어 들어가 상황을 살폈다. 그날 대기자 수를 가늠하니, 가장 붐비는 날에 비하면 대기자가 적은 편이라고 했다. 이미 대기자가 25명이 넘었는데, 그러면 가장 붐비는 날은 얼마나 복잡한 걸까? 나는 궁금해졌다. 분위기는 고요했지만 팽팽한 긴장감이 감돌았다. 머리를 숙여 인사했던 라틴계 할머니는 어린 손자와 함께 왔는데, 키가 크고 문신을 최소 10개 넘게 하고 찢어진 티셔츠를 입은 20대 백인 청년이 이 할머니 옆에 앉았다. 출입구 쪽 휠체어에 앉아있던 중년 남성은 완벽한 바이크 복장을 차려입은 베트남전 참전 군인이 걸어 들어오자 자리를 비켜주었다. 그때 키가 158센티미터에 불과한 무어의 쩌렁쩌렁한 목소리가 적막을 깨뜨렸다.

“환영합니다! 어서 오세요! ECHOS에 오신 여러분을 환영합니다. ECHOS에 잘 오셨어요."라고 무어가 영어로 말하자, 그녀의 동료가 스페인어로 통역했다. 사람들이 ECHOS에 오고 싶어서 온 것이 아니라는 것을 무어가 잘 알면서도 모든 사람을 존엄하게 대하고 싶었고, 말할 때도 그들을 존중하고 싶었으리라고 생각한다. 그녀는 도움이 필요한 사람과 도와주려는 사람 사이의 권력 관계를 전환하려고 애썼다.

"때때로 당신이 여기에서 오래 기다려야 한다는 것을 우리도 알아요. 그 점에 관해 사과드리고 싶어요."라고 말한 무어는 불필요하게 기다리는 사람이 생기지 않도록 한 직원에게 대기실에 있는 모든 사람의 서류를 확인하라고 언급했다. "애써 기다렸는데 필요한 서류가 없다는 확인만 받고 돌아간 경우가 이전에 있었을까요?"라고 그녀가 물었다.

"저 그런 적 있어요."라고 찢어진 티셔츠를 입은 남자가 대답했다. "그렇지만 그건 제 잘못이었죠. 제가 미리 챙겼어야 했는데."

"아니에요. 그런 일은 **우리** 잘못이에요."라고 무어가 말했다. "그건 우리 잘못이고, 여러분이 주신 피드백을 기반으로 우리는 달라지려고 해요. 우리는 기다릴 필요가 없는데 기다리는 사람이 없었으면 좋겠어요. 그래서 지금 우리는 여러분 모두 서류를 가져오셨는지 가장 먼저 확인해요. 불필요하게 기다리기 전에 필요한 서류를 가져오도록 돌려보낼 수 있거든요."

"아니에요. 진짜 제 잘못이에요."라고 그 남자가 말했다.

"아니에요. 우리 잘못이라니까요."라고 무어가 말하자, 모두 웃기 시작했다.

갑자기 대기실의 분위기가 바뀌고, 사람들은 미소를 띠고 고개를 끄덕였다. 다른 직원이 사람들에게 사탕을 돌렸다. 무어는 자신이 하는 일을 정확히 알았다. 직원들이 모든 이용객들에게 도움을 줄 수 있도록 신뢰와 호감을 쌓았다. 이어지는 몇 시간 동안 ECHOS 직원들은 이용객을 개별적으로 만났고, 좀 더 많은 사람들이 도착했다.

행정 당국의 보건의료 프로그램의 자격 갱신에 필요한 도움을 받으려고 온 30대 남자에게 자격을 갱신하지 못하면 어떻게 되는지 물었다. "의료비를 내느라 빚을 질 것 같아요."라고 그가 답변했다. ECHOS 직원들 중 두 명은 이전의 수혜자였다. 열다섯 살 때 처음 이 단체의 문을 두드렸던 유리 발렌수엘라Yuri Valenzuela는 "저는 ECHOS가 저에게 베풀어준 것을 돌려주고 싶어요."라고 말했다. 그녀는 30대에 자원봉사를 시작해서, 이제는 전임 유급 직원으로 일하고 있다.

제니스 기롤라Janice Guirola는 접수창구에서 코디네이터로 1주일에 12시간 동안 일한다. 그녀는 실직 후 6개월이 흐르고 ECHOS의 푸드 팬트리에 식료품을 받으러 올 만큼 절망적일 때 무어를 만났다. 기롤라가 얼마나 사교적이고 스페인어와 영어를 완벽하게 구사하는지 알게 된 무어는 그녀를 채용했다.

ECHOS 같은 단체는 수혜자들 사이에서는 잘 알려져 있다. 내가 이야기했던 많은 수혜자들은 어떻게 ECHOS를 알게 되었는지 물었을 때 '친구' 또는 '아미고(스페인어로 친구)'라고 똑같이 대답했다.

그러나 기부자들은 ECHOS에 대해 잘 모른다. ECHOS는 찾아내기 어렵고, 널리 알려진 것도 아니다. "이렇게 작은 단체를 운영하는 것은 진짜 어려워요. 여러 역할을 동시에 해내야 하거든요."

라고 무어가 말했다. "수혜자를 만나는 데에는 아무런 어려움이 없는데, 모금은 잘 하기 어려워요."라고 그녀가 말했다. 그녀는 가끔 사람들이 새벽 5시부터 ECHOS 문 앞에 와서 기다린다고 언급했다. "기부자요? 그렇게 많지 않아요." 다행히 휴스턴에 있는 성공회 의료 재단Episcopal Health Foundation이 ECHOS에 배분한 기금은 매우 유용하나, ECHOS에는 여전히 더 많은 도움이 필요하다. 무어는 모금 전담 직원을 채용하여 단체를 운영하기에도 너무 바쁜 자신이 모든 일을 다 하지 않아도 되길 희망한다.

기부자는 목표와 전략에 부합하는 비영리 단체 중 운영이 잘 되고, 변화를 만들고 있지만 잘 알려지지 않은 단체를 찾으려고 노력해야 한다. 그런 단체는 조용히 제 할 일을 다 하고 있다. 당신은 지역 사회에 관해 알아보고, 가능하면 해당 단체에 방문해 시간을 보내면 좋다. 그런 후 당신의 지역에서는 어떤 민간 재단이 그 비영리 단체를 지원하고 있는지 자세히 살펴보라. 특정 지역 재단과 몇몇 중요한 민간 재단이 당신의 지역에 집중하고 있을 수도 있다. 이런 재단들의 잠재적인 수혜 단체를 확인한 후에 시간이 있고 비영리 단체에 대해 더 알아볼 의향이 있는 개인 기부자들은 해당 단체에서 자원봉사를 해보면 더 좋다.

내가 ECHOS를 방문한 날, 은퇴한 변호사인 밥 베넷Bob Bennett이 자원봉사를 하고 있었다. 허리케인 하비가 닥쳤을 때 ECHOS가 보여준 역할, 도움이 필요한 사람들을 도왔던 직원과 자원봉사자들의 위기 대처 방식에 자긍심을 가진다고 그가 말했다. 베넷은 ECHOS가 제공하는 시력 검사에 필요한 물류를 담당하는 코디네이터였다.

"당신은 변화를 만들고 있군요."라고 내가 언급했다.

ECHOS의 기부자이기도 한 베넷은 약간 당황하며 하던 말을 멈추고 나를 골똘히 쳐다보았다. "아니죠. 이들이 저를 위한 변화를 만들어주고 있죠."라고 그는 말했다.[5]

실제 자원봉사는 강력한 경험이다. 자원봉사자와 자원봉사를 할 수 있는 기회를 연결하는 볼런티어매치VolunteerMatch라는 웹사이트의 대표인 그렉 볼드윈Greg Baldwin은 자원봉사는 '미국의 아주 중요한 사회 현상'이라고 언급했다. 미국인의 약 1/4이 매년 자원봉사를 한다.

물론 자원봉사를 하려는 단체에서 당신의 도움이 절실하게 필요한지 확인하는 것이 먼저다. 2015년에 「보스턴 글로브*Boston Globe*」에 실린 글은 비영리 단체 직원들이 그들에게 필요한 방식으로 돕지 않는 회사 봉사단이 자원봉사를 하러 오면 골머리를 앓는다고 언급한다. 그러나 회사의 필란트로피적 지원이 필요한 비영리 단체는 그들의 방식대로 자원봉사를 그냥 진행한다. 이러한 사례는 지원하는 사람과 지원받는 사람 사이의 강력한 권력관계를 암담하게 보여준다. "사진만 잘 찍고 연차보고서에 선하게 보여주면 끝이라는 것이 회사 봉사단의 불편한 진실이다. 그렇지만 이런 행태를 껄끄럽게 여기는 비영리 단체들은 뒤에서 고통받고 있다."라고 글로브 기자인 사샤 파이퍼Sacha Pfeiffer가 썼다.[6]

물론 당신의 관심사와 단체의 필요와 기대가 서로 부합한다고 주의 깊게 확인한다면 이렇게 되지 않을 것이다. 서로의 관심사와 필요가 부합하면, 자원봉사는 변화를 만들 수 있는 대단한 방법이다. 자원봉사는 기관에도 도움이 되고 당신에게도 좋다. 자원봉사는 행복과 건강과도 상관관계가 있다고 알려졌다. 또한 자원봉사는 당신이 더 좋은 기부자가 되도록 도울 수도 있다.

"일종의 현장 연구 같은 거죠."라고 볼드윈이 말했다. "자원봉사는 당신을 더 효과적으로 움직이도록 해줘요. 자원봉사는 기부의 중요성을 일깨워주고, 의미와 정서적 연결감 및 이 분야에 대한 기본 소양을 주죠."[7] 또한 자원봉사는 단체가 어떻게 운영되는지, 어떤 사람들이 직원으로 일하는지, 단체가 달성한 결과는 무엇인지 가까이에서 보게 해준다. 당신에게 시간이 있다면, 자원봉사는 해볼 만한 가치가 있다.

결국, 적합한 비영리 단체를 선정하고 단체와 견고한 관계를 구축해가는 과정은 효과적인 기부에 꼭 필요하다. 이런 과정이 화려하지 않고 최신 유행과 맞지 않아도 이 과정을 제대로 밟아야 당신이 추구하는 필란트로피 목표에 한 걸음 더 다가갈 수 있다.

독특한 관계

어떤 단체에 증여나 기부를 하기로 마음먹었는데 특별히 고액 기부를 하려고 할 때, 앞에서 살펴본 고객과 수행 기관의 비교와 같은 부적절하고 강력한 권력관계가 생길 수 있다. 우리가 설문조사를 실시했던 어떤 비영리 단체의 리더가 말하길 민간 재단은 '엘리트주의자'이고, "실상은 잘 모른다."라고 했다. 그는 재단의 직원들은 "자기들만의 우선순위가 있고, 자신들이 사회 문제를 해결할 수 있다는 오만한 태도로 재단을 운영한다. 그리고 자신들이 돕고 있다고 주장하는 주민들과 실제 협력하지는 않는다."라고 말했다. 이런 정서를 바탕으로 나는 수년간 비영리 단체가 고액 기부자, 특히 민간 재단에 대한 피드백을 익명으로 할 수 있는 곳이 필요하다는 이야기를 많은 사람에게 들었다. 나에게 처음 이 아이디어를 언급한 사람은 이런 곳이 식당 가이드인 자가트Zagat(현재 가장 널리 알려진 옐프)와 비슷하다고 했다. 최근 그랜트 어드바이저GrantAdvisor라는 웹사이트는 이런 생각을 구현했다. 내가 이 글을 쓰는 시점에 이 사이트가 개설되어 운영된 지 일 년이 흐르고 꽤 많은 관심도 받았지만, 20개 이상의 리뷰를 받은 재단은 극소수이며, 이렇게 받은 리뷰는 대부분 칭찬 일색이다. 이는 비영리 단체 리더들이 솔직하게 리뷰하면, 난관에 봉착할 수도 있다고 여기기 때문이다.

17년 전, CEP가 시작했을 때, 동료들과 나는 수많은 거액 기부자들을 만났다. 그들은 자신들이 지원하는 비영리 단체가 그들과 함께 일하는 것을 어떻게 생각하는지 정말 몰랐다. 그들은 자신들을 인정하는 반응으로 가득 찬 거품 속에 있다는 것을 이해했다. 그들 주변 사람들에게는 그들이 듣고 싶어 하는 말을 해줄 충분한 인센티브가 있다. 많은 기부자들이 이런 사실을 알게 되면 불안해한다. 기부자들이 생각한 대로 효과적으로 지원하고 있는 비영리 단체들을 정말 돕고 있는 것인지, 지원하는 비영리 단체가 그들과의 의사소통이 명확하다고 생각하는지, 기금제공기관의 경우 기금 신청 절차가 유용한지 아니면 시간 낭비인지, 기부자들은 진정 알고 싶어 한다. 이런 사실을 모르면 기부자들은 불편해진다. 기부자들은 자신들이 지원하는 비영리 단체와 함께 만드는 일이 더 효과적으로 개선될 수 있도록, 이런 사실을 정말 알고 싶어 한다.

이러한 요구에 대응하여, 우리는 수행 기관이 민간 재단을 비교할 수 있고 비밀이 유지되는 설문조사를 개발했다. 향후 수행 기관 인식 보고서GPR로 발전한 이 설문조사는 신뢰할 수 있는 제삼자만이 수행 기관의 솔직한 답변을 끌어내고, 수행 기관의 개별 신원을 보호할 수 있는 비밀 유지가 가능하다는 생각을 기반으로 한다. 수행 기관이 일반적인 기부자를 아무리 냉소적으로 받아들인다 해도, 많은 항목을 절대평가로 평가할 때 자기 단체를 지원하는 기금제공기관은 높게 평가한다. 따라서 결과를 비교할 수 있을 때만 기부자가 결과에서 배울 수 있다. 이는 유권자들이 국회와 국회의원을 인식하는 방식과 거의 차이가 없다. 대체로 유권자들은 국회를 불신하지만 특정 국회의원에게는 긍정적인 태도를 취할 수 있다. 그러므로 핵심 질문은 수행 기관이 기금제공기관을 평가할 때, 상대적으로 다른 수행 기관들은 그 기금제공기관을 어떻게 인식하는가이다.

이 질문에 대한 답은 일종의 비교 데이터를 통해서만 얻을 수 있다. 민간 재단이나 유나이티드 웨이 혹은 패밀리 오피스의 사회공헌팀이 수행 기관의 입장에서 자신들의 강점과 약점을 이해하고, 그에 상응한 조치를 취할 때 비교 데이터를 얻을 수 있다. CEP 이사인 필 주디체Phil Giudice의 격려와 지도를 받아, 나는 동료들인 케빈 볼덕, 주디 후앙Judy Huang과 함께 GPR 설문조사를 개발하고 반복하여 실시했다. 이 과정에서 기금제공기관들의 많은 지원이 있었다. 이 설문조사는 우리 생각보다 훨씬 빠르게 확산되었다. 기금

제공기관과 수행 기관의 관계 개선에 기여할 수 있는 정보와 솔직한 피드백을 받고자 하는 기금제공기관이 많았기 때문이다. GPR을 통해 기금제공기관은 다른 기금제공기관에 비해 자신들의 기관이 수행 기관에게 어떻게 비치는지—좋은지, 나쁜지, 최악인지— 비로소 이해할 수 있었다. 우리도 GPR을 통해 비영리 단체들의 인식을 알게 되고, 고액 기부자나 소액 기부자 모두를 위한 인사이트를 제공하는 비교 데이터를 확보했다.

프로그램뿐만 아니라, 단체를 지원하라

우리는 수행 기관이 고객도 아니고, 투자처도 아님을 알아보았다. 수행 기관을 지붕을 고치는 용역자contractor에 비유하는 것도 세 번째로 자주 언급된다. 수행 기관을 빗댄 고객, 투자처, 용역자 중 이 '용역자' 비유가 가장 부적절하다.

기부자가 수행 기관에 특정 임무를 맡기고 싶어 하거나, 그들이 지원하는 단체가 탄탄해지는 등의 장기 계획에는 관심이 없는 경우가 실제 있을 수 있다. 재단이나 개인이 추구해야 할 전략처럼 특정 주제에 관한 연구 과제가 이런 경우이다. 예를 들어 스튜어트 재단이 나이가 든 가정위탁 청소년의 입양을 활성화할 수 있는 지역을 알아보려고 할 때, 대학이나 관련 연구소가 이런 연구를 하기에 가장 적합할 수도 있다. 이런 기관들은 기부자가 특정 이해관계를 장기적으로 가질 필요가 없기 때문이다. 이런 사례와 유사하게, 비영리 수행 기관들이 기금제공기관을 위한 특정 임무를 수행하며 실제로는 용역자처럼 일할 수도 있다.

폴 브레스트와 할 하비가 이야기한 '서비스 구매'가 그러한 방식의 기금 지원이다.[8] 특히 재단 같은 기부자가 이런 방식으로 비영리 단체를 지원할 때에는 기금의 집행 방식에 대한 명확한 규정 등의 제약이 있는restricted 기금이나 기부가 가장 좋은 방법이다. 그러나 오늘날 고액 기부자들에게 이런 방식의 접근이 기본값이라는 점이 문제다. 대다수의 재단들은 이런 종류의 기금을 통해 비영리 단체를 지원한다.

수만 개의 수행 기관을 조사한 CEP 데이터에 따르면, 65%의 기금이 자금 집행에 제약이 있는 프로그램 지원의 범주에 해당한다. 겨우 20%의 기금만 일반 지원general support이거나 무제약unrestricted 기금이다. (그 외 잔여 기금은 역량 강화나 기본 재산 출연 같은 특정 목적성 기금이다.) 재단 센터Foundation Center 데이터도 이와 유사한 패턴을 보여준다. 또한 1장에서 언급한 것처럼, CEP와 재단 센터 데이터는 매년 거의 변화가 없다.

그러나 이는 타당하지 않다. 만약 비영리 단체가 기부자와 목표와 전략을 공유한다면, 비영리 단체가 가장 적합한 곳에 자원을 할당할 수 있어야 한다. CEP의 조사에 따르면, 기부자가 비영리 단체에 긍정적인 임팩트를 만들기 위해서는 기금을 조성하거나 기부할 때 다음 세 가지 측면을 고려해야 한다는 수행 기관의 입장을 보여준다.

- 기부되는 기금은 무제약이어야 한다.
- 다년도 사업을 위한 기금이어야 한다.
- 기금은 고액이어야 한다.

물론 기부자가 이러한 세 가지 측면을 모두 충족해야 하는 것은 아니다. 각각의 측면은 모두 단체에 유용하다. 물론 기금이 세 가지 측면을 동시에 충족한다면 비영리 단체에 훨씬 더 유용할 것이다. 그러나 그런 기금은 찾기 어렵다. CEP 데이터에 따르면, 다년도 사업을 위해 매년 10만 달러 이상 기부되는 무제약 기금은 8% 미만이다. CEP가 조사한 재단 수백 개의 기금의 2% 미만이 이런 특징을 가진 기금이다.

왜 이런 기금이 중요할까? 1장에서 언급한 유텍의 그렉 크루토에게 가장 어려운 점이 무엇인지 물었다. 유텍은 갱단에 연루된 청년들과 함께 일하는 단체이다. 크루토는 조금도 망설이지 않고, "직원들 월급을 충분히 못 줘요."라고 대답했다. 그의 직원들은 거리에서 일하며 갱단 멤버와 어울려야 하는데, 이는 잔혹하고 힘든 일이다. 그들은 총기 사고 후 병원 병실이나 장례식장에 찾아가고, 감옥에 있는 청년들을 면회하며, 싸움을 중재한다. 그런데 그들의 연봉은 겨우 4만 달러 정도이다. "핵심 직원들의 급여를 인상하려면, 재정이 지금보다 훨씬 늘어야 해요."라고 그가 나에게 말했다. 만약 그렇게 된다면, 크루토는 가장 적합한 인재를 쉽게 찾게 되고 직원들의 근속 기간도 늘어날 것이다. 이렇게 하려면 그에게는 장기간 지원하는 무제약 기금이 더 많이 필요해진다.[9]

우리 조사 과정에 참여했던 한 수행 기관은 이렇게 설명했다.

"저희도 재단에서 기금을 계속 받았어요. 그런데 각각의 기금이 단년도 사업이에요. 이런 사업 구조에서는 전문성을 가진 직원을 채용하기 어려워요. 직원들도 안정적인 직업이 필요하잖아요. … 역량이 있는 젊은 리더들도 부양해야 할 가족이 있어요. 이런 불안정한 상황에서는 좋은 사람들을 채용하기 어려워요." 또 다른 기관은 이렇게 썼다. "다년도 운영 기금을 확보하지 못하면, 일이 제대로 굴러가지 않아요. 단체가 지속가능하게 안정되려면, 이런 다년도 운영 기금이 정말 필요해요. … 저희는 2개의 다년도 사업 기금을 받아요. 이런 다년도 기금이 있으면, 직원들의 근속이나 사업 계획이 훨씬 쉬워져요. (직원들이 자기 역할을 잘 감당하려면) 누군가를 채용할 때 일자리가 1년 이상 보장되어야 하잖아요."

물론 와인가르트 재단Weingart Foundation, 휴렛 재단Hewlett Foundation, 오크 재단Oak Foundation, 오미디아르 네트워크Omidyar Network, 마거리트 케이시 재단Marguerite Casey Foundation 같은 상당수의 재단은 30% 혹은 그 이상의 수행 기관에게 이런 종류의 운영 기금을 지원한다. 더불어 최근 몇몇 대형 재단은 수행 기관에게 지원하는 무제약 기금의 비율을 상당한 수준으로 높이겠다고 발표했다.

그러나 다른 많은 재단들은 비영리 단체의 이런 요청에 침묵하고 있다. "우리는 기금을 조성하는 재단이나 기금제공기관 커뮤니티 밖에 있는 비영리 단체나 다른 커뮤니티 관계자들이 하는 이야기를 들으라고 조언해요. 우리 사회의 문제를 해결하기 위해 함께 노력하는 비영리 단체와 관계자들의 노력을 저해하지 않고, 도우려면 어떤 지원이 필요한지 그들이 하는 말을 들어야 하죠."라고 우리의 수행 기관 조사에 참여한 어떤 단체가 답변했다. "이러한 태도는 간접행정비를 지원하지 않거나, 다년도/지속적인 기금을 지원하지 않거나, 반기가 지날 때까지 예산의 50%를 지급하지 않고 보류하는 등의 엄격하고 경직된 지원 기금 규칙을 정할 때 특히 중요해요." 또 다른 수행 기관은 "입증된 실적을 보유한 비영리 단체에게 보다 지속적인 기금을 지원해주세요. 많은 기금제공기관들이 새로운 프로그램만 지원하려고 해요. 물론 이것도 좋아요. 그렇지만 성공적인 실적을 보유한 단체들이 검증된 프로그램을 운영하기 위해서는 보다 장기적인 기금이 필요해요."라고 기금제공기관에게 간곡히 요청했다.

담당자가 있는 재단에 비해 개인 기부자들은 기부 후에 기부금이 어떻게 사용되는지 추적하기 어렵기 때문에 무제약 기금을 기부하는 경향이 있다. 그러나 여전히 많은 개인 기부자들은 기부처를 정할 때 단체의 성과보다 '행정비 비율'에 집중한다. 개인 기부자는 성과에 대한 증거가 있는 신뢰할 만한 단체를 지속적으로 지원해야 한다. 기부하는 분야가 무엇이든, 당신의 관심사를 실현할 수 있는 강력한 조직이 필요하기 때문이다. 따라서 기부자는 단체가 탄탄해질 수 있는 방식으로 기부해야 한다.

여전히 많은 기부자들은 비영리 단체와 강력하고 신뢰할 수 있는 관계를 맺기보다 그 반대 접근법이 더 좋은 결과를 가져온다고 여기는 것 같다. 자신이 기부하는 지역 재단에 관하여 CEP가 실시한 설문조사에 응답했던 한 개인 기부자의 예를 들어보자. 그 개인 기부자가 지역 재단에 개설한 기부자조언기금DAF을 통해 한 비영리 단체가 지원을 받았다. 그 개인 기부자는 자신의 기금을 기부받은 비영리 리더가 "그 재단과 가진 조찬 모임이 일 년 중 가장 까다로운 만남이었고, 가장 많은 시간과 노력을 들여 그 만남을 준비했다고 말했거든요. 기부자의 한 사람으로서 이런 일은 매우 좋은 소식"이라고 응답했다.

그러나 좋은 소식이 아닐 수도 있다. 기부자와 비영리 단체 간의 지나친 대립적인 역학 관계는, 비영리 단체의 효율성을 저해할 수 있다.

비영리 단체가 중요하게 여기는 가치

우리는 수행 기관 인식 보고서GPR를 만들 때, 다양한 상호 작용과 인식을 포괄적으로 다루는 설문조사 도구를 개발했다. 설문조사의 질문은 다음과 같은 주제를 다뤘다.

- 재단이 분야, 커뮤니티, 단체에 미치는 임팩트에 관한 수행 기관의 인식
- 사업 선정, 보고, 평가 절차
- 의사소통 및 상호작용
- 기금 이외의 업무 지원

현재 약 320개의 기관 기부자가 GPR을 사용하고 있는데, 이 중 상당수는 자체 발전 정도를 측정하려고 GPR의 조사를 주기적으로 반복하고 있다. CEP는 수행 기관을 대상으로 기밀이 유지되는 온라인 설문조사를 실시하고, 다른 설문조사 응답과 종합한 결과

를 보고하고 있다. 우리는 주관식 답변에서 식별 정보를 제거하고, 정량적 수치와 정성적 데이터를 인터랙티브 포털interactive portal을 통해 재단에 전달한다. 이 포탈에서 재단은 동료 그룹을 선택하고, 프로그램 영역이나 지역으로 세분화된 결과를 실시간으로 탐색하여, 그들의 결과를 다른 재단의 결과와 비교할 수 있다.

데이터 세트에는 수만 건의 수행 기관 설문조사가 포함되어 있어, 이를 통해 비영리 수행 기관에게 무엇이 중요한지 조사할 수 있다. 주요 측정 항목 중 하나는 기금제공기관과의 관계에 대한 수행 기관의 의견으로, 분석 결과 특히 중요하고 관련성이 높은 다섯 가지 항목에 관한 설문조사 질문을 종합하여 보여준다. 다섯 가지 항목에는 처우가 공정한지, 문제 발생 시 기금제공기관에 쉽게 접근할 수 있는지, 어떻게 응답하는지, 전략과 목표를 명확하게 의사소통하는지, 일관적인 정보를 제공하는지가 포함된다. 설문조사에는 다른 많은 질문이 있지만, 이 다섯 가지 질문으로 '관계 측정relationships measure'을 구성한다.

무엇이 좋은 성과를 가장 잘 예측하는지 관계 측정으로 이해하면, 비영리 단체가 무엇을 중요하게 생각하는지 알 수 있다. 이러한 인식은 개인 기부자에게도 광범위하게 적용할 수 있다. 우리가 보기에 가장 중요한 요소는 이해와 투명성이다.

- **이해:** 설문조사는 이해의 다양한 차원을 파악한다. 수행 기관의 목표, 전략, 애로사항에 대한 이해, 수행 기관이 일하는 분야와 커뮤니티에 대한 이해, 수행 기관의 일과 예상 수혜자의 필요에 영향을 미치는 사회적, 문화적, 사회경제적 요인에 대한

이해, 기부자가 예상 수혜자의 필요를 깊이 이해하고 기금의 우선순위에 이런 필요를 어느 정도 반영하고 있는지에 대한 이해가 포함된다.

- **투명성:** 투명성은 목표와 전략뿐만 아니라 기부자가 효과가 있는 것과 없는 것을 배울 수 있도록 핵심을 명료하게, 공개적으로, 정직하게 제공하는 것이다. 비영리 단체는 많은 기부자들이 자신들과 다르게 분야, 커뮤니티, 기관을 볼 수 있는 위치에 있다는 것을 이해한다. 그리고 최고의 기부자는 그들이 배운 점을 다른 기금제공기관과 그들이 지원하는 수행 기관에 공개적으로 공유한다.

이해와 투명성을 확보하기란 어려운 일이다. 기금을 지원받는 수행 기관과 그들의 상황을 이해하려면 많은 시간과 노력이 필요하고, 무엇보다 많이 경청해야 한다. 무엇이 효과가 있는지, 없는지와 같은 중요한 정보를 공유하려면 먼저 정보를 수집하고, 그 정보를 명확하고 유용한 방식으로 제공해야 한다. 이러한 접근 방식은 복잡한 평가 보고서의 핵심을 요약하거나, 일반인이 이해하기 쉬운 용어로 설명하는 것을 뜻하기도 한다. 비영리 단체는 복잡한 시스템과 커뮤니티를 통찰하는 기금제공기관의 고유한 능력을 중요하게 생각한다. 기금제공기관들의 고유한 위치는 비영리 단체가 단체를 둘러싼 거시적 상황을 바라보고, 다른 기관이나 이해관계자들과 관계를 맺도록 도울 수 있다.

그러나 이러한 것으로 충분하지 않다. 우리 분석에 따르면, 세

가지 다른 요인도 중요한 것으로 나타났다.

- 비영리 단체가 기금제공기관의 사업 선정 절차를 얼마나 유용하게 여기는지
- 기금제공기관이 전략에 대한 새로운 아이디어를 얼마나 개방적으로 받아들이는지
- 기금을 유치하기 위해 비영리 단체의 제안서를 수정해야 한다는 압박을 얼마나 받는지(이런 압박은 적을수록 좋다)[10]

이러한 요인은 지원하는 수행 기관과 굳건한 관계를 맺는 데 도움이 된다.

이쯤 되면 굳건한 관계를 맺기 위해 해야 할 일이 많은 것처럼 들린다. 실제로 할 일이 많다. 그러나 규모와 유형에 관계없이 모든 기부자는 이 일을 잘할 수 있다. 샌프란시스코에 있는 작은 재단인 휘트먼 인스티튜트The Whitman Institute(TWI)는 연간 백만 달러의 기금을 집행한다. 그런데 TWI는 수혜자가 평가하는 관계 측정의 비교 데이터베이스에서 최상위 1퍼센트에 속했다. TWI의 공동 집행 이사인 존 에스테를John Esterle은 영향력에 관한 대화에서 관계를 '아이들의 테이블에서 어른들의 테이블로' 옮겨야 할 때라고 제안한 중요한 글의 공저자이기도 하다.[11]

TWI의 수행 기관들은 다른 재단과 구별되게 TWI가 그들과 상호작용하고 있다고 설명한다. 그중 한 사람은 이렇게 말했다. "우리 일을 지원하는 모든 기금 제공자와의 관계 중에 TWI가 우리와 맺은 관계가 아마도 가장 좋을 거예요. … TWI의 집행 이사나

직원들은 이 분야 재단 관련자 중에서 가장 쉽게 다가갈 수 있고, 또 편하게 대해줘요.” 또 다른 사람은 이렇게 말했다. “TWI는 정말 특별한 기금 제공자예요. 그들은 다른 재단들과 다르게 우리 일에 신경을 쓰죠. 또한 많은 대형 재단들은 상상할 수 없는 방식으로 수행 기관과 파트너십을 맺어요.”

TWI는 신뢰 구축을 가장 중요하게 생각한다. 재단 직원들은 이를 위해 무엇이 필요한지 정확히 파악하려고 노력한다. 그들의 ‘신뢰 기반 필란트로피’ 접근에는 여러 원칙들이 있다. 무제약 다년도 기금을 제공하고, TWI에 적합한 비영리 단체를 찾으려고 ‘조사하고 분석한다.’ 수행 기관이 기금 제공자를 찾는 일의 부담이 TWI가 수행 기관을 찾는 노력으로 전환된다. 또한 TWI는 수행 기관의 이야기를 열심히 듣고, 그 피드백에 따라 움직인다.[12]

일부지만, 고정 관념을 깨뜨릴 정도로 놀랄 만한 지원 패키지를 제공하는 모범 사례도 있다. 아인혼 패밀리 자선 신탁Einhorn Family Charitable Trust(EFCT)은 뉴욕에 있는 헤지펀드인 그린라이트 캐피털Greenlight Capital의 설립자겸 대표인 데이비드 아인혼David Einhorn이 세웠다. 당연히 이 재단도 데이터와 증거 기반으로 결과와 임팩트에 집중한다. 또한 재단의 직원들은 까다로운 선정 절차를 거친 수행 기관에 재정 지원뿐만 아니라 상당한 비재무적 지원을 제공하며 긴밀하게 일한다. EFCT는 효과성과 결과에 있어 진지하다.

경쟁이 치열한 투자 업계의 일부 동료들과는 달리, 비영리 단체의 필요를 이해하고 반응하는 데 집중하는 EFCT는 필란트로피를 실행할 때에도 겸손하게 접근한다. 재단의 매우 겸손한 태도가 재단을 차별화한다. EFCT는 웹사이트에 이렇게 설명한다.

성공의 기회를 극대화하고, 어려움을 완화하고 해결하는 방법을 파악하기 위해 기금을 조성하고 각각의 파트너 수행 기관과 긴밀하게 협력할 때, 우리는 관계 중심의 접근법을 취한다. 우리의 수행 기관은 전문가이다. 따라서 우리는 수행 기관이 임팩트를 극대화할 수 있도록 최대한 유연하게 기금을 신청할 수 있는 파트너십을 개발한다.[13]

아인혼의 집행 이사인 제니퍼 후스 로스버그Jennifer Hoos Rothberg도 신뢰 구축의 중요성을 강조했다. "단순히 좋아서 파트너십이라고 부르는 것이 아니에요."라고 로스버그는 CEP의 에단 맥코이Ethan McCoy와의 인터뷰에서 말했다.[14] "파트너십은 우리가 하는 모든 일의 본질이에요." 수행 기관 인식 보고서GPR의 피드백에 따르면, 수행 기관도 이와 동일하게 느끼고 있다. '파트너십'이 수행 기관이 EFCT를 설명할 때 가장 많이 언급한 단어였다.

"배우는 게 우리 일이에요."

"우리는 잠재적인 파트너들에게 이야기해요. '당신의 자원이 있는 곳에서 시작합시다. 세상에서 이루고 싶은 것이 무엇입니까?'" 라고 로스버그가 말했다. "우리는 잠재적 파트너들에게 자기가 이루고 싶은 세상을 자신의 언어로 말할 기회를 주려고 해요. 재단의 언어에 자신들을 맞추지 않고요."

이런 방식은 효과가 있었다. EFCT가 지원하는 단체들은 그 지원의 영향력이 매우 크다고 이야기한다. GPR의 여러 평가 항목에서도 EFCT는 높은 점수를 골고루 받았다.

재단은 수행 기관에게 많은 것을 요구하지만, 재단의 기금도 규모가 크고 장기적이다. GPR에 따르면, 재단의 평균 기금 규모는 백만 달러 이상이다. 아마도 "엄청난 기금을 주니까, 수행 기관이 높은 점수를 줬겠지."라고 생각할 수도 있다. 그러나 기금의 규모는 데이터 세트에서 수행 기관이 재단에 주는 점수의 의미 있는 예측 변수가 아니다. 사실 CEP와 함께 일하는 재단들 중에는 기금을 많이 지원하는데도 수행 기관에게 낮은 점수를 받는 재단들도 많다.

EFCT의 한 수행 기관이 "기금 신청 절차에 전략 계획 개발이 포함되어 있어요. 정말 많은 시간이 걸리는 일이죠. 그렇지만 단체로서 성장하는 데 꼭 필요한 과정이기도 해요. 우리가 보통 다른 '기금 신청서'를 작성할 때보다 훨씬 더 많은 시간을 써야 해요. 그렇지만, 단체로서 우리가 성장하는 데 정말 큰 도움이 돼요."라고 말했다. 또 다른 수행 기관은 "우리 목표와 애로사항, 우리 일의 뉘앙스 등 우리 단체를 이해하려는 EFCT 직원들의 노력이 정말 큰 도움이 돼요. 우리는 그들을 신뢰하고, 그들은 우리를 신뢰하죠. 이렇게 긍정적인 파트너십이 형성돼요. 물론 EFCT는 대답하기 어려운 질문도 하지만, 우리를 성장시키려고 그런 질문을 하죠. 저는 우리 파트너십에 만족해요."라고 말했다.

EFCT 직원들은 임팩트를 만드는 데 굳건한 관계가 매우 중요하다는 것을 잘 알고 있다. "우리가 추구하는 변화를 달성하는 데 무엇이 필요한지 우리 파트너들이 우리보다 더 잘 알고 있어요. 그들은 전문가죠." 로스버그가 말했다. "우리는 제너럴리스트예요. 최대한 많이 배우는 게 우리 일이죠. 그래야 충분히 이해하고 지원할 수 있거든요."[15] EFCT는 이 장의 서두에서 언급된 퍼포먼스 임페러티브의 일곱 가지 핵심 항목을 사용하고, 수행 기관이 이러한 영역에서 더 탄탄해지도록 지원한다. 로스버그는 '종종 사각지대라 불리는 영역의 일'을 지원하는 기금 조성이 중요하다고 강조했다. 이런 일들이 '궁극적으로 우리가 추구하는 진짜 임팩트로 이어지기' 때문이라고 말했다.

결정적으로 EFCT는 배우고 성장하는 노력을 계속하고 있다. 로스버그는 신뢰가 "지금도 계속 쌓이고 있고, 앞으로도 계속될 것이다."라고 설명했다.[16]

'역량 강화'

비영리 단체에 단순히 재정을 지원하고 비숙련 일을 담당하는 자원봉사 시간을 늘리는 것을 넘어, 조직 역량을 강화할 수 있는 기술 지원technical assistance이나 역량 강화도 필요하다는 생각이 최근 더 강조되고 있다. 물론 비영리 단체에는 재정 지원이 가장 필요하다. CEP의 연구 분석에 따르면, 비영리 단체에는 다른 형태의 지원보다 기금 지원이 더 중요하다.[17] 더불어 앞서 자원봉사의 맥락에서 언급했듯이, 기부자가 제공하는 어떤 형태의 지원이라도 비영리 단체에 정말로 필요하고 비영리 단체가 그 지원을 원하는지 확인해야 한다.

그러나 비영리 단체의 필요와 기부자의 고유한 기술과 경험이 진정으로 일치한다면, 결과는 상당할 수 있다. 예를 들어 실리콘밸리의 재단인 리플웍스RippleWorks는 비즈니스 및 기술 전문가를 이들을 필요로 하는 미션 중심 조직(비영리 또는 영리)에 연결해준다. 리플웍스를 통해 안경이 필요한 가난한 사람들에게 저렴하게 안경을 공급하는 비전스프링VisionSpring 같은 비영리 단체가 월마트의 엔지니어링 담당 부사장인 비제이 라가벤드라Vijay Raghavendra의 전문성을 활용할 수 있다. 라가벤드라는 비전스프링이 첫 번째 B2B 이커머스 플랫폼을 선정하는 데 도움을 줬다.[18] 안경이 필요하지만, 안경이 없는 사람들이 전 세계에 약 10억 명으로 추산된다. 비전스프링은 이런 현실을 바꾸기 위해 노력하고 있으므로, 이런 전문가와의 연결이 중요하다.[19]

개인 기부자가 재정적인 기부 외에 시간과 전문성도 기부하는 것처럼, 재단도 기금 이상의 지원을 한다. 재단은 종종 전략 기획이나 모금 역량 개발을 직접적으로 지원한다. 이런 지원을 제대로 받으면, 비영리 단체의 성장에 정말 큰 도움이 된다.

또한 어떤 기부자들은 기술 투자나 리더십 개발 같은 기관의 특정한 역량의 필요에 따라 기금을 지원한다. 이러한 '기관 효과성'을 위한 기금이나 기부는 매우 효과적이다. 비영리 리더들이 조직 역량을 강화하는 데 죄책감 없이 돈을 쓸 수 있기 때문이다. 그들은 단기적인 필요에만 제약이 없는 지원이 가능하다고 빈번하게 느낀다. 그러나 이런 맞춤형 기부나 기금은 수행 기관이 장기적인 성공을 스스로 준비하도록 돕는다.

일반적인 기부나 기금이 아닌 방식으로 비영리 단체를 돕기 위해서는 기부자가 비영리 단체의 필요를 반드시 이해해야 한다. 연구 결과, 재단 리더들은 비영리 단체의 필요를 잘 이해하고 있다고 생각하지만, 비영리 리더들은 기금 제공자들이 자신들의 필요를 잘 이해하고 있다고 생각하지 않았다. 이런 단절은 경청의 중요성을 다시 한번 강조한다. 당신이 지원하려는 지원이 어떤 종류이든, 비영리 단체의 특정한 필요에 맞춰야 한다.[20]

효과적인 관계를 위해 필요한 열 가지 규칙

기부자와 그들이 지원하는 비영리 단체의 역학 관계를 잘 보여주는 비유가 없다는 것을 이해해야, 수행 기관과 효과적인 관계를 맺기 시작할 수 있다. 이 관계는 독특하고, 어떤 면에서는 복잡한 문제가 가득하다. 우리가 논의한 것처럼, 마음을 열고 서로 이해하겠다는 헌신이 필요하다.

수만 개의 수행 기관을 대상으로 CEP가 실시한 설문조사를 통해 다음과 같은 열 가지 규칙을 제시한다. 설문조사는 수행 기관과 함께 일한 수백 개의 기금제공기관에 대해 질문했다. 모범 사례뿐만 아니라 지원 단체와의 관계 개선을 위해 고군분투하는 기금제공기관도 포함한 정보를 토대로 열 가지 규칙을 제시한다.

1. 억지로 맞추지 말라.

당신의 목표와 전략과 비영리 단체의 목표와 전략이 일치하는지 찾아보라. 당신이 생각할 때 옳은 것을 수행 기관이 받아들이

도록 당신의 영향력을 행사하겠다는 생각은 잘못이다. 우선순위를 수정하라고 압박하면 긍정적인 관계를 맺을 수 없다. 예를 들어 이런 식으로 수행 기관이 압력을 받는다면, 당면 문제에 대한 정보를 알려주지 않을 것이다. 따라서 전략과 목표가 일치하는지를 우선적으로 살펴보고 억지로 맞추려고 하지 않는 것이 중요하다.

당신의 목표와 전략과 일치하는 목표와 전략을 가진 잠재적 수혜 단체를 찾을 수 없으면, 바로 그 사실에서 배워야 한다. 현장에서 일하는 사람들이 당신의 목표와 전략을 옳은 목표와 전략으로 보지 않는다면, 아마도 그 목표와 전략은 옳지 않을 것이다. 당신보다 현장에 더 가까이 있는 사람들에게 귀를 기울여서 배워야 한다. 만약 다른 사람들이 보지 못한 당신의 생각이 옳다고 확신한다면, 기금을 제공하기 전에 당신이 지원하려는 단체를 설득해야 한다.

2. 당신이 고액 기부자라면, 당신을 인정해주는 반응으로 가득 찬 거품 속에 있다는 것을 인정하라. 그리고 거품을 터뜨리고 나와 하나씩 배워야 한다.

나는 정말 많은 고액 기부자들이 수행 기관이 무슨 생각을 하는지 정확히 알고 있다고 주장하는 것을 들었다. 그들은 자신들이 현실적이고 사람들이 다가가기 쉬운 사람이라 생각한다. 권력관계를 부정하는 사람들은 자신들이 양방향의 열린 의사소통을 한다고 주장한다.

그러나 그들은 틀렸다. 기금 제공자와 기금 수혜자 사이에는 **항상** 권력관계가 존재한다. 수행 기관의 솔직한 생각을 들으려면, 피드백을 받을 수 있는 창의적인 방법이 필요하다. 기관 기부자에게 수행 기관 인식 보고서GPR는 지원 기관의 생각을 들어볼 수 있는 도구이다. GPR을 통해 기관 기부자는 "우리가 정말 도움이 되나요?", "당신을 도우려면 내가 어떻게 달라져야 할까요?", 혹은 "무엇이 가장 필요하세요?"와 같은 질문을 던질 수 있다.

3. 당신이 비영리 단체의 조직 역량을 강화하거나 개발할 수 있다고 가정하지 말라. 비영리 단체가 무엇이 필요한지 묻고, 비영리 단체가 필요한 것을 당신이 잘할 수 있을 때만 제공하라.

조직을 강화하려면 집중력과 자원이 필요하다. 당신이 지원하는 기관의 역량을 강화하려면, 그 기관에 필요한 것이 무엇인지, 다른 사람(재단)은 어떤 도움을 주고 있는지 먼저 알아보라. 그리고 비영리 단체에게 필요한 기술과 경험이 당신에게 있는지 확인해야 한다.

또한 재단의 프로그램 담당자를 통해 이런 도움을 주려고 한다면, 그 담당자가 이 일을 효과적으로 할 수 있는 시간과 기술이 있다는 것을 확인해야 한다. 재정적 지원 외에 다른 중요한 지원도 제공하는 재단의 직원은 대체로 기금만 제공하는 재단보다 더 적은 수의 수행 기관을 관리한다. 개인들은 시간이 관건이다. 정기적으로, 예측가능하게 시간을 내야 한다는 것을 명심하라. 자원봉사는 보람차고 효과적으로 비영리 단체에 기여할 수 있는 방법이다. 그러나 자원봉사를 할 때에는 겸손하게, 비영리 단체가 필요로 하는 것에 집중해야 한다.

4. 기부할 때 사용처나 사용 기한의 제한을 두지 말라.

당신의 목표와 전략이 상당히 중첩되는 수행 기관에게 상당한 액수의, 제약이 없고, 장기적인 기금을 제공하라. 이런 기금이 수행 기관에 가장 도움이 된다. 공동의 목표를 향해 전진하려면 강력한 조직이 필요하다. 그런데 기부자는 너무 자주 제한이 많은 기금을 제공한다. 이렇게 제약이 많은 기금은 문제를 일으키고, 가장 타당한 방식으로 자원을 배정하는 비영리 단체의 능력을 제한한다. 비영리 단체는 유연한 지원이 필요하고, 최소한 3개월에서 6개월의 운영비 수준의 재정적 여유를 확보해야 한다. 비영리 단체가 효과적으로 활동하는 데 필요한 것을 지원해야 한다.

다수의 기금이나 기부가 일반 운영을 지원하지 못할 이유는 없다. 물론 연구나 건축 프로젝트capital project, 아마도 '조직의 효과성organizational effectiveness'을 위한 기금 등 제약 기금이 타당한 분야도 있다. 그러나 비영리 단체는 상당액의 무제약, 다년도 지원이 절실하게 필요하다. 당신의 핵심 수행 기관이 이런 기금을 받고 있는지 확인해보라.

5. 기부액의 규모에 따라 비영리 단체에 하는 요청의 수준을 조정하라.

나는 소액의 단년도 기금을 주면서 매우 번거로운 선정 및 평가 절차를 거치게 하는 기금제공기관들을 보았다. 기부액을 고려할 때 비영리 단체에 기대하는, 자신에 대한 관심과 시간의 정도가 비현실적으로 높은 개인 기부자들도 보았다. 기부자들은 더 중요하고 가치 있는 일을 위한 시간을 빼앗는 거래 비용을 기부자와 수행 기관 양측에서 인식해야 한다.

기금액이나 기부액에 적합한 수준의 절차적 요건을 설정해야 한다. 만약 상당한 자료 수집과 보고를 요구한다면, 이런 절차를 지원하는 기금을 별도로 편성해야 한다. 수행 기관에 지원한 기금 이상의 의무를 부과하지 말라.

6. 제약이 있는 기금을 지원해야 한다면, 적정한 수준의 '간접비' 비율을 허용하고, 가급적 최대한 유연하게 기금을 집행해야 한다.

기부자들은 종종 프로그램 기금의 간접비overhead 비율을 임의로 낮게 설정한다. 예를 들어, 기금의 10%만 임대료 같은 행정비나 간접비로 쓸 수 있다. 이는 수행 기관이 실제 프로그램을 제공하는 데 드는 전체 비용보다 적은 비용을 지원받고 있다는 의미이다. 이런 상황은 기금 제공자와 수행 기관 양측에 갖가지 골치 아픈 문제와 거래 비용을 초래한다. 임대료와 같은 기본 비용은 기금으로 전혀 집행할 수 없거나, 적어도 필요한 만큼의 비용도 집행할 수 없는 경우가 발생한다. 이런 경우 비영리 단체는 임대료를 어떻게 마련할지 고민하게 되고, 최악의 경우 '회계 부정'을 저지를 수도 있다.

따라서 당신이 지원하는 프로그램의 전액을 지급해야 한다. 몇몇 대형 재단은 최근 예산 집행에 제약이 따르는 프로그램 기금의 '간접비' 한도를 수정하고, 경우에 따라 간접비 비율을 10%에서 20%로 조정했다. 그러나 브릿지스팬 그룹Bridgespan Group이 실시한 연구에 따르면, 이마저도 너무 낮을 수 있다.[21] 마지막으로, 상황 변화를 인식하고 예산 집행의 유연성을 허용해야 한다. 특정 예산 항목이 아니라, 이미 달성한 성과에 집중해야 한다.

7. 관계의 우선순위를 정하고 기대 수준을 명확히 하라.

당신이 고액 기부자라면, 당신의 기부를 도와줄 직원이나 컨설턴트 혹은 전문가를 고용할 것이다. 직원이나 전문가를 찾을 때, 기부자들이 다른 무엇보다 분야별(주제별) 전문성을 중요하게 보는 경우가 흔하다. 그러나 기부자는 다른 사람들과 원만하게 협업할 수 있는 능력을 우선적으로 보아야 한다. 우리가 논의한 것처럼, 가장 까다로운 사회 문제를 해결할 때 진짜 변화를 만들어내는 것은 그런 사회정서적 역량이기 때문이다.

열린 자세로 투명하게 의사소통하는 사람이나, 수행 기관과 그 기관이 일하는 환경을 이해하려고 노력하는 사람을 찾아야 한다. 직원을 채용하는 재단은 직원들이 수행 기관과 어떻게 상호작용할 것인지에 관한 기대 수준을 명확히 정해야 한다. 예를 들어 데이비드 앤드 루실 패커드 재단David and Lucile Packard Foundation은 네 가지 '수행 기관 경험 표준grantee experience standards'을 개발했다. 이는 재단이 수행 기관에 하는 약속이고, 공개적으로 의사소통하는 내용이다.[22]

8. 단체가 일을 더 잘하도록 당신의 유리한 위치를 활용한 영향력을 발휘하라.

특히 고액 기부자일수록 분야와 커뮤니티를 넘나들며 남들이 볼 수 없는 것을 보는 큰 시야가 있다. 그들은 어떤 프로그램이 효과가 있고, 없는지 관찰한다. 이런 고액 기부자들은 영향력도 있어서 비영리 단체들을 한 자리로 모아 서로에게 배울 수 있게 할 수 있다. 스튜어트 재단이 청소년 복지 관련 분야에서 그렇게 일했다. 평등결혼marriage equality을 위해 협력했던 길 재단과 에벌린 앤드 월터 하스 주니어 펀드, 그리고 다른 기금 제공자들도 그렇게 했다.

비영리 단체가 자기 일을 더 잘하도록 기부자들의 차별화된 강점을 활용하면 비영리 단체에게 실질적인 도움이 된다.

9. 수행 기관과 관계를 끝낼 때는 사전에 충분히 알리고, 관계를 투명하게 정리해야 한다.

당신이 높은 성과를 내는 비영리 단체를 계속 지원하다 어떤 이유로든 더 이상 지원할 수 없다면, 비영리 단체와 관계를 잘 정리해야 한다. 때때로 기부자의 목표와 전략이 바뀔 수 있다는 점을 비영리 단체도 이해한다. 그렇지만 그들도 이런 변화를 받아들일 시간과 지원이 필요하다. 가능하면 지원 종료일과 종료 사유를 명확하고 직접적으로 밝히고, 가급적 미리 충분히 알려야 한다. 해당 단체를 지원할 수 있는 다른 기부자들과 관계가 있다면, 당신이 더 이상 지원하지 않을 때를 그 단체가 대비할 수 있도록 다른 기부자들과 연결해줘야 한다.

수행 기관이 더 이상 성과가 없다고 판단되어 관계를 종료할 때도 열린 태도로 사전에 알려주는 것이 중요하다. 기금이 중단되기 전에 비영리 단체가 상황을 받아들일 시간을 줘야 하고, 성과를 달성하기 어려웠던 이유를 그들의 입장에서 들어볼 기회를 마련해야 한다. 물론 기부자와 수행 기관의 관계 정리가 유일한 선택지일 수도 있다. 그러나 관계 정리 대신, 비영리 단체가 높은 수준의 성과를 달성하는 데 필요한 지원을 제공하는 것이 더 좋을 수 있다.

10. 기금 신청을 거절할 때에는 신청 기관을 정직하게 대하고, 그들의 시간을 존중하라.

이러한 접근 방식은 명확한 목표와 전략을 설정하고, 의사소통을 잘하는 것에서 시작한다. 이런 방식은 비영리 단체가 기금 유치의 가능성을 판단하는 데 도움이 된다. 기금 선정 절차에 상당한 시간이 소요된다면 2단계 접근법을 고려해야 한다. 우선 약식으로 심사받을 수 있는지 문의하는 짧은 문서로 시작하고, 기금을 받을 가능성이 적은 신청 기관이 전체 심사 과정에 참여하여 그들의 시간을 낭비하지 않도록 보장해야 한다. 비영리 단체의 기금 신청을 거절할 때에도 그 기관을 존중해야 하고, 거절 사유를 솔직하게 제시해야 한다.

거절당한 기관이 향후에 다시 기금을 신청할 수도 있다. 오늘 거절당한 기관이 나중에 수행 기관이 되기도 한다. 또한, 거절당한 기관이 당신의 현재 수행 기관들과 교류하고 있을 수도 있다. 따라서 윤리적으로 옳을 뿐만 아니라, 당신의 이해관계가 걸린 현실적인 이유도 있기 때문에 거절당한 기관도 정직하게 대해야 한다.

서로 노력해야 한다

당신의 목표 달성은 함께 일하는 비영리 단체에 달려 있다. 위의 열 가지 규칙은 비영리 단체와 효과적인 관계를 맺는 데 도움이 될 것이다. 수행 기관과 잘 협력하기 어렵지만 효과성을 달성하려면 협력이 매우 중요하다. 윌버포스 재단의 폴 보뎃은 "윌버포스는 수행 기관이 성공할 때만 성공할 수 있다. 또한 수행 기관은 그들의 일을 하는 데 필요한 기금, 도구, 자원을 받아야만 성공할 수 있다."라고 했다.[23]

서로 노력해야 한다.

기부자는 과거의 경험을 통해 기금을 찾고 있는 상대방에게 공감할 수 있다. CEP의 설문 조사에 응답했던 어떤 수행 기관은 기금 제공자에게 느낀 좌절감을 "비영리 섹터에서 상당한 현장 경험을 가진 사람을 프로그램 담당자로 채용하면, 재단에도 분명 도움이 될 거예요. 그렇지만 대부분의 프로그램 담당자는 비즈니스 출신이죠. 성공적인 성과를 낸다는 경영관리 기법이나 경영지표가 비영리 단체의 일에 반드시 적용되는 건 아니거든요."라고 이야기했다.

최고의 기부자는 분석적인 동시에 공감적이다. 오하이오Ohio 주 애머스트Amherst에 있는 노드 패밀리 재단Nord Family Foundation은 자산이 1억 6천만 달러이고 매년 8백만 달러의 기금을 집행하며, 주로 로레인 카운티Lorain County에서 일한다. 이 재단의 부국장인 앤서니 리처드슨Anthony Richardson은 "우리는 일할 때, 우리가 모든 답을 가지고 있다고 생각하지 않아요. 현장에서 일하는 사람들과 관계를 맺지 않고 현장에 반응하지 않는다면, 실제 어떤 일이 벌어지는지 알 수 없죠. 이는 신뢰의 문제죠. 분명히 투명성과 학습의 문제이기도 해요. 단순한 것이지만 감사를 표현하는 문제이기도 하고, 기금이 작동하는 생태계를 이해하는 문제이기도 하죠."라고 설명한다.[24] 수행 기관이 다른 기금제공기관에 비해 이 재단을 더 긍정적으로 생각한다는 것은 아마 놀랍지 않을 것이다. 리처드슨이 말한 이러한 태도는 개인 기부자나 기관 기부자 모두에게 필요하다.

일부 기부자들은 근본적으로 그들의 역할이 현명하게 돈을 기부하는 것이라서, 기부를 통한 지원으로 공동의 목표를 달성한다는 생각을 받아들이는 데 주저하기도 한다. 그러나 기부자의 이런 역할은 아주 중요하다. 효과성의 핵심은 변하지 않는다. 서두에서 축구 선수가 열심히 훈련할 때만 공을 다루는 기술을 익힐 수 있다고 언급했다. 이와 마찬가지로, 효과적인 필란트로피스트도 공익을 달성하려면 노력해야 한다. 그러나 나는 기본기를 다지지 않고, 눈에 보이는 일을 하고 싶어 하는 필란트로피스트들을 너무 자주 목격한다. 그들은 가장 기본적인 인사이드 패스도 익히기 전에 헤딩이나 오버헤드 킥을 시도하고 싶은 셈이다. 핵심을 익히는 것이 먼저다. 필란트로피의 핵심은 수행 기관을 잘 선정하고, 수행 기관과 굳건한 관계를 맺는 것이다.

5장 정리

기부 가이드

1. **기금을 지원할 적합한 비영리 단체를 선정하려면 시간과 노력이 필요하다.** 비영리 단체의 목적과 접근법, 그리고 성과에 집중하라. 간접 행정비나 프로그램 예산의 비율 같은 단순한 경영지표에 매몰되지 말라. 특정한 분야에 기부하려고 할 때, 당신의 목표와 전략에 부합하는 비영리 단체를 확인할 수 있는 좋은 자료가 이미 있는 경우도 있다. 그러나 대개는 적합한 비영리 단체를 찾는 데 시간과 노력이 필요하다. 적합한 비영리 단체를 찾으면, 비영리 단체의 프로그램을 운영하기에 충분한 기금을 제약 없이 지원하라. 수행 기관들도 인건비를 지급할 수 있는 기금이 필요하다. 그래야 업무 체계에 투자할 수 있으며, 단체의 효과성도 극대화할 수 있다.
2. **기부자와 지원받는 비영리 단체 간의 독특한 역학 관계에 유의하라.** 기부자는 솔직한 피드백을 듣기 어렵다. 그래서 기부자는 수행 기관과 신뢰를 쌓는 데 추가적인 노력을 기울여야 한다. 상호 이해와 투명성이 보장될 때, 기부자와 수행 기관 사이의 관계가 굳건해진다. 현장에서 일하는 비영리 단체가 전문가라는 것을 기억하라. 기부자는 그들에게 배울 수 있고, 배워야 한다.
3. **전통적인 기부나 기금 등 재정적 지원을 넘어서는 지원은 수행 기관의 역량을 강화할 수 있다.** 재정 지원 이상의 지원으로 비영리

단체를 도울 수 있다면, 좋다. 다만 해당 비영리 단체에 그러한 비재정적 지원이 정말 필요하고, 당신이 그런 지원에 필요한 기술을 보유하고 있는지 확인하라. 그 이후에나 기부나 기금을 넘어서 단체를 지원하는 데 헌신할 수 있다.

제6장

쉬운 답은 없다
: 성과 평가

No Easy Answers:
Assessing
Performance

6장

쉬운 답은 없다
: 성과 평가

내 친구 스티븐Steven은 기분이 언짢았다. 그는 노숙인을 돕는 비영리 단체의 설립자겸 이사장이었다. 또한 그는 또 다른 직업인 마케팅 컨설턴트로 성공했다. 스티븐이 단체에 쏟아붓는 시간과 별개로 그와 그의 가족은 이 단체에 매년 상당한 기부를 했다. 그들은 단체의 미션, 효과성, 직원들의 리더십을 믿었다.

이런 그가 왜 좌절했을까? 자칭 '벤처 필란트로피 펀드venture philanthropy fund'가 그에게 자기 펀드의 기금 신청 절차에 참여하라고 독려했는데, 기금 신청이 거절되었기 때문이다. 이 펀드는 벤처 캐피털처럼 운영된다고 자부하는 기관이었는데, 신청 단체가 녹초가 될 만큼 지원 절차가 길고 노동집약적인 작업을 요구했다. 스티븐의 단체의 기금 신청은 왜 거절당했을까? '수혜자 1인당 비용cost-per-life-touched' 비율이 다른 기관에 비해 상대적으로 너무 높았기 때문이다.

수혜자 1인당 비용 비율이라고? **이건 실제 무엇을 측정한 것이지?** 그는 궁금해졌다. 그는 비교 단체 중 노숙인을 위한 단체가 한 군데도 없다는 것을 알게 되었다. 노숙인을 돕는 일은 특히 어렵고 (비용이 많이 드는) 일이었다. 어쨌든 한 사람의 삶에 '영향을 미친다'는 것은 어떤 의미일까? 다양한 방식으로 사람들을 돕는 비영리 단체들을 어떻게 단순한 비율 하나로 비교할 수 있을까? 그의 단체는 집중적인 프로그램을 운영했지만, 비교 대상이 된 다른 단체들은 훨씬 더 제한적인 서비스를 제공했다. 다른 기관들이 한 사람의 삶에 임팩트를 미친다는데, 스티븐의 단체가 한 사람의 삶에 미치는 임팩트만큼 실질적인가?

정말 좌절한 그는 해당 기금의 프로그램 담당자에게 말했다. "정말로 수혜자 1인당 비용이 중요하다면, 모든 아이들에게 막대사탕을 하나씩 나눠주면 되죠. 그렇지만 그렇게 한다고, 이 사람들의 삶이 달라지지 않아요." 또한 쉽게 계산할 수 있는 비율 때문에 기금 신청이 거절되었다는 것을 알았더라면, 그의 단체가 기금 신청 제안서의 끝없는 질문을 대답하느라 그렇게 많은 시간을 들이지 않았을 것이라는 사실 때문에 그는 미친 듯이 화가 났다.

스티븐의 단체를 거절한 벤처 필란트로피 펀드는 하버드 경영대학원Harvard Business School(HBS)에서 사회적 기업 프로그램의 우수한 사례로 집중 조명을 받았다. 이 펀드는 성과가 높은 비영리 단체에 현명하게 '투자'한다고 홍보하여 초부유층인 개인들로부터 모금을 했다.

아마도 '투자처'의 다양한 '포트폴리오'에 적용되는 수익이나 투자 수익률처럼 수혜자 1인당 비용 비율은 표준 지표를 만들려는 시도였을 것이다. 그러나 이 지표가 행정비나 '간접비' 비율처럼 남용되거나 오용되는 지표보다 더 좋은 지표이거나 더 의미 있는 지표는 아니다. 이 지표는 다양한 비영리 단체를 회사처럼 비교하려고 지나치게 단순하게 측정한 잘못된 노력의 또 다른 결과이다.

확실히 같은 상황에서 같은 목표를 가진 기관이라면, 그들의 업무 수행의 성과를 상대적으로 이해할 수 있는 비교 데이터를 분석해야 한다. 그러나 분야가 다르거나, 프로그램 대상이 다른 비영리 단체들의 임팩트를 비교할 수 있는 보편적인 척도는 없다. 이런 척도는 앞으로도 없을 것이다. 그래서 필란트로피나 비영리 섹터의 평가는 비즈니스의 평가보다 훨씬 더 복잡해진다. 비영리 섹터를 평가하려면 MBA에서 습득한 전형적인 기술과는 전혀 다른 기술이 필요하다. 사실, 비영리 섹터를 평가하려면 더 정교하고 발전된 기술이 요구된다.

경영학의 구루인 피터 드러커Peter Drucker는 "비영리 단체의 업무 수행과 성과는 정말 중요하다. 그러나 이를 평가하고 관리하기란 비즈니스보다 훨씬 더 어렵다."라고 말했다.[1]

고유한 어려움

비영리 단체의 운영 성과 측정도 어려운데, 개인 기부자나 기관 기부자의 기부 성과 측정은 더 어렵다. 이는 인과관계causality, 집계aggregation, 주관성subjectivity, 적시성timeliness이라는 네 가지 특정한 어려움이 있기 때문이다. 각각에 대해 간단히 설명해보자.

첫째, 기금을 지원한 기부자와 그 기금으로 만들어진 임팩트 간의 인과관계causality를 명확히 규명하기가 불가능하다. 이를 이해해야 인과관계에 관한 어려움의 핵심을 파악할 수 있다. 왜냐하면 정반대 상황의 결과를 알 수 없기 때문이다.[2] 로버트 우드 존슨 재단의 노력이 없었어도 흡연율이 감소했을까? 성소수자LGBTQ의 인권에 초점을 맞춘 기부자들의 노력이 없었어도, 성소수자들의 인권이 향상되었을까? 주요 재단의 초기 지원 없이 형사 사법 제도 개혁이 추진될 수 있었을까?

우리는 절대적으로 증명할 수 있는 확실한 것을 알 수 없다. 또한 특정한 성과가 특정한 기부자 덕분에 가능했다고 쉽게 알 수 없다. 임팩트의 증거 발견이 목표가 되어서는 안 된다. 대신, 기부자가 발전에 기여하고 있다고 보여주는 증거가 있는지 여부에 집중해야 한다. 짐 콜린스는 법정을 예시로 필란트로피의 증거 기준a standard of evidence을 제안했다. 이에 따르면, 미국 형사 소송의 '합리적인 의심을 넘어서는 입증proof beyond a reasonable doubt'보다 민사 소송의 '우월한 증거에 의한 입증proponderance of the evidence'이 더 적합하다.[3]

둘째, 보편적 척도의 부재로 인한 집계aggregation의 어려움이 있다. 벤처 캐피탈 회사는 투자 포트폴리오에 따른 전체적인 투자 수익률을 단일한 숫자로 제시할 수 있지만, 기부자는 그렇지 않다. 당신이 사는 도시에서 아이들의 졸업률을 높이는 프로그램과 동일한 예산으로 같은 도시의 오염 감소 프로그램을 실행하는 재단을 운영하고 있다고 가정해보자. 당신의 기부로 졸업률을 높이는 첫 번째 프로그램에 10%의 예산을 증가시키고, 오염을 줄이는 두 번째 프로그램에 10%의 예산을 감소시킨다고 가정하면 좀 더 이해하기 쉬울 것이다. 이런 경우 두 프로그램을 어떻게 비교할 것인가? 어떤 프로그램이 더 나은 결과를 가져올까?

이런 질문은 세 번째 어려움인 주관성subjectivity과 연결된다. 아마도 당신은 졸업률 증가가 더 중요한 성과라고 믿을 수 있다. 왜냐하면 더 많은 젊은이들이 대학에 진학해서 좋은 직업을 구할 수 있는 기회를 얻기 때문이다. 나는 도시의 천식 발병률이 높아지는 등 대기의 질에 영향을 받는 피해를 고려하면, 오염 감소가 더 큰 성과라고 믿을 수 있다. 그런데 지역 상공회의소 대표인 샐리Sally라는 친구는 오염을 감소시키는 새로운 규제가 너무 높은 비용이라고 생각할 수 있다. 새로운 규제가 비즈니스에 부정적인 영향을 끼치면, 향후 고용이 억제되고 더 나아가 실업이 늘어날 수 있기 때문이다.

누가 맞을까? 이는 주관적 판단이다. 예를 들어 재생산 보건 의료reproductive health care 분야에서 어떤 기부자에게는 안전하고 합법적인 낙태에 대한 접근성access to safe, legal abortion과 같은 긍정적인 성과가 다른 기부자에게는 부정적인 성과일 수 있다. 여기에서 알 수 있듯이, 필란트로피의 성과 측정은 비즈니스와 다르다. 민주당 지지자나, 공화당 지지자나, 무소속인 사람들은 모두 자신들의 401(k)s(퇴직연금)을 수익률이라는 동일한 척도로 판단한다. 수익률이 높을수록 더 좋은 것이다. 그러나 필란트로피에서는, 그들의 가치와 신념이 무엇이 좋은 결과인지에 영향을 미친다.

넷째, 마지막 어려움은 적시성timeliness이다. 기부자가 영향을 끼치고 싶은 궁극적인 성과는 수십 년까지는 아니더라도 여러 해가 걸릴 수 있다. 때때로 초기에는 실패로 보였던 것이 궁극적으로 성공으로 이어질 수 있다. 반대인 경우도 있다. 까다로운 사회 문제를 해결하려고 할 때, 시간과 관련된 측정의 어려움이 많이 제기된다. 그렇다 보니 단기간에 적용되어 궁극적으로는 불완전한 중간 척도를 만들게 된다. 이런 불완전한 척도들은 이미 알려진 사실이나 가설에 근거하여 장기간 성과를 측정하려고 한다.

그러므로 기부의 성과 측정은 쉬운 일이 아니다. 기부의 성과를 잘 측정할 수 있을 거라고 막연하게 기대할 뿐이다. 그렇다고 해도 기부의 성과를 실제 측정하기는 간단하지 않을 것이다. 그러나 기부 성과를 완벽하게 측정하려다가 할 수 있는 일도 못 하면 안 된다.

비영리 단체 평가

기부 성과 평가의 어려움을 이해하려면, 비영리 단체의 업무 수행 평가와 관련된 어려움을 이해하는 게 먼저다. 이 분야에 대한 고정 관념과 짧은 첫인상은 성과 평가의 좋은 사례가 축적되지 못하게 방해한다. 비영리 단체는 업무 성과 평가에 무관심하다는 말을 얼마나 많이 들었는지 모른다. 확실히 이런 생각은 하버드 경영대학원HBS에 팽배했다.

이는 비즈니스를 다루는 출판계에도 팽배한 생각이었다. 2008년에 마이클 그린Michael Green과 당시 「이코노미스트」에 재직 중이던 매튜 비숍이 함께 쓴 『필란트로캐피탈리즘*Philanthrocapitalism*』이라는 책이 나왔다. 저자들은 "어떤 사람들은 MBA를 나와 양복을 차려입은 사람들이 버켄스탁Birkenstock을 즐겨 신는 사람들이 일하는 자선 세계에 진입하는 것을 회의적으로 바라본다. 그러나 많은 벤처캐피탈리스트들은 전문 중개인과 자문가가 큰 역할을 하는 자본 시장의 투명성과 책무성을 통해 비즈니스가 얻는 이익만큼은 기부 세계도 도움받을 수 있다고 생각한다."라고 주장했다.[4]

이 책이 리먼 브라더스Lehman Brothers가 파산하고 금융 위기가 시작되던 때에 출간되어 조금 안되긴 했다. 그러나 이 책이 성공하지 못한 것은 그럴 만하다. 이 책은 비즈니스에서 일하는 사람들은 수완이 좋고 결과에 열정적이지만, 비영리 섹터에서 일하는 사람들은 문제투성이이며 자기 업무 평가에 관심도 없다고 지나치게 단순한 잘못된 생각을 퍼뜨렸기 때문이다.

그러나 비영리 단체에서 업무 수행 측정은 비즈니스보다 더 어렵다. 앞서 언급한 것처럼, 보통 MBA 프로그램에서는 비영리 섹터에서 필요한 측정 기술과 접근법을 가르치지 않는다. 비영리 리더들은 이 사실을 알고 있으며, 자신들의 업무 수행과 임팩트를 이해하려고 열심히 노력한다. CEP는 비영리 단체들의 업무 수행을 조사했다. 다음은 조사 결과이다.

- CEP가 조사한 모든 비영리 단체는 그들의 업무 수행을 평가할 데이터를 수집한다고 보고했다. 또한 많은 비영리 리더들은 추가적인 혹은 더 좋은 데이터를 수집하고 싶어 했다.
- CEP가 조사한 비영리 단체들은 업무 평가 정보를 프로그램과 서비스를 개선하고, 전략 방향을 공유하며, 성과를 알리는 데 주로 활용했다.

또한 많지는 않지만, 평가 과정에서 배운 점을 다른 단체나 관리자들과 공유한 단체들도 있었다.

- 소수의 비영리 단체들만 민간 재단(기금제공기관)에서 업무 수행 평가와 관련한 지원을 받았다고 보고했다.[5]

몇몇 민간 재단에서 지원받는 비영리 단체들은 비교적 평가 체계를 잘 갖췄다. 그러나 표본의 절반은 단체 예산이 140만 달러 이하였다. 그렇지만 이 단체들도 평가에 집중했다. 즉 이런 데이터는 고정 관념이 틀렸음을 보여준다. 수혜자에게 정기적으로 피드백을 받는 등 단체들은 할 수 있는 수준에서 최선을 다해 필요한 데이터를 수집했다. (거의 90%의 단체가 수혜자에게 피드백을 받았고, 뒤에서 더 이야기하겠지만, 피드백의 수집 빈도와 질을 높이기 위해 열심히 노력했다.)[6] 비영리 단체는 업무 수행을 평가하고 개선하는 데 관심이 없다는 것은 사실이 아니다. 비영리 단체가 원하는 수준으로 평가하려면, 훨씬 더 많은 자원이 필요하다. 왜냐하면 비영리 단체의 업무 수행 평가는 비즈니스의 업무 수행 평가와 완전히 다르고, 훨씬 더 까다로운 일이기 때문이다.

CEP의 엘리 부토와 동료들은 "때때로 비평가들은 비영리 단체들이 데이터를 활용해서 업무 수행을 개선하는 데 관심도 없고, 할 줄도 모른다고 이야기한다. 그러나 우리는 프로그램을 개선하려고 수집한 데이터를 활용하고, 자신들의 업무 수행을 이해하려고 노력하는 비영리 단체들이 있다는 것을 발견했다."라고 썼다.[7]

비영리 단체들이 업무 수행을 평가할 수 있도록 지원하는 민간 재단들이 있지만, 그런 재단은 지극히 소수다. 이런 민간 재단에서 평가 업무를 담당하는 사람들도 동의한다. 대형 민간 재단에서 평가 업무를 담당하는 관리자들을 조사했을 때, 69%가 자신이 일하는 재단이 수행 기관의 데이터 수집 또는 평가 역량을 높이는 데 충분히 지원하지 않는다고 응답했다.[8]

항상 그렇듯, 비영리 단체가 배우고 성장하려면 어떤 데이터가 필요한지 듣고 이해하는 것부터 시작해야 한다. 모든 비영리 단체에 적용되는 보편적 척도가 없기 때문이다. 서로 다른 상황에 적용되는 완전히 다른 두 가지 평가 접근법을 어린이 박물관과 위기 청소년 지원 기관의 두 가지 사례를 통해 알아보자.

단체마다 달라지는 평가 접근법

첫 번째 단체인 어린이 박물관의 평가는 조금 더 쉽다. 박물관의 사명은 "어린이와 가족들의 삶 속에서 재미있고, 창의적인, 체험 활동을 하고, 이를 통해 주변 세계를 발견해가는 즐거움을 안겨준다."이다.[9] 그렇다면 업무 수행을 측정하기 위해 박물관의 이사회와 직원들은 어떤 데이터를 수집해야 할까? 방문자 수와 부모와 아이들을 대상으로 한 설문조사를 당연히 포함해야 한다. 예를 들어, 이들이 박물관에서 재미있고, 창의적인, 체험 활동을 정말 경험했는지 물어볼 수 있다. 박물관이 일정한 시간의 흐름에 따라 데이터를 수집하여, 이를 비슷한 규모의 도시에 있는 다른 어린이 박물관과 비교할 수 있으면 이상적이다.

그러나 이런 비교만으로 충분하지 않다. 이사회와 직원들은 어떤 사람들이 박물관에 방문하는지 관심을 가질 수 있다. 부유한 가족들만 박물관에 올까? 박물관 후원자들은 사회경제적으로 다양한 배경을 가졌나? 박물관에 대한 접근성은 박물관의 또 다른 중요한 목표와 약간 상충될 수 있다. 박물관은 경제적으로 자립해야 하고, 비용을 부담할 수 있는 충분한 수입이 있어야 하고, 운영 예비비를 비축해야 하며, 박물관이 도태되지 않도록 새로운 관련 전시에 투자해야 한다.

그러므로 박물관의 리더들은 몇몇 합의된 목표에 따라 이용료 수익과 기부금 비율을 모니터링할 수 있다. 또한 그들은 이용료 정책에 대한 상당히 복잡한 의사결정을 할 수 있다. 그들은 수익을 창출하는 행사를 위해 시설물을 어떻게 활용할 것인지, 또한 박물관 프로그램의 이용료를 낼 수 없는 사람들에게 어느 정도 할인이나 장학금을 제공할 것인지 논의해야 한다. 박물관은 경제적 현실과 모든 아이들에게 봉사한다는 사명 사이에서 균형을 맞춰야 한다. 그리고 수입과 비용 간의 차액을 줄이기 위해 모금을 해야 할 것이다.

박물관이 자격, 이직률, 다양성, 참여, 만족도처럼 직원과 관련된 정보를 모니터링하면 좋다. 성과가 높은 영리 회사나 비영리 단체 모두 이런 척도를 활용하여 모니터링한다.

그러나 박물관은 방문한 아이들의 인생 궤적이나 학업 성취도 같은 장기적인 변화를 모니터링하지 않을 것이다. 어린이들이 여름 단기 캠프나 다른 프로그램에 반복적으로 참여했다고 해도, 박물관이 한 사람의 삶에 미칠 수 있는 영향력은 상대적으로 적다. 박물관은 한 사람의 인생에 미치는 영향의 수준이 높지 않다.

또한 박물관이 이런 장기적인 변화를 추적하는 데이터를 수집하기는 현실적으로 어려울 것이다.

인생에 미치는 임팩트 측정

어린이 박물관의 평가도 간단하지는 않다. 어린이 박물관이 재무적 지속가능성과 모두가 접근가능한 열린 공간이라는 사명 사이에서 균형점을 찾아야 할 때는 평가가 특히 더 어렵다. 그러나 박물관의 평가는 많은 다른 비영리 단체와 비교하면 훨씬 평이하다.

예를 들어 참여자의 **인생의 궤도를 바꾸는 것**을 목표로 하는 청소년 지원 기관의 사례를 살펴보자. 보스턴Boston에 있는 로카Roca의 사명은 '청소년들이 자기 삶을 변혁하도록 도와 빈곤과 수감의 고리를 끊는 것'이다. 단체의 책임을 묻기에는 너무 큰 목표지만, 로카는 이를 진지하게 받아들인다. 이 단체는 '청소년들이 긍정적인 관계를 집중적으로 맺으면, 삶의 기술life skills, 교육, 취업 등의 역량이 커지고, 수감 생활을 청산하여 좀 더 안전한 곳에서 살면서, 경제적 자립을 지향한다는 이론에 기반하여 4년 동안 21개 지역 청소년들의 삶에 관여하는 프로그램'을 운영한다.[10]

로카 같은 기관은 다양한 단기 지표와 장기 지표를 모니터링한다. 프로그램 참여율은 대표적인 단기 지표이다. 그러나 어린이 박물관과 다르게, 위기 청소년의 삶을 변화시키려는 단체는 더 이상 프로그램에 참여하지 않는 과거 수혜자의 취업률과 수감률도 추적하여 모니터링해야 한다. 단체의 사명을 고려하면, 과거 수혜자의 삶이 어떻게 바뀌었는지를 알아야 프로그램의 성공 여부를 알 수 있다.

청소년 지원 단체는 이런 장기 지표를 모니터링하기 위해 자원과 에너지를 투자하는 동시에 재무 건전성 확인, 직원들의 근속과 참여와 같은 일상적인 운영에도 관심을 가져야 한다. 이런 운영의 측면에서는 어린이 박물관과 청소년 지원 단체가 동일한 척도를 모니터링할 수 있다. 그러나 사명과 밀접하게 관련된 부분을 모니터링할 때, 업무 수행 평가에 대한 접근은 매우 달라진다.

간단한 두 사례를 살펴봤다. 다양한 사람들에게 광범위한 프로그램을 제공하는 다중서비스 사회복지기관multiservice human services organizations과 마찬가지로 정책 지향적인 비영리 단체를 평가할 때는 다른 종류의 어려움이 있다. 비영리 단체의 업무 수행 평가에 적합한 접근법은 매우 다양하다는 것이 핵심이다. 마찬가지로 이런 평가를 하기 위해 비영리 단체에게 필요하고, 기금 지원 기관이 제공할 수 있는 지원의 종류와 수준은 단체마다 다르다.

가장 엄밀한 평가 방법

장기적으로 인생을 바꾸려고 하는 단체는 가능하면 프로그램 참여자의 결과를 참여자와 유사하지만 프로그램에 참여하지 **않은** 사람들과 비교해야 한다. 그렇게 해야 실제 변화를 알 수 있다. 이런 변화는 BELL의 프로그램에 참여한 학생들의 학업 성취도와 프로그램에 참여하지 않은 학생의 학업 성취도를 비교한 무작위 대조군 연구Randomized Control Trials(RCT)를 통해 가장 잘 알 수 있다. RCT는 비용이 많이 들기 때문에, 많은 기부자들이 부담하기 어렵다. 그래도 다른 기관들이 지원한 RCT에서 배울 점을 찾을 수는 있다.

또한 RCT는 논란이 많다. 예를 들어 비평가들은 RCT가 맥락을 충분히 고려하지 않아, 덴버Denver에서 효과가 입증되었다고 해서 보이시Boise에서도 효과가 있는 것은 아니라고 주장한다. 게다가 특정한 개입을 따로 '분리'할 수 없고, 복잡한 사회 문제를 해결하려면 대개 여러 가지 다른 개입이 함께 필요하다고 주장한다.[11]

또 다른 비판으로는 잠재적 효과가 있는 개입이 필요한 누군가를 거부하는 것은 비윤리적이라는 것이다. 이것이 유텍의 그렉 크루토가 말한 이유이다. 특정 프로그램이 필요한 모든 사람에게 접근할 수 있는 유텍 같은 단체에게는 이런 이유가 RCT를 하지 않는 좋은 이유가 된다. 도움이 필요한 모든 아이에게 동일한 프로그램을 제공할 수 없는 BELL 같은 단체가 일반적으로 RCT를 활용한다. 도움을 줄 수 없는 아이들을 거절하지 않고도 결과를 비교할 수 있기 때문이다.

RCT의 옹호자들은 특정한 개입이 변화를 만드는지 확인하는 것이 중요하므로, 비판자들이 강조하는 복잡성이야말로 RCT를 해야 하는 이유라고 말한다. 그런 차이를 보는 데 RCT보다 더 효과적인 방법은 없기 때문이다. "사실 비교 그룹과 무작위 추출 그룹을 모두 활용하는 것이 RCT 기반 설계의 장점이죠. RCT를 하면 프로그램 임팩트를 분리해서 볼 수 있고, 참여 동기처럼 복잡하고 때론 보이지 않는 영향을 받지 않도록 결과를 보호하죠. 보통 이런 영향들로 실험 설계의 기반이 무너져 잘못된 결론을 도출하기 쉽거든요."라고 사회혁신연구센터Social Innovation Research Center의 패트릭 레스터Patrick Lester가 주장했다.[12]

내 생각에 레스터 말이 맞다. 사실 특정 사람들의 인생 궤도를 바꾸려는 것이 목적이 아닌, 다른 목적을 가진 많은 프로그램의 경우에서는 RCT가 의미가 없다. 예를 들어 대부분의 환경 필란트로피스트나 예술과 문화를 지원하는 사람들에게는 RCT의 적용 가능성이 낮다. 하지만 당신이 특정 문제 해결 방법을 급격히 확대하려고 하고, 당신이 돕고자 하는 사람들의 인생을 바꾼다고 주장하기 위해서는, 그 방법이 실제 효과가 있는지 RCT를 통해 확인할 필요가 있다.

효과가 없는 프로그램을 확장하는 데 수백만 달러의 돈을 낭비하기 전에, 이 방법이 정말 효과가 있는지 반드시 실험해야 한다. D.A.R.E.*나 '스케어드 스트레이트Scared Straight'** 같은 프로그램을 사전에 엄밀하게 평가하려는 노력이 있었다면, 수백만 달러의 돈을 낭비하지 않았을 것이다. 아이들을 대상으로 한 약물 예방 프로그램D.A.R.E.이나 범죄 예방 프로그램Scared Straight은 전국적

---

* D.A.R.E.는 미국의 초등학교에 경찰관이 방문하여 진행하는 마약 예방 수업(Drug Abuse Resistance Education)으로 마약, 술, 담배를 친구가 권할 때 거절할 수 있도록 필요한 기술을 가르치고 동기부여를 한다. 1983년부터 2,600만 명이 학교에서 D.A.R.E. 교육에 참여했고, 매년 5백만 명 이상의 아이들이 참여한다.

** 스케어드 스트레이트(Scared Straight)는 아놀드 샤피로(Arnold Shapiro)가 감독한 1978년 TV 다큐멘터리로, 비행 청소년들이 교도소를 방문해 실제 재소자를 만나 범죄의 결과를 체험하는 프로그램이다.

으로 유명했고 지원도 많이 받았지만 효과는 없었다. 스케어드 스트레이트는 비행 청소년을 재소자와 직접 만나게 했다. 이 프로그램은 효과가 없을 뿐만 아니라, 의도한 것과 다른 결과를 가져온다는 것을 반복적으로 보여줬다. 이 프로그램에 대한 메타 분석은 아무 개입도 하지 않을 때와 비교했을 때 이 프로그램에 참여하면 청소년 범죄가 더 늘어난다는 결론을 내렸다. 연구자들은 "증거는 아무것도 하지 않을 때보다 프로그램을 하면 해로울 가능성이 더 크다는 것을 보여준다. 당신의 자녀에게 의사가 임상 결과가 좋지 않은 치료법을 쓰도록 허락하겠는가?"라고 썼다.[13] 이런 프로그램은 계속할 이유가 없다. 우리는 배운 대로 행동해야 한다. 따라서 프로그램이 효과가 없거나 더 나쁘고 오히려 해로울 경우, 그 프로그램은 수정하거나 폐기해야 한다.

반대로, 효과가 있는 프로그램에는 더 많은 자원을 제공해야 한다. 특히 여러 맥락의 연구에서 반복적으로 효과가 있다고 입증된 프로그램에 더 많이 지원해야 한다. 증거 기반 프로그램을 담은 웹사이트evidencebasedprograms.org에서 이렇게 효과가 입증된 프로그램을 알 수 있다. 모든 프로그램의 효과가 동일하지 않다. 어떤 프로그램은 다른 프로그램보다 훨씬 더 높은 효과성을 보여주는데, 기부자는 프로그램을 선택할 때 더 효과적인 프로그램을 지원해야 한다. 물론 RCT가 모든 비영리 단체에 부합하거나 적절하지 않지만, 효과성을 입증하는 가장 엄밀한 평가 방법이긴 하다.

RCT는 비용이 많이 들고, 거의 언제나 기금제공기관의 상당한 지원이 필요하다. RCT를 수행할 수 있는 수준의 지원을 할 수 있는 기부자라면 비영리 단체가 RCT로 도움을 받을 수 있는 단계에 있는지 사려 깊고 현명하게 결정해야 한다. 몇 가지 고려할 질문은 다음과 같다.

- 해당 단체의 프로그램이 효과적이라면, 현재 돕고 있는 사람들보다 더 많은 사람들을 도울 수 있도록 해당 단체가 노력하고 있는가?
- 프로그램의 활동이 효과적이라는 긍정적 판단에 근거를 제공하는 다른 평가에 비추어, 성과를 측정할 수 있는 초기 지표early indicators가 있는가?
- RCT를 위한 기금을 찾고 있는 단체에 RCT 실행에 필요한 적절한 인력이 있는가?

오늘날 RCT를 지원하는 기관은 매우 적다. 평가혁신센터Center for Evaluation Innovation와 함께 실시한 벤치마킹 조사에서 127개의 대형 재단 중 19%의 재단들만 재단의 수행 기관에 RCT를 지원한다고 답했다.[14] RCT는 어떤 프로그램이 효과적인지 보여주므로, 프로그램을 확장할 때 도움이 된다. RCT의 이러한 잠재력을 고려할 때 RCT를 지원하는 재단이 늘어나야 한다. RCT는 프로그램의 효과성을 연구하는 연구자뿐만 아니라, 기부자와 다른 단체들에게도 도움이 되는 지식을 알려준다. 다양한 분야에서 어떤 활동이 더 효과적인지에 관한 상당한 증거가 축적되었다. 예를 들어 멘토링 분야의 프로그램을 기획할 때 맨 처음부터 시작하지 않고, 이미 효과가 검증된 활동을 도입해야 한다.[15] 그 점이 매우 중요하다.

기존 지식에서 시작하기

무엇이 효과가 있는지 기부자가 알 수 있으면, 그들은 더 크게 지원할 수 있다. 뉴욕주 보건 재단New York State Health Foundation은 당뇨병 환자의 치료를 개선할 때, 그런 방식을 취했다. 연구를 통해 특정 프로토콜이 더 좋은 결과로 이어진다고 밝혀졌는데, 많은 의사들에게 특정 프로토콜이 익숙하지 않았다. 그래서 이 재단의 직원들은 의사들의 재교육을 지원했다. 최근 많이 생긴 보건 전환 재단health conversion foundation 중 하나인 이 재단은 엠파이어 블루 크로스 쉴드Empire Blue Cross Shields*가 비영리 단체를 영리 회사로 전환하면서 조성한 기금으로 설립되었다. 오늘날 이 재단의 자산은 3억 달러에 이른다.

이 재단의 직원들은 당뇨병 환자의 치료에 무엇이 가장 효과적인지에 관한 기존 지식을 토대로, 특정 프로토콜이 더 좋은 결과로 이어진다는 연구 결과를 깊이 이해하고 적용하려는 비영리 단체들에게 지원금을 준다. 프로토콜이 더 나은 결과로 이어진다는 결과가 명백하므로, 재단은 환자들의 치료 결과를 일일이 추적하지 않는다. 대신 재단의 리더들은 적합한 재교육을 받은 의사의 숫자가 얼마나 늘었는지를 확인하고, 이 숫자에 대한 책무성을 가진다. 이런 방식은 합리적이다.

---

* 엠파이어 블루 크로스 쉴드는 메디케어(Medicare)와 메디케이드(Medicaid)를 전문으로 하는 건강보험사로 80년간 뉴욕 거주자들에게 건강보험 서비스를 제공하고 있다. 메디케어는 미국 고령자들의 보건 의료비를 보조하는 건강보험이다. 메디케이드는 모든 연령대의 저소득층의 보건 의료비를 보조하는 사회보장적 건강보험으로, 주마다 자격 요건이 다양하다.

개인 기부자든 기관 기부자든 모든 분야에서 효과가 검증된 프로그램을 알려주는 자료를 활용해야 한다. 이미 언급한 기브웰이나 더라이프유캔세이브 같은 웹사이트뿐만 아니라, 로라 앤드 존 아놀드 재단Laura and John Arnold Foundation에서 운영하는 증거 기반 프로그램evidencebasedprograms.org 같은 웹사이트도 있다. 교육 분야에 관심 있는 기부자라면 교육과학원Institute of Education Sciences*이 운영하는 왓 웍스 클리어링하우스What Works Clearinghouse**를 참고할 수 있다. 보건 의료 분야에 관심이 있는 기부자라면 코크란 라이브러리Cochrane Library***에 접속해봐야 한다. 형사 사법 제도에 관심이 있는 기부자라면 크라임솔루션CrimeSolutions.gov**** 웹사이트를 활용한다. 약물 남용과 정신 건강에 관심이 있는 기부자라면 국립 증거 기반 프로그램 및 사례 등록소National Registry of Evidence-

* 미국 연방 교육부 산하의 교육과학원(IES)은 교육연구센터(National Center for Educational Research, NCER), 평가지원센터(National Center for Educational Evaluation and Regional Assistance, NCEE), 교육통계센터(National Center for Educational Statistics, NCES), 특수교육연구센터(National Center for Special Education Research, NCSER)라는 4개의 연구 센터로 구성되어 있다.

** https://ies.ed.gov/ncee/wwc/

*** 코크란 라이브러리는 개별 환자에 대한 임상 적용을 쉽게 할 수 있도록 보건 의료 분야의 수준 높은 증거 기반 의학계 데이터베이스로, 3개월마다 갱신되는 동료 검토된(peer review) 논문을 제공한다.

**** 미국의 국립사법연구소(National Institute of Justice)가 운영하는 웹사이트로 엄정한 평가와 메타 분석을 거쳐 범죄 예방, 청소년 범죄 예방, 범죄 피해자 보호에 효과가 있다고 입증된 프로그램과 사례를 제시하여 정책 입안자와 현장 활동가가 어떤 프로그램이 효과적이고 효과가 없는지, 또한 유망한지 알 수 있도록 근거를 제공한다.

based Programs and Practices*를 이용한다. 다양한 분야에서 실제 효과가 있는 프로그램은 종종 우리 생각보다 더 많다.[16]

그러나 기부자와 비영리 단체—특히 신규 기부자—는 뉴욕주보건재단과 다르게 중요한 기존 지식을 활용하지 않는 경우가 흔하다. 기부자와 비영리 단체는 어떤 프로그램이 효과가 있는지, 혹은 없는지에 관한 인사이트를 다른 사람들과 공유하지 않는경우도 빈번하다. 대형 재단의 평가 담당자의 70% 이상이 그들의 재단이 평가 결과를 외부와 충분히 공유하지 않는다고 생각한다.[17] 이런 현실을 바꿔야 한다.

지난 10년 동안 필란트로피에서는 '어떤 프로그램이 효과적인지'에 관한 많은 토론이 있었다. 이러한 토론은 효과성의 증거를 보유한 특정 기관의 성장에 집중되었다. 예를 들어 에드나 맥코넬 클라크 재단은 BELL, 간호사가족파트너십Nurse-Family Partnership, 유스빌리지Youth Villges가 대대적으로 확장할 수 있도록 지원했다. 이러한 단체들이 확장하면서 프로그램의 우수성을 유지할 수 있다면 매우 효과적일 수 있다는 점에서 재단의 접근법은 탄탄한 전략이다.

---

* 국립 증거 기반 프로그램 및 사례 등록소(National Registry of Evidence-based Programs and Practices, NREPP)는 정신 건강을 보호하고 약물 남용을 예방하는 프로그램에 관한 데이터베이스로 미국 보건복지부(Department of Health and Human Service) 산하의 약물남용정신건강서비스관리(Substance Abuse and Mental Health Services Administration, SAMHSA)가 운영했다. NREPP 웹사이트는 2018년에 폐지되었고, 현재는 SAMHSA가 운영하는 증거 기반 사례 자료센터(Evidence-Based Practices Resource Center)에서 관련 자료를 검색할 수 있다.

그러나 규모의 확장은 특정 단체의 확장에 제한되지 않는다. 다시 강조하지만, 특정 기관의 성장에만 집중하는 것은 우리의 방향성을 잃게 만드는 비즈니스적 관점이다. 실제로는 효과적인 프로그램 확산이 가장 중요하다. 비즈니스적으로 생각하는 사람들은 비영리 단체 네트워크보다 단일 기관single entity이 더 효과적이고 더 효율적으로 일한다고 생각하는 경향이 있다. 그러나 비영리 섹터에서는 항상 그렇지는 않다.

간단히 말하자면, 특정 목표를 달성하려면 효과적으로 노력하는 것이 중요하다. 단체들 사이에서 효과적인 프로그램들이 더 많이 공유되도록 장려해야 한다. 효과적인 프로그램을 확산하려고 할 때, 가장 효율적이고 효과적인 방법은 목표와 맥락에 따라 다를 것이다.

실질적인 평가를 위한 지원

좋은 평가는 비영리 단체에게 매우 중요하다. 그들은 무엇이 효과적인지 알아야 하고, 업무를 파악할 수 있도록 지속적인 피드백도 필요하다. 그러나 효과성을 극대화하기 위한 데이터 수집, 분석 체계 및 절차를 마련하려면 자원이 필요하다.

대부분의 비영리 단체들은 평가에 필요한 지원을 못 받고 있고, 때로는 단체보다 기부자에게만 유용한 데이터를 달라는 기부자의 요구를 받기도 한다.[18] 이렇게 하면 안 된다. 더 효과적인 단체가 되는 데 필요한 자료를 수집하고, 그 자료를 통해 배우려는 비영리 단체의 노력을 지원하는 것이 기부자가 할 수 있는 최고의 투자이다.

분명히 메리 레이놀즈 밥콕 재단Mary Reynolds Babcock Foudation처럼 이런 지원을 잘하는 곳도 있다. 노스 캐롤라이나North Carolina의 윈스턴-세일럼Winston-Salem에 있는 메리 레이놀즈 밥콕 재단은 자산이 2억 달러이고, 매년 1천만 달러의 기금을 조성한다. 이 재단의 수행 기관 인식 보고서GPR에 따르면, 재단의 수행 기관들은 성과 평가에 대한 지원 부분에서 재단을 높이 평가했다. 이 재단의 부국장인 글래디스 워싱턴Gladys Washington은 "6개월 전에 설명한 목표가 상황 변화로 달성할 수 없게 되면, 수행 기관은 우리에게 이야기할 수 있어요. 우리는 물어보죠. '무슨 일이에요? 이런 상황에서 무엇을 배웠나요?' … 우리는 수행 기관 평가 절차grantees' assessment processes를 그들의 '잘못을 들춰내는gotcha' 기회로 쓰지 않고, 학습의 기회로 활용하죠."라고 말했다.[19]

워싱턴의 설명은 기금 제공자와 수행 기관 간의 관계가 굳건해야, 데이터를 활용하여 함께 배우고 개선할 수 있다는 것을 상기시킨다. 신뢰에 기반한 굳건하고 열린 관계가 없다면, 평가는 서로를 속일 수도 있다. 선별적으로 취합한 정보로 작성한 평가 보고서는 현실을 왜곡한다. 실제로는 증거가 희박한데도 어떤 기관은 자기 단체를 증거 기반으로 프로그램을 운영하는 효과성이 높은 단체라고 스스로 선전할 수도 있다. 그러면 실제 데이터가 없는데 효과적이라고 평가받는 단체가 생긴다. 그러나 누군가 나서서 이런 상황을 공개적으로 지적하기는 어렵다. 보통 다른 단체들은 업계 동료들이나 그 단체가 부풀린 성공으로 명성을 얻은 기부자를 비판하려고 하지 않는다. 그 단체를 지원하는 개인이나 민간 재단들은 그 단체가 성공했다는 생각에 빠져, 그들이 잘못 알고 있을 수도 있다는 가능성을 고려하지 않는다. 평가는 매우 어렵기 때문에 그 단체에 정말 무슨 일이 있었는지 알기 어렵다. 이런 경우 그 단체의 성장 자체가 성공의 지표가 된다. 다른 기금 제공자가 그 단체를 지원하면, 기부자들은 그 단체가 정말 효과적이라는 신호로 받아들이고 자신도 빨리 그 단체를 후원하려고 한다. 최악의 경우, 일종의 군중심리에 휩쓸리게 된다.

기부자들은 이런 함정에 빠지지 않도록 조심해야 한다. 기부자는 데이터와 증거에 대하여 지속적으로 토론해야 하고, 효과성 여부에 열려 있어야 한다. 비영리 단체가 실수하더라도 이를 공개할 경우, 이 단체를 벌하기보다 보상해야 한다. 기부자도 자신의 실수에 열려 있어야 한다. 이렇게 실수에 열려 있다면, 희망하는 데이터가 나오지 않아도 신뢰성이 높아지고 기부자의 평판도 좋아진다. 정말 중요한 건, 이런 열린 태도가 더 큰 임팩트로 연결된다는 것이다.

평가의 복잡성

민간 재단이나 개인 기부자 모두 평가를 중요하게 여긴다. 지난 10여 년 동안 민간 재단들은 배우고 성장하려고 열심히 데이터를 수집했다. 수행 기관의 자기 평가를 주장하려면, 민간 재단의 자기 평가도 필요하다는 것을 알게 되었다. 우리가 수행한 연구나

CEP의 성장을 통해 봤을 때, 민간 재단이 성과 측정과 평가에 보이는 관심이 확실히 높아졌다. 초창기 필란트로피스트들은 결과 평가에 관심을 가졌지만, 평가와 관련된 어려움들 때문에 실제 평가 자체는 드물었다. 민간 재단 CEO들은 (평가에) 개선의 여지가 상당히 많다고 생각했다.[20]

그러면 무엇을 측정할까? 청소년 수감 감소, 가정위탁종료 청소년의 대학 진학률 증가, 고등학생의 대학 준비도college readiness 향상, 탄소 배출량 감소처럼 기부자가 추구하는 큰 목표를 향한 진척progress 상황을 필수적으로 추적해야 한다. 그러나 이런 노력도 턱없이 부족하다. 기부자는 많은 행위 주체 중 하나일 뿐이고, 목표에 이르려면 오랜 시간이 걸리기 때문이다. 개인 또는 기관 기부자가 **최종 성과**end outcomes만 모니터링한다면, 진척 상황을 측정하고 이를 수정하기에 충분한 데이터가 거의 없을 것이다.

기부자는 기부 전략과 기부가 목표에 어떻게 기여하는지에 관한 가정과 연결되는 추가 지표를 설정해야 한다. 민간 재단을 대상으로 한 2011년 CEP 연구에 따르면, “민간 재단이 평가에 접근할 때 직접적인 지표의 측정이 여전히 중요한 부분이나, 최신 설문조사는 재단의 성과를 나타내는 간접적인 대리proxy 지표가 강화되어 도입되고 있음을 보여준다. 민간 재단의 전체적인 성과를 평가할 때, CEO의 거의 절반이 이러한 지표들을 결합하여 사용하고 있다.”[21]

특히 몇몇 민간 재단은 전체적인 측정 지표를 개발하는 과정을 신중하게 접근한다. 이러한 측정 지표를 통해 민간 재단의 이사회와 직원들은 재단이 어떻게 일하고 있는지, 어떻게 업무 수행을 개선할 수 있을지에 관해 토론할 수 있다. 로버트 우드 존슨 재단에서 평가를 주도한 제임스 닉먼James Knickman은 앞서 언급했던 당뇨병 치료를 지원한 뉴욕주보건재단의 첫 번째 CEO가 되었다.

닉먼은 민간 재단 CEO 중 드물게 평가 업무의 경력이 있었다. 그는 재단이 지속적으로 배우고, 성장하고, 결과를 내고 있는지 확인하는 데 주력했다. 그래서 뉴욕주보건재단은 성과 목표 차트를 결과와 함께 웹사이트에 공개적으로 게시했다. 평가 지표 중 일부는 해당 주에서 운영 중인 '증거 기반 당뇨병 예방 프로그램'의 숫자처럼 재단이 달성하고자 하는 프로그램 목표와 직접 연결되었다. 그러나 다른 지표는 궁극적인 효과성에 관한 재단의 가설을 기초로 설정되었다. 수행 기관 인식 보고서GPR의 항목 중 재단의 직원들이 얼마나 민감하게 반응하는지에 관한 수행 기관의 평가 등급과 수행 기관의 리더십이 얼마나 다양하게 구성되었는지에 관한 데이터를 기초로 가설이 세워졌다. 재단의 리더들은 이러한 정보와 재단이 의뢰한 외부 평가 결과를 열린 자세로 수용했다. 그들은 알았다. 그들은 어떤 방식이 효과가 있는지 혹은 없는지 사람들이 배울 수 있도록 도울 때, 그들이 공익에 기여할 수 있다고 생각했다.

고액 기부자에게 외부 평가자들은 중요한 자원이다. 기부 분야에서 진척 현황을 기부자에게 알려주는 훈련된 전문 평가자들은 학습과 평가에 관한 정보를 제공하는 핵심 파트너가 될 수 있다. 이상적으로 기부자들은 평가자들이 결과 평가에 관여할 때까지 기다리기보다, 전략 개발 과정 초기에 진척 정도를 어떻게 평가할 것인지에 관련된 질문에 답해야 한다. 에드나 맥코넬 클라크 재단의 전직 대표이자 CEP의 전임 이사였던 마이클 베일린Michael Bailin은 내 멘토였다. 그가 지켜본 바에 따르면, 필란트로피의 평가는 살아있는 환자에 대한 건강 검진이라기보다 사체 부검에 훨씬 가까운 것 같다고 했다. 학습에 집중할 때 평가에 가장 잘 접근할 수 있다.

록펠러 형제 기금, 커먼웰스 기금Commonwealth Fund, 기타 민간 재단은 이사회와 직원들이 토론할 수 있도록 전체적인 평가 과정에 다양한 출처를 활용한 지표를 결합하여 성과를 측정하는 접근법을 개발했다. 민간 재단 이사회와 대표들은 어떤 지표도 완벽하지 않고, 지표는 맥락 안에서 해석되어야 한다고 강조한다. 그러나 성과를 측정할 때, 성실한 전문가의 역할은 여전히 중요하다.

평가혁신센터와 공동 수행한 벤치마킹 연구에서 우리는 대형 민간 재단의 프로그램 담당 직원과 평가 담당 직원의 비율을 분석했다. 이 비율은 10대 1이었다. 응답자의 50%는 프로그램 예산 대비 평가 예산 지출이 늘어나고 있다고 답했지만, 많은 민간 재단에서 평가에 대한 지출은 여전히 부족했다. 평가 담당 직원의 35%만이 자신이 근무하는 재단이 영향을 미치고자 하는 분야에서 달성한 재단의 성과를 재단이 꽤 혹은 매우 정확하게 이해하고 있다고 생각했다. 재단이 영향을 미치고자 하는 지역 사회에서 달성한 재단의 성과를 재단이 꽤 혹은 매우 정확하게 이해하고 있다고 생각하는 평가 담당 직원은 22%에 불과했다.[22]

대형 민간 재단도 평가에 어려움을 겪는데, 하물며 개인 기부자들은 이런 어려움을 어떻게 다뤄야 할까? 개인 기부자에게는 현실적으로 평가할 수 있는 부분이 중요하다. 개인 기부자에게는 평가를 도와줄 수 있는 평가팀이 없다. 개인 기부자는 기부나 기부하는 단체의 성과를 속속들이 알기 어렵다. 그렇지만 개인 기부자들에게도 중요한 질문들이 있다. 구체적으로 다음 세 가지 질문에 매년 간단히 답해보는 것을 추천한다.

- **당신의 기부가 당신이 의도한 목표와 전략에 부합하는가?** 모든 기부를 검토해서 목표와 전략에 완전히 부합하는 비율, 일부 부합하는 비율, 목표와 우선순위에 전혀 부합하지 않는 비율을 계산하라. 결과를 원한다면, 개인 기부의 최소한 80%는 첫 번째 범주에 해당해야 한다. 기부자조언기금DAF을 통하지 않고 기부하고 있다면, 기부 나침반Giving Compass*의 웹사이트에서 제공하는 유용한 툴을 활용하여 당신의 기부를 추적할 수 있다. 이 웹사이트에는 유용한 자료도 많다.
- **당신이 기부하는 단체에 목표 달성을 향한 강력한 증거가 있고, 당신이 이를 확인할 수 있나?** 기부하는 각 단체의 웹사이트를 검토하라. 만약 상당한 수준에서 기부하고 있어 단체의 직원과 직접 소통할 수 있다면 직접 질문하라. 대답의 정확도는 기대하지 말라. 다만 양적 증거와 질적 증거는 목표를 향한 진척 현황을 보여줄 수 있어야 한다. 단체가 이런 증거를 제시할 수 없다면, 단체가 학습한 내용을 바탕으로 앞으로 어떻게 할 것인지 설명할 수 있어야 한다. 단체가 이렇게 설명하지 않는다면, 기부를 계속할 가치가 없다.

* https://givingcompass.org

- **당신과 동일한 목표와 전략을 지원하는 고액 기부자가 누구인가? 목표를 향한 진척을 평가하기 위한 그들의 노력에서 배울 수 있는 점은 무엇인가?** 종종 이러한 고액 기부자들은 평가에 상당한 자원을 제공한다. 당신이 그들과 동일한 목표에 집중하여 기부하려 한다면, 그들이 이미 공개한 평가 결과를 통해 배울 수 있다. 효과가 있는 곳에 더 많이 기부한다면, 모두에게 유익하기 때문이다.

거품 터뜨리기

기부자가 취할 수 있는 기본적인 첫 번째 단계는 솔직하고 비교 가능한 피드백을 받는 것이다. 소액을 기부하는 개인 기부자에게는 적절하지 않을 수도 있지만, 개인이든 기관이든 고액 기부자는 기부 단체와의 관계를 점검해볼 필요가 있다.

2004년에 메리 발리에-카플란Mary Vallier-Kaplan도 그렇게 했다. 설립된 지 얼마 안 된 인다우먼트 포 헬스Endowment for Health에서 일을 시작한 그녀는 수행 기관 인식 보고서GPR를 의뢰했다. 이제 3년 차에 접어든 기관은 뉴햄프셔에 집중하는 기금제공기관으로 당시 자산이 7,500만 달러였다. 그녀는 GPR의 모든 분야에서 높은 점수를 받을 거라고는 기대하지 않았지만, 결과는 실망스러웠다. GPR의 결과를 받았을 때, 부대표이자 사무국장이었던 그녀는 재단의 다른 직원들에게 결과를 사나흘 동안 공유하지 않았다.

GPR에서는 수행 기관이 기금제공기관과의 상호작용을 질적으로 어떻게 인식하고 있는지가 중요한 부분이었다. 그런데 당시 GPR 조사에 참여한 거의 모든 다른 수행 기관과 비교할 때, 이 기관의 수행 기관은 더 낮은 점수를 재단에 부여했다. 한 수행 기관은 "이 기관은 지속적으로 의문을 제기하고 비판하는 대신, 기금을 지원받아 프로젝트를 실행할 역량이 있음을 신뢰해야 한다."라고 썼다.

혼자서 며칠 동안 결과를 숙고한 후에, 발리에-카플란은 직원들과 소그룹으로, 때로는 개별적으로 결과를 공유하기 시작했다. 그녀와 마찬가지로 다른 직원들도 실망스러운 결과를 받아들이는 데 며칠이 걸렸다. "우리가 일을 잘하지 못했다는 감정의 허들을 넘기가 어려웠어요."라고 그녀가 말했다. "우리가 못했다기보다는, 앞으로 더 잘하면 되는 건데 말이죠." 그리고 그들은 그렇게 했다.

3년 후 GPR을 다시 했을 때, 결과는 첫 번째와 정반대로 나왔다. 다른 기금제공기관에 비해 뒤처졌던 많은 부문에서 이제는 상위권에 속하게 되었다. 이 기관의 수행 기관은 이렇게 말했다. "저는 이 기관의 초창기부터 함께 일했어요. 그래서 기관 직원들과 수행 기관 간의 개인적 관계와 상호작용에 대한 집중력이 아주 훌륭하다고 자신 있게 말할 수 있죠. 기관의 일관적인 자기 평가가 만든 변화는 엄청난 차이를 만들었어요."

2011년을 돌아보며, 이 기관의 리더들은 그들이 받았던 피드백이 더 나은 계획을 세우는 데 결정적이었다고 보았다. 이 기관과 함께 일했던 평가 컨설턴트인 카렌 호르쉬Karen Horsch는 첫 번째 GPR을 받고 어려웠지만, 이후 기관이 취했던 변화들로 '더 좋은 기금제공기관'이 되었다고 말했다. 기금제공기관의 미션을 성취하는 것은 수행 기관에 달려 있기 때문에, 발리에-카플란은 수행 기관의 이야기를 귀담아들었다. "세상에 돈이 아무리 많아도, 수행 기관과의 관계와 파트너십이 좋지 않으면 성과를 달성할 수가 없어요."라고 그녀는 말했다.[23]

인다우먼트 포 헬스에서 그랬던 것처럼, 많은 재단들은 GPR을 통해 기금제공기관과 수행 기관 간의 역학관계를 변화시켰다. 이 보고서가 당신이 알고 싶은 임팩트에 관한 모든 것을 알려주는 것은 아니다. 아마도 이런 데이터는 찾기 어려울 것이다. 그러나 이 보고서는 기금제공기관과 수행 기관이 공유하는 목표를 추구할 때 기금제공기관이 얼마나 효과적으로 일하고 있는지 이해하도록 도울 수 있다.

만약 당신이 비영리 단체들과 교류하는 개인 기부자라면, 해당 단체가 당신의 지원을 원하는지 스스로 생각해볼 수 있다. 이러한 자기 인식은 그 단체와 상호작용하는 방식에 영향을 미친다. 일반적으로 자신이 지원하는 단체가 기부자를 아낌없이 칭찬해도 너무 의미를 부여하지 말아라. 대신 지역 사회와 사람들을 위한 변화를 효과적으로 만들고 있는 단체를 지원하고 있다는 사실에 만족할 수 있기를 권한다.

가장 중요한 사람들에게 귀 기울이기

GPR은 수행 기관의 관점을 기부자에게 알려준다. 그러나 가장 중요하게 생각해야 할 사람들—당신이 궁극적으로 변화시키려고 하는 사람들—의 의견은 어떻게 들을까?[24] 2007년 가을에 페이 트워스키Fay Twersky가 나에게 했던 질문이다. 그녀가 시애틀에 있는 빌 앤 멜린다 게이츠 재단의 사무실에서 전화를 걸었을 때, 나는 보스턴에서 비행기에서 막 내리던 참이었다.

비영리 단체는 수혜 대상자의 의견을 일상적으로 듣지만, 현장에서 일하지 않는 기부자는 이런 이야기를 듣기가 더 어렵다. 그렇지만 기부자도 돕고자 하는 사람들의 관점을 이해하는 것은 절대적으로 중요하다. 그렇게 하는 것이 옳은 일이면서, 이제는 윌리엄 앤드 플로라 휴렛 재단으로 이직한 트워스키가 종종 이야기하는 것처럼 가장 현명한 일이기도 하다.

트워스키는 게이츠 재단의 직원들이 돕고자 하는 사람들과 너무 떨어져 있다고 느꼈다. 그녀는 이런 상황을 바꿀 방법을 시험해 보고 싶었다. 게이츠 재단의 교육 분야에서 일하는 사람들이 관심을 보였고, 그녀는 학교와 교육구school district 및 교육 분야 기금 제공자에 피드백을 제공할 수 있도록 비교 학생 설문조사comparative student survey를 만들 수 있을지 알아봐달라고 CEP에 요청했다. 이러한 노력으로 유스트루스YouthTruth가 만들어졌다. CEP 조직 밖에서 시작된 이 의제는 백만 명의 학생들의 생각을 교육계 리더들과 기부자들에게 전달했다.

유스트루스 학생 설문조사YouthTruth student survey는 엄격한 교육과정과 대학 및 진로 준비도에 대한 관점부터 왕따와 학교 문화의 다른 측면까지 다양한 쟁점을 다룬다. 이제 유스트루스는 고등학교, 중학교, 초등학교 고학년 학생뿐만 아니라 학생 가족들과 교직원까지 조사한다. 유스트루스가 시작되고 몇 년 후에 게이츠 재단은 지원을 중단했지만, 다른 많은 민간 재단들이 합류하여 교육구와 학교들이 유스트루스를 활용할 수 있도록 지원했고, 이 재단들은 해당 데이터를 통해 학생들의 생각을 알 수 있었다. 참여한 교육구와 차터 네트워크charter networks의 대부분은 그들 예산의 일정액을 조사를 위해 확보했다. 왜냐하면 그들은 학생들의 의견을 종합적이고, 비교가능하고, 솔직한 방식으로 듣는 것이 중요하다고 보았기 때문이다.

하이 테크 하이High Tech High는 샌디에고 카운티San Diego Couty의 13개 차터 스쿨 네트워크로, 유스트루스 조사를 활용하는 수천 개의 학교 중 하나이다. 그들이 받은 학생들의 많은 피드백은 그들의 교육 방식을 긍정적으로 평가했다. 또한 그들은 이 조사 데이터로 교육 방식을 개선했다. "최근 대학 및 진로 준비도에 관한 항목을 살펴보며, 우리는 11학년과 12학년 학생들이 '네, 대학 진학 절차를 이해하고 있어요.'라고 말하는 것을 확인했어요."라고 하이 테크 미들High Tech Middle 이사인 니키 히노스트로Nikky Hinostro가 설명했다. "그런데 9학년과 10학년 학생들은 '아니요, 우린 모르겠어요. 우리가 대학 생활을 한 만큼 준비되지 않은 것 같아요. 대학 진학 관련한 의사결정을 내릴 준비도 안 되어 있어요.'라고 이야기했어요." 학년에 따른 이런 차이는 불필요한 걱정과 불안을 초래했지만, 학교는 이 조사를 기반으로 문제를 차근차근 해결해나갔다.[25]

초등학생의 자기 경험에 관한 이해도 귀중하다. 캘리포니아 산호세San Jose의 에버그린 교육구Evergreen School District에는 18개 학교와 1만 1천 명의 학생들이 있다. 교육구는 유스트루스 조사를 활용하여 학교 문화와 학생 참여에 중점을 둬야 한다는 것을 알게 되었다. 이 교육구에 있는 한 초등학교 리더들은 이 조사를 통해 배운 점을 단계적으로 실행하였다. 새롭게 시행된 행동 관리 및 지원 방식을 통해 훈육 사례가 일 년에 절반 이상으로 감소했다.[26] 유스트루스는 설립 당시에는 발레리 스렐폴Valerie Threlfall이 대표였지만, 지금은 젠 보르스 윌카Jen Vorse Wilka가 이끌고 있다. 최종 수혜자의 관점을 있는 그대로 보여주는 유스투르스는 매우 효과적이다.

펀드 포 쉐어드 인사이트Fund for Shared Insight는 윌리엄 앤드 플로라 휴렛 재단, 포드 재단, 게이츠 재단, 아인혼 패밀리 자선 신탁 등 수혜자의 피드백에 관심 있는 기금 제공자들이 만든 연합기금이다. 5년 전 90명 이상의 기금 제공자가 참여해 연합기금을 조성했고, 공동 기금으로 리슨 포 굿Listen for Good이라 불리는 간단하지만 엄밀한 조사 이니셔티브를 통해 비영리 단체가 수혜자의 피드백을 수집할 수 있도록 지원하고 있다.

캐시 무어와 ECHOS의 직원들은 리슨 포 굿에 참여해서 기다리는 줄이 너무 길어 이용자가 겪는 불편을 이해할 수 있었다. 그들은 효율성 관련 외부 전문가의 도움을 받아 사람들이 특히 붐비는 지점을 확인하고, 프로세스를 개선했다. “너무 바쁠 때는, 이런 게 보이지 않아요.”라고 무어가 설명했다. 이제는 직원들은 ‘이용자를 환대’하고 ‘이용자가 중요하고 존중받는다고 느끼게 하는 것’에 집중한다. 예를 들어 직원들은 매일 아침 7시에 출근하여 사무실 문을 열기로 결정했다. 그러면 사람들이 밖에서 기다릴 필요가 없기 때문이다. 직원들은 열심히 피드백에 반응한다. “우리는 우리가 도우려고 하는 사람들을 진심으로 생각하거든요."라고 무어가 말했다.

우리가 도우려고 하는 사람들의 생각을 모르면, 그들을 효과적으로 도울 수 없다. 인식 데이터와 예상 성과의 관계에 관한 강력한 증거를 고려하면, 인식 데이터는 성과를 보여주는 중요한 선행지표가 될 수 있다. 대부분의 비영리 단체는 그들이 돕고자 하는 사람들의 의견을 듣기 위해 노력한다. 다만 그들은 피드백을 듣는 데 필요한 시간과 자원을 확보하는 데 어려움을 겪는다.[27 28]

기부자는 후원 단체가 수혜자의 피드백을 받고 있는지, 어떻게 피드백을 받는지, 업무 개선에 피드백을 어떻게 활용하는지 이해하려고 노력해야 한다. 인사이트 공유를 위한 기금의 관계자는 어려운 점을 이렇게 이야기했다. '어떻게 진심으로 경청하는지 이해하고, 모르는 것을 열린 자세로 받아들이며, 자기 삶과 경험, 꿈을 가장 잘 알고 있는 수혜자들의 이야기를 진정으로 듣기'가 어려울 수 있다고 말했다. 또 다른 관계자는 수행 기관을 통하지 않으면 수혜자들의 이야기를 직접 듣기가 어렵다고 말했다.

그래도 가능하다면 기부자가 영향을 미치고 싶은 수혜자들과 관계를 맺고 개인적인 교류를 할 수 있는 방법을 찾는 것이 중요하다. 3장에서 언급한 마크 실콕스와 레슬리 실콕스 부부는 뉴욕 저소득층 학생들의 학력을 신장하는 데 집중했는데, 그들이 돕는 학생들과 개인적인 관계를 맺었다. 결국 무엇이 자기에게 도움이 되는지 수혜자보다 더 잘 아는 사람이 있을까?

그러므로 기부자는 그들의 이야기를 들어야 한다.

측정의 위험

때때로 사회 프로그램을 좀 더 엄밀하게 측정하려는 노력은 야구의 '머니볼moneyball' 접근과 비교되었다. 머니볼은 통계 분석을 활용하여 최선의 선수 명단rosters과 라인업lineups을 결정하는 방식이다. 일반적으로 통계가 믿을 만하고, 승패를 판단하기 쉬운 스포츠를 사회 프로그램 측정에 비유하는 것은 주의해야 한다. 이런 비유는 사회 프로그램의 측정이 실제보다 훨씬 더 쉽다고 생각하게 할 수 있기 때문이다.

필란트로피를 기술에 비유한 션 파커Sean Parker도 마찬가지다. 그는 새로운 젊은 기부자들은 "믹스패널Mixpanel*과 같은 소프트웨어 제품을 운영하는 대시보드와 유사한 측정 및 분석 툴을 원한다."라고 썼다.[29] CEP도 믹스패널을 사용하고 있어서 나도 익숙하다. 믹스패널은 웹사이트와 앱 사용을 추적하는 유용한 툴이다. 그러나 누가 웹사이트를 이용하는지와 목표 달성의 정도—예를 들어 가정위탁 청소년들의 삶을 개선하려는 노력—의 측정을 비교하는 것은 순진한 발상이다.

이와 유사하게, 비즈니스에서처럼 필란트로피도 '빅데이터'를 활용하라는 많은 요구가 있다. 그러나 이런 요구들은 문제를 지나치게 단순화하고, 실행의 어려움을 간과하고 있다. 물론 넷플릭스는 내가 관심 있는 쇼나 영화를 예측할 수 있다. 그러나 사회 현상은 복잡해서 예측하기가 쉽지 않다.

* 믹스패널(Mixpanel)은 고객이 웹이나 앱에서 하는 행동을 추적하고 분석해 잠재 고객의 행동 패턴을 파악하는 서비스를 제공하는 회사이다.

예를 들어, 민간 재단은 유죄로 판결받은 범죄자의 형량을 결정하려고 재범 가능성을 예측하는 소프트웨어 활용을 지원하려고 한다. 이러한 노력을 주도하는 민간 재단 중 한 곳의 CEO는 판사에게 이런 툴을 제공하면 인종에 관한 편견을 없앨 수 있다는 점이 가장 큰 이점이라고 말했다. 그는 "어떤 점에서는 소프트웨어가 인간보다 더 나아요. 소프트웨어는 편견이 없기 때문이죠."라고 말했다.

그러나 사람이 소프트웨어를 개발했다. 게다가 미래의 행동을 예측하는 알고리즘은 인종차별의 영향을 받고, 인종차별 가운데 살아가는 사람들의 데이터를 기반으로 한다. 그래서 의도와는 다르게 소프트웨어에 흑인에 대한 편견이 있다는 프로퍼블리카 ProPublica*의 탐사보도가 놀랍지도 않다.[30] 우리는 '빅데이터'가 불평등을 지속시키는 방식을 더 많이 이해하기 시작했다.

어려운 사회 문제를 다룰 때 데이터를 측정하고 활용하기는 특히 어렵고, 또한 실수했을 때 발생하는 비용도 높다. 넷플릭스가 내가 좋아할 만한 영화를 추천했는데 그 영화가 별로였다면 나는 실망하거나 지루해할 수 있다. 혹은 내 옆에 앉아 그 영화를 같이 봐야 했던 아내가 나에게 짜증을 낼 수도 있다. 그렇지만 그렇다고 누군가 다치는 것은 아니다. 누군가 감옥에서 시간을 더 보내야 하는 것도 아니다. 그렇다고 죽는 사람도 없고, 굶주리는 사람

* 미국의 비영리 탐사 전문 온라인 언론사로, 공익을 위해 정부와 금융기관, 교육기관, 의료기관, 미디어, 법조계 등의 권력 남용을 감시한다. 타 언론사와 끊임없이 협업하고, 후속보도를 적극적으로 활용하여 보도 이후의 변화까지 기록한다.

이 생기는 것도 아니다.

필란트로피와 비영리 섹터에서 더 나은 결정을 하는 데 필요한 정보를 알려주는 데이터 마이닝도 있을까? 물론, 보건 의료부터 교육까지 데이터 마이닝을 활용하고 있다. 그러나 우리는 무엇이 가능한지 현실적으로 생각해야 하고, 필란트로피의 효과성을 측정할 때의 독특한 어려움을 냉철하게 직시해야 한다.

측정의 어려움을 단순화하면 위험하다. 좋은 의도를 가진 리더들도 한 가지 방법으로만 필요한 모든 측정을 하려는 경우가 흔하다. 최근 교육 분야를 보면, 부시 행정부와 오바마 행정부 그리고 기금 제공자는 교육구, 학교, 학생을 평가할 때 고부담high-stakes 시험* 점수를 강조했다. 되돌아보면, 미국의 여러 도시에서 시험 부정행위 스캔들이 발생하고, 시험에 대비하는 내용만 가르치고, 음악이나 미술처럼 표준화 시험 과목이 아닌 과목은 축소된다는 것도 예측할 수 있었다고 말할 수 있다.

오바마 행정부의 말기에 연방 교육부가 입장을 바꾸어 시험 점수를 강조하는 대신 총체적으로 학업 성취도를 평가할 것을 요구했다.[31] 이처럼 복잡하고 고착화된 사회 문제가 얼마나 개선되었는지 측정하는 것은 쉽지 않다.

---

* 고부담 시험(high stakes test)은 시험의 결과가 수험자인 개인이나 학교에 중요한 영향을 미치는 시험으로, 시험 성적이 유급이나 다음 학년으로의 진급 여부, 졸업 여부, 상급 학교의 진학 여부, 학교에 대한 예산 지원 여부, 더 나아가 학교의 폐쇄 여부까지 결정할 수 있다. 우리나라의 대학수학능력시험이 대표적인 고부담 시험이다.

도전할 가치가 있다

필란트로피를 제대로 평가하기란 어렵지만, 그만한 가치가 있다. 평가는 학습한 결과를 바탕으로 목표와 전략을 명확하게 설정할 수 있는 유일한 방법이다. 목표와 전략이 무엇인지 모른다면, 목표와 전략을 향한 진척을 어느 정도 이루었는지 평가할 수 없다. 또한 성과 평가와 지표 개발을 위해 노력하다 보면, 목표가 명확하지 않다거나, 목표가 너무 많다거나, 전략이 명시적으로 기술되지 않았다는 것을 알게 된다. 이렇게 깨달아 목표와 전략을 명확하게 수립할 수 있다면, 장기적으로 기부자의 필란트로피는 개선될 것이다.

또한 목표를 향한 진척 상황을 판단할 수 있도록 지표와 측정 방법이 명확해지면, 성공을 어떻게 정의할 것인지에 관하여 생각을 일치시킬 수 있다. 기부자, 직원, 이사회가 모두 무엇이 성공한 것인지 서로 다르게 생각하는 상황이 흔하게 발생한다. 지표와 측정 방법이 명확해지면, 의사결정과정에 문제가 발생하고 업무 성과가 떨어지는 상황을 해결할 수 있다. 기부에 관한 판단을 할 수 있도록 데이터를 명확하게 제공하고, 모든 이해관계자—기부자의 배우자나 가족 혹은 민간 재단 이사회와 직원—가 이런 과정에 참여하면 큰 오해가 발생할 가능성이 줄어든다. 이렇게 되면 모든 사람이 동일한 방향을 향해 나아갈 수 있다.

측정 방법을 구체화하면 현실적으로 생각할 수 있다. 이런 현실감각은 “우리가 정말 영향을 미치고 있나?” 질문하게 한다. 또한 이런 질문을 통해, 기부와 기부자가 추구하는 성과가 어떻게 연결되는지에 관한 논리적인 대화가 가능하다. 또한 효과적으로 기부하려면, 기부자가 수행 기관, 다른 기금제공기관뿐만 아니라 비즈니스와 정부를 포함한 다른 분야의 사람들과 협력해야 한다는 것을 더 깊이 인식하게 된다.

평가가 학습을 촉진한다는 점이 가장 중요하다. 평가가 쉽지 않지만, 평가하지 않으면 기부자가 의도한 성과를 이룰 수 없다.

6장 정리

기부 가이드

1. **기부를 측정하는 보편적인 척도는 없다.** 목표와 전략에 따라 측정법은 달라진다. 한 가지 측정법에만 집중하면 의도하지 않은 해로운 결과로 이어진다. (예를 들면, 시험 성적을 지나치게 강조하면, 부정행위 스캔들로 이어진다.) 행정비의 비율이나 '수혜자 1인당 비용'처럼 지나치게 단순화된, 하향 평준화 척도를 주의하라.
2. **효과적인 기부에 관한 많은 정보를 쉽게 구할 수 있다.** 당신이 기부하는 분야에서 어떤 정보를 구할 수 있는지 알아보고, 효과적인 기부에 관한 기존 지식과 당신의 기부 방식이 일치하는지 확인하라. 많은 분야에서 어떤 접근이 효과적인지 알려주는 웹사이트와 자료들이 있다. 특정 비영리 단체들을 엄밀하게 평가해주는 기관들도 있다. 개인 기부자는 자신의 지역 재단에서 기부 가이드를 알아볼 수도 있다.
3. **비영리 단체도 평가에 관심이 많다. 그러나 평가를 잘하기 위해서는 지원이 필요하다.** 비영리 단체에 평가 데이터를 요구하는 대신, 비영리 단체가 업무를 더 잘 수행하는 데 필요한 도움이 무엇인지 물어보라. 비영리 단체가 돕는 수혜자의 관점을 이해하는 데 필요한 데이터 범위에 관해 물어보라.

제7장

모든 도구를 효율적으로 사용하기

Deploying All the Tools

7장 모든 도구를 효율적으로 사용하기

기부자나 민간 재단의 직원들은 종종 말한다. "우리는 기부 이상의 것을 하려고 해요. 변화를 만들기 위해 필요한 모든 방법을 다 활용하려고 해요."

물론 맞는 말이다. 그렇지만 필란트로피 방법에 관한 책에나 나올 법한 "나는 기부 이상을 하고 있어요."라고 말하는 사람들이 정말 많다. 그런데 막상 이런 사람들은 기부를 잘하고 있지 않다.[1]

그렇기 때문에 효과적으로 기부하려면 무엇이 필요한지 지금까지 이야기했다. 목표를 명확하게 설정하고, 타당한 전략을 발견하여 지지하고, 어떤 단체를 후원할지 잘 선정한 후 지원하는 단체와 관계를 견고하게 맺고, 단체의 성과를 평가한다. 또한 우리는 자원봉사도 알아보았고 기부자들이 분야와 지역사회에 관한 전문성을 활용하여 지원금 이상의 지식과 노력을 공유해서 단체를 강화할 수 있다는 것도 알았다.

그리고 무엇이 더 있을까?

사실, 더 많은 방법이 있다. 지금까지 논의한 기부와 관련된 활동이 필요하지만, 때때로 충분하지 않은 것도 사실이다. 후원 단체를 통한 기부 이외에도 기부자가 임팩트를 극대화할 수 있는 다른 중요한 방법들도 있다. 특별히, 다음 네 가지는 모든 기부자가 고려해보면 좋다.

- 정책에 영향 미치기
- 커뮤니케이션
- 대안적 투자 방식
- 비즈니스에 영향 미치기

각각의 경우에, 당신에게 알맞은 특정 방식이 있는지 알려주는 단 하나의 정답은 없다. 정답은 언제나 '상황에 따라 다르다.' 당신의 목표와 전략에 따라, 당신이 활용할 수 있는 자원에 따라, 당신이 일하는 맥락에 따라 정답은 모두 다르다.

이 장에서 내가 논의하는 몇 가지 방법은 소액 기부자보다는 개인이든 재단이든 거액 기부자에게 더 적절한 내용이다. 나는 네 가지 방식을 각각 설명하고, 어떤 방식이 혹은 이 모든 방식이 당신에게 적합한지 결정할 수 있도록 도와줄 질문을 하려고 한다.

정책에 영향 미치기: 기부의 오랜 전통

지역사회나 사회 및 환경에 관심 있는 모든 시민은 정책에 관심을 가진다. 기부자도 기부나 기부 이외의 방법을 통해 정책에 영향을 미칠 수 있다. 도널드 J. 트럼프가 대통령으로 선출된 2016년에는 미국시민자유연맹American Civil Liberties Union(ACLU)*이나 플랜드 페어런트후드Planned Parenthood**와 같은 정책 지향 단체에 많은 개인들의 기부 행렬이 이어졌다. 새 대통령의 우선순위에 항의하는 많은 시민이 거리로 나와 시위했다. 2017년 1월에 있었던 여성 행진Women's March이 그 예이다. 자전거 전용 도로를 설치하거나 비닐 봉투의 사용을 금지하라고 지방 정부에 정책을 제안하도록 시민들이 움직이는 등 지역 단위에서도 정책에 영향을 미칠 수 있다.

501(c)(3) 지정을 받은 대다수의 민간 재단과 목적 사업을 수행하는 비영리 단체는 정치적 활동에 제한이 있다. 그러나 이들도 정책에 광범위한 영향을 미칠 수 있다. 환경 단체는 깨끗한 물이나 환경 보호의 중요성에 관한 인식을 개선하고 법률을 제정하는 사람들을 교육시킬 수 있다. 아동권리옹호단체는 학대에서 아동을 보호하기 위한 정책을 주장할 수 있다. ACLU 같은 단체는 501(c)(3)과 501(c)(4) 지위를 모두 가지고 있어, 501(c)(4) 지위로 규제가

* 미국시민자유연맹은 미국의 헌법과 법률에 의해 보장된 개인의 권리와 자유를 수호하고 보존하기 위해 1920년에 설립된 비영리 단체로, 시민의 자유와 관련된 소송과 로비 활동 및 법률 지원을 한다.

** 플랜드 페어런트후드는 성·재생산 건강 및 권리(Sexual and Reproductive Health and Rights) 옹호 단체로 여성의 낙태권을 옹호한다.

덜한 로비 활동 같은 정치 활동을 할 수 있다. 501(c)(3)은 기부금에 대한 세금 공제가 가능하지만, 501(c)(4)는 그렇지 않기 때문에 개인 기부자는 이런 구분에 관심을 가져야 한다.

고액 기부자가 추구하는 목표 달성을 위한 변화를 만들기 위해 정책 옹호 활동이 종종 필요하다. 사실, 고액 기부자들은 자신들의 필란트로피를 설명할 때, 정책에 영향을 미치고 싶다고 많이 이야기한다. 이베이eBay 창업자인 피에르 오미다르Pierre Omidyar나 페이스북의 마크 주커버그는 그들의 기부 활동으로 대형 민간 재단을 설립하지 않았다. 오미다르는 501(c)(4) 기관과 유한책임회사를 설립했고, 주커버그도 지금까지 기부의 많은 부분을 챈 주커버그 이니셔티브Chan Zuckerberg Initiative(CZI)라는 유한책임회사를 통해 집행하였다. CZI는 '개인화된 학습을 통한 기본 바이오메디컬 연구 및 교육 활동을 하는 과학 분야를 집중적으로 지원하고, 세계 정상급 엔지니어링, 기금 조성, 임팩트 투자, 정책 및 옹호 활동을 포괄하는 새로운 종류의 필란트로피 기관'이라고 기관을 소개한다.[2]

이들은 왜 유한책임회사를 세울까? 민간 재단은 세금 혜택을 받을 수 있지만, 단체 공개 의무가 있고, 입법 활동을 옹호하거나 정치인을 직접 지원할 수 없다. 어떤 사람들은 이런 이유로 유한책임회사를 선호한다. 유한책임회사의 구조상 기부자는 규제를 피하고 투명성 관련 의무를 부담하지 않으며 기부 활동을 최대한 통제할 수 있다. 고액 기부자들은 점점 더 이런 점들을 매력적으로 느끼며 유한책임회사가 유익하다고 말한다.[3] 그러나 유한책임회사가 은행 계좌 그 이상도 그 이하도 아니라고 하면서, 기부자가 필란트로피에 대한 실제 의사결정은 미루면서 유한책임회사의 설립

목적만 홍보하는 경우도 있다. 개인적으로 민간 재단에 대한 대안으로 떠오른 유한책임회사를 운영할 때 투명성이 부족할 수 있다는 점이 특히 우려된다.

그럼에도 필란트로피 업계의 많은 사람들은 주커버그를 따라 유한책임회사를 기부 방법으로 선호할 것이라고 예측한다. 이런 기부자들은 정치적 영역에서 직접 활동할 수 있는 자유와 자신들의 기부에 대한 정보를 더 강력하게 통제하려는 열망을 동시에 추구한다. 그러나 기부처의 법적 형태에 변화가 있든지 없든지, 정치에 영향을 미치려는 열망은 전혀 새롭지 않다. 미국에서 고액 기부자는 한 세기 동안 정책에 영향을 미치려고 했다. 정책 토론에서 그들의 역할이 적합한지는 논의의 주제가 되기도 하고, 때로는 오랫동안 상당한 논란을 일으키기도 했다. 필란트로피스트들이 정책에 영향력을 미치고 있는지, 이들의 활동이 어느 정도 반(反)민주주의적인지에 관한 의문이 제기되면서 이러한 비판은 최근 몇 년 동안 다시 증폭되었다.

역사가인 올리비에 준즈는 이렇게 말했다.

> 20세기 내내 법을 제정하는 의원과 규제기관의 담당자와 필란트로피스트들이 필란트로피와 정치를 구분하려는 거의 불가능한 일에 얼마나 많은 노력을 기울였는지를 알게 되면 정말 놀랄 것이다. 공익을 추구하다 보면 보통 정치적인 옹호 활동을 하게 된다. 그래도 필란트로피는 교육을 담당하고, 옹호 활동을 하면 안 된다는 입장이 지배적이었다. 이런 입장에서는 커뮤니케이션과 로비 활동 사이의 인위적인 경계에 따라 교육과 옹호 활동을 구분했다.[4]

준즈는 거대 개인 기부자와 기관 기부자들의 정책 활동 참여가 '민주주의를 위협'한다고 주장했고, 나는 그의 주장에 동의한다. 스턴 패밀리 펀드Stern Family Fund, 포드 재단Ford Foundation, 카네기 코퍼레이션Carnegie Corporation 등 민간 재단들이 시민권 운동 기간에 정책에 부당한 혹은 반민주주의적인 영향을 미칠지 모른다고 염려해서 방관하지 않고, '전심으로 인종 분리racial segregation를 종식시키려는 국가적 캠페인에 헌신했다'는 점을 높이 평가한다.[5]

나는 기금제공기관들이 성소수자의 인권과 관련 정책 형성에 영향을 미쳤던 법률혼연대 활동을 지원한 것도 바람직하다고 여긴다. 또한 목표는 서로 다르지만, 캘리포니아의 교육 기금이 제대로 집행되지 않은 문제를 해결한다는 관심사를 공유한 민간 재단들이 모여 연구와 옹호 활동을 지원했다.[6] 이런 연대 활동은 공교육 기금개편으로 이어졌다. 또한 공공 복지 재단, 열린 사회 재단, 포드 재단, 코크 형제Koch Brothers, 로라 앤드 존 아놀드 재단, 캘리포니아 인다우먼트California Endowment처럼 정치적 스펙트럼이 다양한 기부자들이 모여 사법 정의에 대한 접근법을 바꾸려고 노력했다. 비폭력 범죄로 투옥되면 역효과가 높은데, 이렇게 수감되는 시민의 숫자를 줄이는 데 일정 부분 성공을 거뒀다.

일부 기부자들이 돈과 권력을 사용하여 개인적으로 내가 긍정적으로 보지 않는 방식으로 정책에 영향을 끼치려고 한 것은 사실이다. 그러나 이 역시도 민주적 상호주의give and take의 일부라는 준즈의 의견에는 동의한다. 기부가 정책에 영향을 미치려고 한다면, 더 많은 투명성이 필요하다. 그래야 누가 무엇에 영향을 미치려고 하는지 명확하게 알 수 있다. 그러나 나는 정보공개 요구 이상의 정부 규제가 필요하다고 생각하지 않으며, 기부자들이 정책 분야에 관여하면 안 된다고 생각하지 않는다.

오늘날 시민연합*Citizens United* 판결* 이후에는 개인과 기업이 정책에 영향을 미칠 수 있고, 정치가 사실상 제어되지 않는다. 그렇지만 기부자가 일방적으로 정책을 좌지우지할 수 있는 것은 물론 아니다. 자기 이익을 추구하거나 공직을 유지하기 위해서가 아니라, 자발적으로 정책 논쟁에 참여하는 사회 구성원이 우리 사회에는 필요하다.

분명 누군가는 고액 기부자가 정책에 외부적인 영향을 미칠 수 있다는 점을 염려하여, 필란트로피가 우리 사회의 민주적 기본 원칙에 위협이 될 수 있다고 생각하기도 한다. 그러나 나는 그렇지 않다고 생각한다. 공공정책에 점점 더 간섭하는 거대 기업 사이에서 오히려 필란트로피가 중심을 잡게 해준다.

* 2010년 1월 21일 미국 연방대법원은 Citizens United v. Federal Election Commission 판결에서 기업들도 개인과 동등한 언론의 자유를 향유해야 한다는 점을 근거로 기업으로부터 선거운동 자금조달을 제약하는 2002년 초당적 캠페인 개혁법(Bipartisan Campaign Reform Act of 2002) 441조 B항은 언론의 자유를 보장하는 수정 헌법 제1조에 어긋난다고 판결하였다. 기존의 초당적 캠페인 개혁법은 연방 선거에서 '고액의 자금(big money)'이 부당하게 쓰이는 것을 금지하는 법으로, 기업의 선거 광고를 위한 지출을 금지했다.

책임 있는 정책 영향력

정책에 영향을 미치지 않고 지구 온난화와 같은 분야의 변화를 실제 만들 수 있을까? 기후위기에 영향을 주는 공장이나 자동차 배출 유해 물질은 연방 및 주 법률에 따라 규제되고 있다. 연방 및 주 법률은 이러한 배출량에 영향을 주는 특정 행동을 장려하거나 억제할 수 있다. 혹은 많은 건강 전문 재단들이 프로그램으로 다루는 소아 비만 문제를 생각해보자. 이러한 문제는 공원과 놀이터의 수, 초등학교 점심 선택권, 식품 및 음료의 성분 라벨 표시 등 정부가 조절할 수 있는 요인에 영향을 받기 때문에, 문제 해결을 위해서는 정책에 초점을 맞춰야 한다.

정책 영향력은 변화를 위한 중요한 지렛대이다. 정책에 영향을 미치려는 기부자는 전략의 모든 측면과 마찬가지로, 단독으로 일하는 대신 다른 사람들과 협력하여 일관적으로 접근해야 한다. 또한 기부자는 일반 대중의 기관에 대한 불신이 늘어나고 있음을 유념하고, 그들이 옹호하는 해결 방안이 실제 도와주려고 하는 사람들의 지지를 얻어야 한다는 것을 알아야 한다. 가장 효과적인 기부자는 해결 방안을 단순히 가정하지 않고, 다른 사람들이 더 나은 방법을 찾을 수 있다는 가능성을 인정한다. 일단 효과적인 해결 방안을 확인하면, 그 방안을 받아들여야 한다. 리브라 재단 Libra Foundation의 사무총장인 크리스탈 헤일링Crystal Hayling은 자신의 경력을 돌아보며, "경력 초기에 사람들이 자신들의 지역사회나 자기 삶이 해결해야 할 문제라고 쉽게 받아들이지 않는다는 것을 저는 배웠어요."라고 말했다.[7]

맞다. 기부자가 특정 분야에서 변화를 만들고 싶다면 정책 영역에서 활동해야 한다. 그러나 이런 정책 활동을 할 때 일반 시민의 목소리를 제외하지 않고 확대하는 방식으로 일해야 한다는 것을 인식하고 주의해야 한다. 이런 말이 너무 당연하고 진부하게 들릴 수도 있다. 그러나 최근 경험은 중심을 잘 잡기가 생각보다 더 어렵다는 것을 알려준다. 미시간 대학교University of Michigan의 메건 톰킨스-스탠지Megan Tompkins-Stange는 교육 개혁에서 4개 재단의 역할을 심층 검토했다. 엘리 앤 이디스 브로드Eli and Edythe Broad나 게이츠 재단은 보다 하향식 접근 방식을 취했고, 포드 재단과 W. K. 켈로그 재단은 보다 참여적 접근 방식을 취했다. 재단 내부자와 다른 관찰자를 수십 번 면담하여 그녀는 정책에 영향력을 미치는 데 집중할 때의 가능성과 위험성을 탁월하게 분석했다. "재단은 자본력과 사회적, 정치적 정당성을 통해 정책을 형성할 수 있는 힘이 있다. 그래서 민주적 거버넌스에 대한 문제가 더욱 극명하게 드러난다."라고 그녀는 썼다.[8] 그녀는 유한책임회사나 기부자조언기금을 통해 기부하는 고액 기부자들도 우려한다. 그녀가 도출한 시사점은 재단뿐만 아니라 다른 기부자에게도 적용할 수 있다.[9]

톰킨스-스탠지의 연구는 최소한 일부 고액 기부자들 사이에서는 그들의 정책 영향력을 어떻게 책임감 있게 쓸 것인지에 대한 우려가 커지고 있다는 것을 시사한다. 게이츠나 다른 기금 제공자들이 교육 정책에 반민주적인 영향력을 지나치게 미치고 있다는 외부의 비판을 받은 지 몇 년이 흐른 지금도 게이츠 재단의 일부 직원들은 놀랍도록 비슷한 우려를 표명하고 있다. "우리에게는 탄탄한 실제 데이터가 없어도 효과적인 교수effective teaching나 기준

standards 같은 선호하는 분야에 막대한 자원을 동원하여 여론을 흔들 수 있는 엄청난 힘이 있어요." 게이츠 재단의 한 직원은 톰킨스-스탠지에게 이렇게 말하며, "사실 제게도 그것은 큰 충격이에요."라고 덧붙였다.

톰킨스-스탠지는 게이츠 재단 내 몇몇 직원들이 그들이 행사하는 권력에 대해 우려했다고 보고했다. 앞에서 살펴본 것처럼, 이러한 우려의 일부는 공개적으로 알려졌다. 소위 공통 핵심 기준 common core standards을 도입하려는 재단의 노력에 대해, 게이츠 재단의 대표인 수 데스몬드-헬만Sue Desmond-Hellmann은 "아쉽게도, 우리 재단은 공교육 제도에서 이러한 기준을 구현하는 데 필요한 자원과 지원의 수준을 과소평가했어요. 우리는 교육자들—특히 교사들—과 학부모 그리고 지역사회와 충분히 교류할 기회를 초반에 잃었죠. 그래서 이러한 기준의 도입으로 얻을 수 있는 장점을 초반에 날려버렸어요."라고 보았다.[10]

정책에 관여할 때에는 겸손함이 특히 중요하다. 아마도 정책에 영향력을 미치는 것이 고액 기부자가 활용할 수 있는 가장 강력한 수단이기 때문이다. 거의 모든 위대한 역사적 사례에서 보듯이 필란트로피는 정책에 영향을 미쳐 사회가 발전하는 데 중요하게 기여했고, 이 기여는 계속되고 있다. 미국의 흡연율 감소를 떠올려보라. 아니면 시민권의 확대를 생각할 수도 있다. 혹은 깨끗한 공기와 물을 보존하는 환경 정책도 있다. 우리가 보기에 정책에 영향력을 미친다고 바로 변화가 보이는 것은 아니지만, 정책 영향력은 변화를 만들고 지속하는 데 핵심적인 역할을 한다. 그래서 기부자는 정책 영향력을 가볍게 여기면 안 된다. 기부자들은 정책에 영향력을 미칠 때, 민주주의에서 한 개인이나 한 기관이 행사하려는 영향력의 한계를 겸손하게 인정해야 한다.

정책에 영향력을 미치는 것을 당신의 전략으로 고려할 때 생각해볼 질문들

- **당신의 목표를 달성하는 데 정책의 변화가 필요한가?**
  - ◎ 정책 변화가 지역 단계, 주 단계, 연방 단계, 혹은 이 이상의 단계에서 필요한가?
  - ◎ 당신은 이 중 모두 혹은 일부 단계에서 활동할 수 있는 지위에 있는가? 아니라면, 그런 지위에 있으면서 당신과 함께 일할 수 있는 다른 사람이 있는가?

- **당신의 정책 목표를 지지하는 연대체가 있는가? 만약 없다면, 그런 연대체를 만들 것인가?**
  - ◎ 정책에 가장 밀접한 영향을 받는 사람들과 혹은 지역사회나 해당 분야에서 직접적으로 일하는 활동가들과 필요하다면 수혜예정자도 연대체에 포함되는가?

- **당신의 기부나 지위를 활용해 정책에 영향을 미칠 때 어떤 방식을 취할 것인가?**
  - ◎ 연구비 지급?
  - ◎ 정책입안자와 직접 교류?
  - ◎ 대중을 기반으로 한 리더십(예를 들어, 대중 연설이나 기고)?

- **당신은 정책에 영향을 미칠 만한 역량, 기술, 지식이 있는가?**

커뮤니케이션: 목적을 달성하기 위한 수단

변화를 이끌어내려면 종종 커뮤니케이션에 상당한 투자가 필요하다. 법률혼연대는 동성결혼에 대한 대중의 인식을 변화시키려고 커뮤니케이션 전략을 사용했다. 애틀랜틱 필란트로피는 사형을 금지하는 미국의 주를 늘리는 데에, 영리한 커뮤니케이션과 옹호 활동을 성공적으로 수행했다.[11]

기부자들은 특정 쟁점에 대한 관심을 모으고 행동을 끌어내기 위해, 불의를 기록하려는 노력을 지원하기도 한다. 최근 미등록 이주민의 처우나 기후 위기, 대학 캠퍼스 안의 성폭력을 연대순으로 기록한 다큐멘터리 영상이 나왔다. 필란트로피는 이러한 영상 제작과 홍보를 지원했다. 미디어 임팩트 펀더Media Impact Funders의 사무총장인 빈스 스틸Vince Stehle은 다큐멘터리가 여론을 형성할 때 기업이 내는 목소리에 균형을 잡아준다고 주장했다. 그는 "기부자가 정치적 영역에서 기업이 가진 영향력을 그저 초조하게 지켜보기보다 다큐멘터리나 창의적인 디지털 행동주의 캠페인에 작게 투자하면 여론의 균형을 잡을 수 있다는 점을 깨달아야 한다."라고 말했다.[12]

기부자는 정책과 직접 관련되지 않은 방식으로도 커뮤니케이션할 수 있다. 예를 들어 가능한 해결 방안에 대한 명확한 견해가 없어도 쟁점이나 사회 문제에 대한 인식을 제고할 수 있다. 미디어에 보도되거나, 외부 필진 칼럼을 쓰는 등의 커뮤니케이션 방법으로 기부자가 지원한 연구 결과를 확산할 수도 있다. 기부자는 사회 문제에 어떻게 효과적으로 접근할지에 관한 인식을 제고할 수 있다. 또한 기부자는 지원금 같은 재무적 지원이나 기술 지원 같은 비재무적 도움을 통해 수행 기관의 커뮤니케이션 노력을 지원할 수도 있다.

한 대형 재단의 대표는 커뮤니케이션에 상당한 노력을 기울이지 않으면, 그녀와 동료들이 지원 분야—질병 치료—에서 의도한 변화를 만들 수 없다는 것을 깨달았다고 말했다. 이 대표를 사라Sarah라고 부르겠다. 사라는 고액 기부자들이 커뮤니케이션의 역할을 점차 깨닫는 것이 일반적이라고 이야기했다.

사라는 "처음에는 사람들이 '이 질병을 치료합시다.'라며 근본 원인에 집중하고 싶어 해요. 그렇지만 생각한 만큼 빨리 결과가 보이지 않으면, 그제서야 질병과 싸우며 살아가는 사람들을 돕기 위해서는 더 많은 것을 해야 한다는 것을 알게 되죠."라고 말했다.

그녀가 이끄는 재단은 고통을 완화해주는 유망한 새로운 치료법을 알고 있다. 문제는 이러한 새로운 방식을 의료진과 환자들에게 어떻게 알리는 것인지이다.

"이 지점에서 커뮤니케이션이 필요해요."라고 사라가 설명했다. 이 소식을 알릴 수 있는 비영리 단체에 기금을 지원할 것인지, 민간 재단이 직접 커뮤니케이션할 것인지, 아니면 둘 다 할 것인지, 민간 재단은 인식을 제고할 가장 좋은 방법을 여전히 찾고 있다. 한 가지는 명확하다. 커뮤니케이션은 중요해지고 있다.

"사람들은 기금 조성 과정에서 커뮤니케이션을 종종 과소평가

해요."라고 사라가 말했고, 나도 동의한다.

커뮤니케이션을 목적을 위한 수단으로 보고, 커뮤니케이션이 목표 달성에 어떻게 기여하는지를 명확히 하는 것이 항상 중요하다. 몇몇 개인이나 민간 재단이 스스로를 돋보이게 홍보한다고 해서, 재단 자체가 유명해지려고 커뮤니케이션하면 안 된다. 이렇게 되면 관심의 방향을 바꿔버려, 수행 기관이 더 많은 기금과 지원을 받을 수 있는 기회를 빼앗게 된다. 주요 기부자 한 명의 역할만 조명하는 커뮤니케이션을 하면, 다른 기부자들과 협력할 기회가 줄어든다. 다른 기부자들은 어떻게 참여해야 할지 알기 어렵기 때문이다. 또한, 커뮤니케이션이 목표 달성에 어떻게 도움이 되는지 전략적으로 고민하지 않는 경우가 너무 많다.

커뮤니케이션의 목적을 미디어 언급, 평판, 브랜드 자체로 축소시키면, 프로그램에 관한 기부자의 명분을 알리는 데 도움이 되지 않을 수 있다. 따라서 누구에게 영향을 미치려고 하는지, 커뮤니케이션의 목적은 무엇인지 사라처럼 질문해보는 것이 중요하다. 이런 질문에서 시작해야 기부 목적을 위한 커뮤니케이션의 역할을 인식하기가 더 쉬워진다.

널리 활용할 수 있다면, 민간 재단이나 고액 기부자의 인지도나 명성은 변화를 가져오고 영향력을 확대하는 강력한 지렛대가 될 수 있다. 포드 재단의 대표 대런 워커Darren Walker는 빈곤과 인종갈이 중요한 쟁점에 대한 인식을 제고하고 여론을 형성하는 데 자신의 지명도를 효과적으로 활용했다. 빌 앤 멜린다 게이츠 재단은 불필요하게 질병으로 죽어가는 사람들에게 관심을 보이고, 행동하며, 기부할 수 있도록 노력한다. 이들은 목표 달성을 위해 '브랜드'를 효과적으로 사용한 사례이다.

그러나 대다수의 기부자들은 포드나 게이츠 같은 인지도나 명성이 있지 않고, 직접적인 영향력을 효과적으로 발휘하기 어려울 것이다. 경우에 따라 기부자의 목표가 메신저가 되는 것보다, 수행기관이 메시지를 잘 전달할 수 있도록 지원하는 겸손한 파트너가 되는 것이 더 나을 수 있다.

때로는 큰 명성이 있는 기부자라고 해도 스포트라이트에서 물러나는 것이 현명하다. 세계에서 가장 유명한 민간 재단 중 하나인 재단의 대표는 자기 재단이 세간의 관심에서 물러났기 때문에 수행 기관과 다른 기금제공기관들에게 더 집중할 수 있었다는 인상적인 이야기를 들려줬다. 재단이 스스로의 업적을 자랑하고 명성을 추구하는 대신, 한 걸음 물러섰을 때 더 많은 성과를 이루었다. 재단 대표가 자기 재단의 가장 큰 성과로 여기는 많은 부분은 재단의 노력으로 달성되었다고 알려지지 않을 것이다. 그래도 그 대표는 상관없다.

핵심은 유명세가 아니라, 임팩트이기 때문이다.

익명성과 목소리

어느 때는 스포트라이트에서 한 걸음 물러서는 것이 효과적이지만, 그렇다고 완전히 익명으로 활동하는 것도 목적을 달성하는 데 별 도움이 되지 않는다. 어떤 기부자들은 정말 겸손해서 익명으로 기부를 시작하지만, 곧 익명성이 임팩트를 제한할 수 있다는 것을 깨닫게 된다.

순자산이 몇십억 달러였던 아모스 호스테터Amos Hostetter와 바바라 호스테터Barbara Hostetter 부부는 보스턴에 바르 재단Barr Foundation을 설립했다. 초창기에 바르 재단은 익명으로 기부를 했다. 그렇지만 관심을 가지는 지역에 비해 재단의 규모가 상대적으로 컸기 때문에, 재단의 기부는 공공연한 비밀이었다. 오늘날 재단은 자산이 거의 20억 달러에 이르고, 기후, 교통, 교육, 예술 관련 여론을 형성하고, 이 지역에서 관련 활동을 하는 단체들을 직접적으로 지원하며 중요한 역할을 담당하고 있다.

"우리는 익명으로 일을 하며 뒤로 물러나 있을 때 이점이 없다는 것을 깨닫기 시작했어요."라고 바바라 호스테터는 「보스턴*Boston*」 매거진과 인터뷰에서 이야기했다.[13]

익명으로 뒤에서 일하면, 다른 사람들과 협업을 하거나 서로 소개하는 등의 관계를 구축하기 어렵다. 국가적인 규모이든 지역적인 규모이든 고액 기부자나 재단들은 자기 목소리를 활용할 수 있는 기회가 있다. 바르 재단의 현재 대표인 짐 카날레스Jim Canales는 디자인으로 보스턴 지역에서 유명하다. 그는 자신의 영향력과 관계를 기후 변화나 보스턴 해안 개선 같은 정책을 구현하는 데 활용한다.

이런 유명세를 가진 사람의 공개적인 발언은 강력하다. 2016년 7월에 이틀 연속 루이지애나와 미네소타에서 흑인 남성에 대한 치명적인 경찰 총격 사건 영상이 공개되면서, 하인즈 인다우먼트Heinz Endowment의 그랜트 올리펀트Grant Oliphant는 뭐라도 말을 해야겠다고 생각했다. 그는 자기 위치가 주는 특권과 영향력에 책임감이 있다는 것을 알았다. (지역 비즈니스 저널에서는 그를 피츠버그에서 가장 영향력 있는 사람으로 선정했다. 피츠버그에 있던 재단은 자산이 20억 달러로 상당한 기금을 조성했다.) 그는 재단 웹사이트에 강력한 글을 올렸다.

> 내가 이 분야에서, 이런 기관에서 일하는 것은 일종의 특권이다. 따라서 이 일을 하는 우리는 특별한 책임을 져야 하고, 때로는 단순하게 증인이 되어야 한다. 여기 피츠버그의 경찰서장은 지역사회 경찰 활동community policing*을 도입하고, 인종에 관한 암묵적 편견에 빠진 경찰들을 재교육하려고 노력하고 있다. 그런데 "불량배나 안아줘hug a thug**"라는 말은 이러한 노력을 비꼬고 폄하한다. 이 말을 생각해 보자. 제발 이 말을 단순하게 생각해보자. 이 짧고 간단한 말에는 경찰과 마주치면 누구라도 범죄자가 되고, 그 사람은 나머지 우리보다 못하고, 인간도 아니며, 그들에게 무슨 일이 생겨도 당연한 거라는 의미가 숨어 있다.[14]

물론 이 사건이 피츠버그에서 발생한 것은 아니다. 그러나 올리펀트는 논쟁에 개입하여 영향력을 미칠 수 있는 기회를 인식하고, 변화를 만들기 위해 노력하는 지역 경찰서장을 지지했다. 그가 글을 게시하고 몇 시간이 흐른 후, 댈러스Dallas에서 한 남자가 경찰

* 미국 연방 사법부 산하 지역사회 경찰청(US Department of Justice's Office of Community Oriented Policing Services)은 지역사회 경찰 활동을 "범죄에 대한 두려움과 사회의 무질서 등 지역사회 내의 문제를 경찰과 시민이 상호 협력하여 해결하는 경찰 활동"으로 정의하고 하고, 경찰과 지역사회의 동반자적 역할을 강조한다.

** 불량배, 갱단을 의미하는 thug는 흑인을 그들의 행동과 상관없이 폭력배, 갱단으로 보는 인종차별적 뉘앙스를 가진 단어이다. 미국적 맥락에서 "hug a thug"는 지역사회 경찰 활동을 도입하고, 인종차별적 편견에 대처하려는 사법 당국의 노력을 폄하하며 부정적으로 경시하는 태도를 나타내는 말이다.

을 대상으로 총격을 가했다. 그러나 올리펀트는 자신의 글을 내리지 않았다. 오히려 그는 새로운 글을 올려서 폭력으로 인한 비통함을 표하고, 그날 밤 자신의 업무를 수행하다 순직한 경찰을 애도하고, 평화를 위해 호소했다.

필란트로피 리더들 중 올리펀트만 공개적인 발언을 한 것은 아니지만, 나라 전체가 인종과 경찰 권력과 관련하여 심각한 어려움을 겪고 있을 때 필란트로피의 많은 리더들은 이상하게도 잠잠했다. 그의 글로 이어진 후속 인터뷰에서 그는 이야기했다. "우리 분야는 '지금은 국가적 위기이고 비상 시국이다. 우리는 행동해야 한다.'라고 의지적으로 말해야 해요. 그런데 이러한 공개적인 발언은 민간 재단들이 전통적으로 잘하던 일이 아니었어요." 그는 필란트로피는 지금보다 "더 용감해져야 해요. 우리는 종종 너무 침묵했어요."라고 주장했다.[15] 1년 반 후, 올리펀트와 피츠버그 지역 재단Pittsburgh Community Foundation 대표인 맥스웰 킹Maxwell King은 지역 신문인 「피츠버그 포스트-가젯*Pittsburgh Post-Gazette*」에 실린 인종 차별을 변명하는 사설을 비판하는 외부 필진 대담을 실었다. 그들의 발언은 지역 시민들에게 인종 차별은 설 자리가 없다는 강력한 메시지를 던졌다.

세계적으로 혹은 국가적으로 어려운 문제가 있을 때, 고액 기부자들이 잠잠하거나, 신중하게 말을 골라서 하거나, 얼버무리는 경우가 많다고 올리펀트는 지적했다. 물론 기부자는 그들의 역할이나 수행 기관 커뮤니티 외부에 그들의 일이 얼마나 잘 알려졌는지에 관해 겸손해야 한다. 이렇게 기부자가 모든 일에 관해 다 말할 수 있는 것은 아니다. 그렇지만 기부자는 어려운 의견을 말할 수 있는 독특한 위치에 있다. 영향력을 발휘할 잠재력은 기부할 수 있는 재원에서 나온다. 최소한 이런 기부자들은 지역사회에서 잘 알려진 사람들이다. 이러한 영향력은 강력한 윤리적 리더십의 형태로 행사될 수 있고, 다른 사람도 공개적으로 발언할 수 있다고 느끼는 환경을 조성할 수 있다.

트윗과 바이럴 영상이 공유되는 이 시대에는 일반 시민도 자신의 목소리로 공적 여론 형성에 강력한 영향을 미칠 수 있다. 2018년 플로리다Florida 마조리 스톤만 더글라스 고등학교Marjory Stoneman Douglas High School 총기 난사 사건 이후, 학생들은 총기 규제 개혁을 강력하게 옹호하며 목소리를 내기 시작했다. 열여덟 살이었던 엠마 곤잘레스Emma Gonzáles는 트위터 계정을 개설하고 며칠 안 되어 전미총기협회National Rifle Association보다 더 많은 팔로워를 보유하게 되었다.[16] 당신의 지역사회를 생각해보라. 학교가 몇 시에 시작해야 하는지부터 어디에 신호등을 추가해야 사고를 줄일 수 있을 것인지까지, 일반 시민은 지역 문제에 관하여 다른 사람들의 생각에 영향을 미칠 수 있다. 지갑뿐만 아니라 목소리를 사용해서도 변화를 이끌어낼 수 있는 일반 시민의 힘을 기부자는 잊기 쉽다.

커뮤니케이션을 당신의 전략으로 고려할 때 생각해볼 질문들

◎ 당신의 목표와 전략을 고려할 때, 커뮤니케이션은 왜 필요한가? 그리고 정확히 누구에게 영향력을 미치려고 하는가?

◎ 메시지를 전달하기에 가장 적합한 위치에 있는 사람은 누구인가? 어떤 사람을 대상으로, 어떤 목적으로 메시지를 전달

하려고 하는가?

◎ 기부자의 역할은 무엇인가? 그 역할은 다른 기부자들과 수행 기관들의 역할과 어떻게 관련되어 있는가?

◎ 공동 목표를 향해 함께 일하는 관련 기관 사이의 커뮤니케이션을 조율하는 노력은 어떻게 보장하는가?

◎ 공개적으로 입장을 표명함으로써 도덕적인 리더십을 발휘할 수 있는 기회에는 어떤 것이 있는가?

대안적인 투자 방식

지난 세기 동안, 민간 재단을 설립한 고액 기부자들은 그들의 자산 관리를 동일하게 접근해왔다. 투자와 필란트로피를 별개로 보고, 재단에 투자한 자본금의 수익을 극대화하여 재단의 지속가능성을 보장했다. 개인들도 부의 창출과 관리를 기부와 별개로 생각했다. 이들은 수익을 극대화하려고 투자하고, 종종 기부액을 총자산의 일정 비율로 고정하여 제한했다.

이제는 모든 것이 달라지고 있다. 특히 개인 기부자와 기관 기부자 사이에서 다음 세 가지 방식이 증가하고 있다.

- 일찍 기부를 시작하기
- 영리 기업에 투자하여 임팩트 추구하기
- 개인이나 기관의 가치와 기부 목표가 충돌하는 투자를 피하기

더 큰 임팩트를 위해 투자하는 기부자와 '살아있는 동안 기부하기'의 추세가 늘어나고 있다. 전통적인 방식은 학업을 마치고, 일을 해서 돈을 벌고, 이후에 봉사를 했다. 그런데 변화가 생기길 기다리지 않는 밀레니얼들은 이런 방식을 뒤집었다. 내 생각에 이런 변화는 좋은 일이다. 어려운 문제를 해결하는 데 더 많은 에너지를 쏟을수록, 성공할 가능성도 높아지기 때문이다. 특별히 우리가 효과적으로 일할 때 더욱 그러하다. 게다가 긍정적인 변화를 지원하는 자본금은 늘어날수록 더 좋다. 사실이다. '살아있는 동안 기부하기'나 활동 기간이 정해진 재단limited life foundations은 새로운 개념이 아니다. 1920년대와 1930년대 초반에 시어스 로벅 앤 컴퍼니Sears, Roebuck and Company*의 리더인 줄리어스 로젠왈드Julius Rosenwald는 모든 기부를 살아있을 때 했다. 로젠왈드는 흑인을 위한 교육에 집중적으로 기부했다. 그의 기부는 피바디 교육 기금Peabody Education Fund을 비롯한 기타 다른 기부와 함께 1954년 미국 대법원의 브라운 대 교육위원회*Brown v. Board of Education* 판결**과 학교에서의 인종차별철폐desegregation를 위한 환경을 조성하는 데 기여했다.[17]

* 1892년에 리처드 워렌 시어스(Richard Warren Sears)와 알바 커티스 로벅(Alvah Curtis Roebuck)이 공동 창업한 미국계 유통기업.

** 1954년에 연방대법원의 판결로 백인과 유색인종이 같은 공립학교에 다닐 수 없게 한 남부 17개 주법을 위헌으로 판시했다. 인종별로 공공시설이나 생활공간을 분리한 남부의 '분리하되 평등(seperate but equal)'하다는 인종 분리(racial segregation) 정책은 위헌이고, 분리된 교육 공간은 본질적으로 불평등하다고 결정했다.

오늘날에는 로젠왈드의 뒤를 따른 다른 주요 기부자들의 사례를 볼 수 있다. 척 피니Chuck Feeney와 그의 재단인 애틀랜틱 필란트로피는 재단의 모든 재산을 처분하는 마지막 해를 보냈고, 다른 기부자들도 자신들처럼 기간을 정해 모든 기부액을 집행하도록 적극적으로 영향력을 끼쳤다. 빌 게이츠와 워런 버핏이 앞장선 기부 약정Giving Pledge에는 175명의 억만장자가 참여해서, 최소한 전 재산의 절반 이상을 필란트로피에 기부하기로 약정했다. 이러한 약정의 목표는 '더 많이 기부하고, 더 빨리 기부하고, 더 현명하게 기부하는 방향으로 필란트로피의 사회적 규범을 전환'하는 것이다.[18]

'영원이란 아주 긴 시간'이라는 말이 있다. 맞는 말이다. 대부분의 기부자들은 재단이 영속되길 바라면서 기금 조성과 행정관리비를 법으로 정해진 최소 비율인 5% 정도로 지출하도록 지정했다. 2015년 CEP 설문 조사에 응답한 미국에서 가장 큰 민간 재단 마흔아홉 곳 중 6개 재단만 정해진 기간에 기부금을 모두 집행하겠다고 답했다.[19]

거시적인 관점에서 보면, 점점 더 많은 민간 재단의 재원이 사용되지 않고 유보금으로 적립되고 있다는 뜻이다. 한편 오늘날에는 즉각적인 대처가 필요한 사회적 문제들이 있다. 재단의 영속성에 반대하는 주장은 미래의 이사회와 직원들이 기부자의 처음 의도를 충실하게 따를 수 있는지를 우려한다. 반면 재단의 영속성을 옹호하는 주장은 장기적인 관점을 가진 기관들이 사회에 이익이 된다고 한다.

이런 논쟁은 이미 많다. 개인적으로, 이런 추상적인 논의는 무의

미한 논쟁이라고 생각한다. 기부자가 직면하는 모든 선택처럼, 민간 재단의 영속성에 관한 문제도 기부자의 목표와 전략의 맥락 안에서 고려해야 한다.

- 예를 들어, 당신이 볼티모어Baltimore의 예술에 관심이 있다면 당신의 기부금으로 조성된 기금을 핵심 기관에 장기적으로 지원할 수 있도록 재단이 영속하길 원할 것이다.
- 그러나 당신이 질병 퇴치에 관심이 있다면, 기부금을 단기적으로 지출하여 치료법을 찾고 미래의 고통을 예방하는 것이 최선일 수 있다.

기부자는 이런 구체적인 맥락 없이 자신들의 기부를 너무 일찍 결정하는 실수를 한다. 기부자는 특정 시기까지 기부금을 모두 집행해야 한다는 결정을 재고할 수 있다. 그러나 기부자가 재단을 영속시키기로 결정했고, 이러한 결정을 설립 문서로 정확히 남겼다면, 기부자의 사후에도 재단은 유지될 수 있다. 기부자들은 미래 세대가 그들의 재단의 지출을 결정할 수 있도록 허용하는 것이 현명할 것이다.

반대로, 듀크 대학교의 조엘 플라이시먼은 거액 기부자들에게 재원을 특정 시기까지 모두 집행하라고 압력을 가하면 비효과적인 필란트로피가 유발될 수 있다고 주장했다. 생전에 기부하기를 가장 옹호했던 앤드류 카네기조차 나중에는 오늘날까지 유지되는 기관들에 기부금을 남겼다. 생전에 그의 재산을 서둘러 쓰는 것보다, 기관이 영속하도록 기금을 남기는 것이 더 효과적이라는 것을 깨달았기 때문이다. 게이츠와 저커버그처럼 자신의 모든 자선 자산을 특정한 시간 안에 기부하겠다고 약정한 일부 기부자들이 자신의 결정을 다시 생각해보기를 플라이시먼은 희망한다.[20]

다시 말하지만, 핵심은 당신이 달성하고자 하는 목표에 비추어 얼마나 기부할 것인지 결정하는 것이다. 법적으로 규정된 최소 5%의 지출 비율은 사실상 재단의 지출 최대치가 되기도 한다. 재단은 단순히 법정 비율인 5%를 따르기보다, 기부금의 실질 구매력을 유지할 수 있는 합리적인 지출 수준에 대한 건설적인 논의가 필요하다.

기부금을 활용할 수 있는 재단은 특히 경기 침체에 대응할 수 있는 잠재력이 있다는 점을 유념해야 한다. 경기 침체 동안 감소한 개인 기부자의 기부금이나 정부 지원금이나 기타 수익을 상쇄할 수 있도록 수행 기관을 지원할 수 있다. 록펠러 형제 기금이나 맥아더 재단은 대침체기에 그렇게 했고, 이후에 기부금을 늘리겠다고 자신감을 보였다. 유사하게 트럼프가 대통령으로 선출된 후 록펠러 형제 기금, 네이선 커밍스 재단Nathan Cummings Foundation, 데이비드 앤드 루실 패커드 재단David and Lucile Packard Foundation은 그들의 지원금을 늘렸다. 새로운 행정부가 그들의 목표가 추구하는 진보를 위협한다고 믿은 그들은 급변한 정치적 맥락으로 어려워진 비영리 단체들에 추가로 지원금이 필요하다고 생각했다. 월버포스 재단을 뒤에서 후원하는 로즈 렛윈도 유사하게 미국과 캐나다의 정치적 환경의 변화에 대응하고, 새로운 지지자를 발굴하여 참여시키고, 즉각적 위협에 대처하고, 환경 보전의 기회를 잡기 위해 기부금을 15% 늘렸다.

유감스럽게도 이런 사례는 예외적인 경우이다. 비영리 단체가 위축될 때 기부자들도 위축되는 경향을 보인다. 나중에 동일한 기부금이나 자산 수준을 회복할 수 없을 것이라는 걱정 때문에 가장 강력한 역할을 포기해버린다. 기부자들은 자신들의 자산 보존을 모든 것보다 우선시하고, 재단은 자산의 보존이 자신들의 수탁 의무라고 잘못 판단하여, 이미 어려운 상황에 처한 비영리 단체를 더 어렵게 한다.

재단들이 자산 규모에 끊임없이 집착하는 것은 잘못되었다. 재단의 목표는 가장 큰 기부금을 받거나 과거 대비 최고의 실질 구매력을 항상 보유하는 것이 아니다. 재단의 미션과 재원의 효과적 집행 사이의 균형을 맞추는 것이 재단의 목표가 되어야 한다. 이를 위해 오늘날 재단과 동일한 목표를 달성하려는 비영리 단체를 지원해야 한다. 비영리 단체들은 직원의 급여 지급을 걱정하고, 유보금을 보유한 비영리 단체는 거의 없다. 재단들은 직원들의 급여를 걱정하지 않는다. 그래서 환경이 변할 때, 재단이 좀 더 융통성 있게 기금 지출을 조절하여 핵심 수행 기관의 완충제가 되어줄 수 있다.

개인 기부자도 경기 침체에 대응할 수 있는 잠재력이 있다. 비영리 단체가 가장 도움이 필요한 시기에 기부금을 증액하고, 기부자의 자산과 부에 대해 장기적인 시각을 가질 수 있다. 또한 그들이 은퇴할 때 실제 어느 정도의 자산이 필요한지, 어느 정도의 자산을 자녀들에게 물려주길 바라는지 신중하게 고려할 수 있다. 거기서부터 시작할 수 있는 한 최대로 기부해야 한다. 기부를 통해 삶의 깊은 목적 의식을 발견한 제이슨 해크만이나 실콕스 부부 같은 기부자들에게 영감을 받을 수도 있다. 이런 목적 의식만으로 더

많은 기부에 대해 확신하기 어렵다면, 기부와 행복 간에 상관관계가 있다는 연구를 확인해보면 좋다.[21]

임팩트 투자

기부자가 재무적 수익과 사회적 성과를 동시에 추구하는 임팩트 투자는 새로운 방식은 아니다. 예를 들어, 포드 재단은 임팩트 투자 방식으로 몇십 년 전부터 도심 비즈니스inner-city business에 투자했다. 과거에는 소수의 기부자 사이에서 논의되던 임팩트 투자는 최근 기관 및 개인 기부자 모두가 열광하는 현상으로 변화했다. 수십억 달러를 보유한 재단인 포드 재단이나 미니애폴리스Minneapolis의 맥나이트 재단은 그들의 자산의 10%를 재단의 목표에 부합한 곳에 투자해왔다. 블랙록BlackRock, 골드만 삭스, 베인 캐피탈Bain Capital 같은 주요 자산운용사들은 부유한 개인 기부자들을 위한 임팩트 투자 펀드를 제공하고 있다.[22]

뉴욕에 있는 F. B. 헤론 재단Heron Foundation은 '모든 자산'을 임팩트 투자에 쓰고 있다. 2016년 초 모든 가용자원을 구조적 사회문제 해결에 활용하지 못하는 구식 운영모델을 폐기한 헤론 재단은 다른 재단들이 자신과 같이 혁신하도록 촉구하는 보도자료를 이례적으로 배포했다. 헤론 재단의 대표인 클라라 밀러Clara Miller는 '21세기에 적합한 재단 운영'이라는 글에서 "돈과 미션은 결코 분리될 수 없다."라고 주장했다.[23]

자산이 거의 3억 달러인 헤론 재단은 임팩트 투자를 통해 재단의 모든 자산을 미션에 부합하게 쓰려는 급진적인 실험을 하고 있다. 뉴욕에 있는 네이선 커밍스 재단도 자산이 5억 달러인데, 2018년에 유사한 약정을 하며 헤론 재단의 뒤를 이었다. 그러나 대다수의 민간 재단들은 기금 조성과 자산 관리를 별개로 분리하고 있고, 예외적으로 자산 중 일부만 프로그램 또는 미션과 관련된 임팩트 투자를 하고 있다. 밀러는 민간 재단들의 전형적인 운영 방식을 '소규모 기부 프로그램이 포함된 헤지 펀드'라고 설명한다.[24] 그녀는 임팩트 투자를 하고 있다고 말하는 민간 재단들이 그 임팩트가 긍정적인지 혹은 부정적인지 모르고 있다고 주장한다.

헤론 재단과 네이선 커밍스 재단의 노력은 아마도 현대 필란트로피에서 가장 중요한 실험일 수 있다. 그러나 이러한 노력이 어떻게 진행될지는 아직 알 수 없다. 이런 모델을 실행하기는 어려운데, 특히 대형 민간 재단의 경우 더 어렵다. 공적 자산에 투자하는 여러 민간 재단의 CEO들은 "임팩트 투자에 올인하겠다."고 선언하는 것은 불가능하다고 말했다. 사실, 이에 대한 많은 질문이 있을 수 있다.

그 질문 중 하나는 "재단의 미션에 부합하면서 재무적 수익을 창출할 수 있는 충분한 투자 기회가 있는가?"이다. 특정 지역 사회의 경제 성장에 관심이 있는 기부자에게 임팩트 투자는 중요한 방법일 수 있다. 그러나 아동 복지에 관심이 있는 기부자라면, 어떠한 관련 투자 기회가 있는지 찾기 더 어렵다. 게다가 임팩트 투자를 하면 사회적 임팩트 대신 재무적 수익이 낮아질 수 있다는 점에 유념해야 한다. 임팩트 투자를 하는데 재무적 수익도 높다면, 일반 투자자도 관심을 보일 것이기 때문에 굳이 임팩트 투자를 촉구하는 특별한 노력이 필요 없다.

다른 질문인 "기업의 임팩트를 어떻게 측정할 것인가?"는 실질적인 문제다. 민간 재단의 기금이 투자된 주요 기업 중 어디가 좋은 기업이고 아닌지 알아내기는 종종 어렵거나 불가능하다. 예를 들어 하버드 경영대학원의 마이클 포터Michael Porter는 FSG*와 함께 네슬레Nestlé, 코카콜라Coca-Cola, 제너럴 일렉트릭General Electric(GE) 같은 기업을 공익을 추구하면서 수익도 창출하는 '공유 가치shared value'의 모범 사례로 홍보한다. 그는 공익 추구와 수익 창출이 충돌하지 않는다고 주장한다. 그러나 에식스 대학교University of Essex의 사회학자인 린지 맥고이Linsey McGoey는 공유 가치의 모범 사례라는 개념에 의문을 제기하고, 이는 수익과 필란트로피를 위험하게 섞은 개념이라고 주장한다. 그녀는 『빌 게이츠의 기부가 세상을 바꿨을까?*No Such Things as a Free Gift*』(아르케, 2017)라는 책에서 "네슬레가 모든 곳에서 추앙받지 않는다."라며, 네슬레가 "콜롬비아에서 위협적이고 치명적인 노조 파괴 전술을 유도했다는 의혹을 받으며, 저렴한 의료 시술과 식품 성분에 대한 접근을 제한하는 특허 전술을 공격적으로 구사하여 상당한 비판에 직면하고 있다."라고 썼다. 그녀는 네슬레와 마찬가지로 코카콜라도 개발도상국에 비만을 유행시켰고, GE는 환경을 중요시한다고 보이기 위해 허위 정보를 사용해서 '최악의 10대 그린 워싱** 기업' 중

* FSG(https://fsg.org)는 CSV의 창시자인 마이클 포터와 마크 크레이머(Mark Kramer)가 직접 설립한 컨설팅 전문 기관으로, 기업과 비영리 단체들이 사회적 임팩트를 큰 규모로 창출하도록 돕는 전략 컨설팅, 평가, 연구 기관이다.

** 그린워싱(greenwashing)은 기업이나 단체가 자신들의 활동이나 제품이 환경

하나로 뽑혔다고 비판한다.[25]

말하고 싶은 바는 다음과 같다. 어떤 기업이 민간 재단의 미션에 부합하는 좋은 기업인지, 어떤 기업이 민간 재단의 미션에 반하는 부정적인 임팩트를 만드는지, 어떤 기업이 아마도 가장 흔한 유형 즉 긍정적인 임팩트와 부정적인 임팩트를 동시에 내고 있는지 판단하기가 쉽지 않다. 게다가 민간 재단의 프로그램 목표에 부합하는 투자 기회는 지극히 제한적이다. 특히 대형 민간 재단에서는 지출을 '모두 임팩트와 연결하기'가 말은 쉬워도 실행하기는 어렵다.[26]

개인 기부자와 기관 기부자 모두 임팩트 투자 열기를 경계해야 한다. 대형 민간 재단의 40% 이상은 자신들이 '임팩트 투자'를 하고 있다고 말한다. (여기서 말하는 임팩트 투자의 정의가 정확히 무엇인지는 여전히 모호하다.) 그러나 이런 대형 민간 재단들이 임팩트 투자에 지출하는 중간값은 기금의 2%, 프로그램 예산의 0.5%로, 매우 적은 지출이다.[27] 이와 유사하게 개인의 임팩트 투자도 미미한 수준이다. 지금까지 몇몇 열성적인 임팩트 투자 옹호론자들이 주장하는 것처럼, 임팩트 투자가 기부를 대체하지는 않을 것이다. 최근 상당한 임팩트 투자를 하고 있다는 민간 재단들의 몇몇 리더들은 임팩트 투자가 기부를 대체하는 것이 아직 확실하지 않다고 나에게 사적으로 언급했다. 비영리 재무 기금Nonprofit Finance Fund의 대표인 안토니 버그-레빈Antony Bugg-Levine은 임팩트 투자를 옹호하지만, 신중하고 조심스럽게 접근한다. 그의 말에 따르면, "우리가 해결하고자

에 미치는 영향을 숨기거나 왜곡하여, 실제로는 환경에 악영향을 끼치는 제품을 생산하면서도 광고 등을 통해 친환경적인 이미지를 내세우는 행위이다. (출처: 위키백과)

하는 사회 문제는 무엇인가? 임팩트 투자가 어떻게 통합적인 해결 방안의 일부가 될 수 있나?"라고 질문해야 한다.[28]

네거티브 스크리닝과 다른 도구들

살아있는 동안 기부하기와 임팩트 투자처럼, 가치나 목표와 심각하게 어긋나는 갈등을 피하기 위한 네거티브 스크리닝negative screening도 새로운 방식이 아니다. 예를 들어 1980년대 남아프리카공화국의 투자 철회나 1990년대 담배 산업에 대한 투자 철회 운동이 있었다. 수십 년 동안 개인이나 기관들은 자신들의 가치나 종교적 신념에 맞지 않는 산업은 투자 포트폴리오에 포함하지 않는 방식으로 그러한 산업을 지원하지 않았다.

대형 민간 재단에서는 여전히 네거티브 스크리닝이 드물다. 2015년에 CEP가 조사한 대형 민간 재단 중 17%만이 어떤 형태로든 네거티브 스크리닝을 실시했다. 지난 몇 년 동안 몇몇 주요 민간 재단이 전체 산업에서 투자를 철회하겠다고 약정했다.[29] 예를 들어 화석연료 산업에서 투자를 철회하겠다는 록펠러 형제 기금의 결정은 대대적으로 보도되었다. 특히 록펠러 가문이 자산을 형성한 과정을 고려하면 이러한 투자 철회 결정은 주목할 만하다.[30] 다른 사례로는 로스앤젤레스에 있는 캘리포니아 인다우먼트의 영리 목적의 민영 교도소 사업 철회가 있다.[31] 특정 산업에서 투자 철회의 효과에 대해서는 큰 논쟁이 있다. 소위 악의적 산업에서 수익을 극대화하려는 투자자는 언제나 있기 때문에 이러한 투자 철회가 아무런 효과가 없다는 주장도 있다. 그러나 효과가 있다고 주장하는 사람들은 1980년대 억압적인 아파르트헤이트apartheid 정책을 추진한 남아프리카 공화국 정부에 투자 철회 압력을 가한 사례를 지적한다.

임팩트 투자를 선도하는 대형 민간 재단인 맥나이트 재단은 자산의 10%를 임팩트 투자 방식으로 운용한다. 그러나 나머지 90%를 재단의 미션과 목표와 무관하게 단순히 수익을 극대화하려고 투자하는 것은 아니다. 재단은 다른 방식으로 투자를 통한 영향력을 행사하려고 한다.

> 우리의 [투자] 접근 방식은 영향력을 발휘할 수 있는 네 가지 역할을 중심으로 구성되어 있다. 우리의 역할은 금융 서비스의 고객, 기업의 주주, 산업의 주요 참여자, 자산의 소유자이다. 이러한 투자 방식은 우리가 금융 및 인적 자원에 따라 확장하거나 축소할 수 있도록 실용적인 프레임워크를 제공한다. 또한 이러한 투자 방식은 전체 기금의 영향력을 발휘할 수 있도록 숙련된 임팩트 투자자들을 도울 수 있다.[32]

맥나이트 재단은 기금의 규모 때문에 투자 관리자들에게 새로운 상품을 기획하도록 요구할 수 있고, 기업들이 환경 임팩트를 더 정확히 보고하도록 설득할 수 있다.[33] 다른 민간 재단도 주주로서 그들의 역할을 활용하여 특정 사안에 대한 결의안을 제출하는 등 기업의 의사결정에 영향력을 미친다. 맥나이트 재단의 투자 접근 방식은 다른 민간 재단이나 고액 기부자들이 공부해야 할 모델로 보인다. 맥나이트 재단과 재단의 리더들은 기금과 임팩트 사이의 복잡한 관계를 어느 정도 인정하고 있고, 이러한 한계에 현실적으로 접근하고 있기 때문이다.

투자 방식을 당신의 전략으로 고려할 때 생각해볼 질문들

◎ 당신의 투자는 기부와 어떻게 관련되어 있는가?
◎ 당신의 기부 목적에 반하기 때문에 투자하지 않으려는 특정 산업이나 비즈니스가 있는가?
◎ 영리 기업의 투자를 통해 당신이 가진 프로그램의 목표를 적극적으로 추구할 것인가? 이런 경우 비용, 이점, 잠재적 어려움은 무엇인가?
◎ 당신은 '임팩트 투자'를 어떻게 정의하는가? 그리고 임팩트 투자를 선택했다면, 당신은 임팩트를 어떻게 측정할 것인가?
◎ 당신의 목표와 전략에 비추어, 당신의 기부 기간은 어떠해야 한다고 보는가?

비즈니스에 영향 미치기

다른 분야들의 역할에 대한 명확한 이해는 임팩트 투자에 접근할 때도 중요하지만, 기부자가 비즈니스와 어떻게 관계를 설정할 것인지 고려할 때도 중요하다. 비즈니스는 기부자가 일하는 많은 주요 영역에서 발전을 촉진하거나 저해하는 데 중요한 역할을 한다.

- 지역 사회의 위기 청소년을 돕기 위해 기부자와 비영리 단체는 이들에 관한 인식을 높이고, 이들을 채용할 수 있는 지역 비즈니스와 강력한 관계를 구축하는 것이 중요할 것이다.
- 환경 문제를 해결하려는 기부자와 비영리 단체들은 기업들이 더 나은 방향으로 나아갈 수 있도록 독려하고, 때로는 범죄자를 공개적으로 비판하고, 모범 사례는 집중 조명하여 함께 일할 수 있는 기회를 가지는 것이 중요할 것이다.
- 소아 비만 문제에 관심을 가지는 기부자와 비영리 단체들은 비만에 영향을 미치는 제품을 생산하고 마케팅하는 기업들에게 항의하고, 학교 급식에 건강한 음식을 제공하는 기업을 집중 조명하고 투자하는 것이 중요할 것이다.

기부자들이 목표를 달성하기 위해 종종 정부에 영향을 미치는 것처럼, 비즈니스에 대해서도 영향을 미쳐야 한다. 때때로 비즈니스는 기부자의 중요한 협력자가 될 수도 있다. 100년 전 미국에서 결핵이 대유행했을 때, 메트로폴리탄생명Metropolitan Life 같은 보험 회사가 연구와 교육을 지원하려고 노력하는 민간 재단과 비영리 단체들에게 힘을 실어준 적이 있다. 분명 메트로폴리탄생명은 사망률이 줄어들면 수익자에게 지급되는 전체 보험액도 줄어든다는 확고한 이해관계가 있었지만, 그렇다고 메트로폴리탄생명이 했던 중요한 역할을 폄하할 수는 없다.[34] 때로는 환경 문제에서처럼 기부자들이 비즈니스에 맞서거나, 정부에 기업의 행동에 대한 규제를 촉구해야 할 수도 있다.

종종 기부자가 기부 목표를 달성하는 데 기업이 중요한 역할을 한다고 해서, 필란트로피와 비즈니스가 어떻게든 평화롭게 융합되어

서로 구분하지 않고 하나가 될 필요는 없다. 유감스럽게도, 많은 사람들은 비즈니스와 필란트로피가 융합되길 원하는 것 같다.

20년 전 하버드 경영대학원의 MBA 학생이었을 때 나는 많은 사람들이 분야의 구분이 흐려질 것이라고 열정적으로 전망하는 것을 들었다. 2학년 선택 과목의 교수였던 제임스 오스틴James Austin은 "비영리 단체와 기업 간의 뚜렷한 차이가 줄어들어, 두 분야가 개별적으로 나뉘지 않고 서로 통합된 새로운 세계가 드러날 것이다."라고 희망찬 전망을 했다.[35] 최근 2016년에는 FSG에서 하버드 경영대학원으로 옮긴 마크 크레이머는 한 인터뷰에서 "비영리와 영리를 구분하는 경계가 사라지기 시작했다."라며, "분야 간 장벽이 무너지기 시작해, 양 분야가 더 효과적으로 협력할 수 있기를 희망한다."라고 말했다.[36] 비영리 단체와 기업의 경계가 흐려진다는 것이 논쟁의 여지가 없이 긍정적인 발전이라는 것은 이제 신념의 문제가 되고 있다.

그러나 이러한 주장은 사실이 아니다.

수익과 임팩트를 추구하는 '하이브리드' 기업인 유한책임회사와 비콥 회사의 성장은 경계가 사라지고 있다는 증거로 종종 인용된다. 그러나 사실 이런 기업의 숫자는 기존의 비영리 단체의 숫자에 비하면 거의 0에 가깝다. 기업과 비영리 단체가 하나로 결합하여 공익을 달성하는 선순환을 이룰 것이라고 설파하는 사람들은 대개 경영대학원의 교수들이다. 이들은 실제 데이터를 연구하는 학자라기보다는, 20년 동안 길거리에서 "종말이 가까웠다."라는 피켓을 들고 있었으면서, 마치 새로운 사실을 전하는 것처럼 행동하는 사람들에 더 가깝다.

분야 간 차이는 분명히 존재하고, 각 분야의 역할도 다르다. 이런 구분은 경영대학원의 열정적인 설파와 다르게 바람직하다. 내 아내는 치료사인데, 개인적인 관계에서도 경계가 중요하다고 말한다. 우리는 이웃이 미리 알리지도 않고 우리 집에 매일 찾아오는 것을 반기지 않는다. 아무리 그 이웃이 맛있는 음식을 가져온다고 해도 말이다. 마찬가지로 분야 간 경계도 중요하다.

오늘날에는 분야 간 경계가 흐려지는 것보다, 경계를 명확히 하는 것이 더 필요하다. 우리는 시장 경제 시스템에서 살고 있다. 그런데 시장 경제에는 한계가 있고, 때로는 실패하기 때문에, 비영리 섹터가 중요하다.

각 분야는 각자 구분되는 역할을 잘 수행해주는 다른 분야가 필요하다.

- 비즈니스는 게임의 규칙을 정하고, 시장 경제의 번영을 위해 탄탄한 인프라와 정치적 안정을 보장해주는 정부가 필요하다.
- 비즈니스는 수익을 추구할 때 해결하기 어려운 문제를 해결해주는 비영리 섹터가 필요하다.
- 정부는 시민들을 위한 일자리와 기회를 만들고, 필수적인 인프라와 국가 안보, 취약 계층을 위한 사회 안전망을 제공할 수 있도록 충분한 세수를 확보해줄 비즈니스 분야가 필요하다.
- 정부는 중요한 서비스를 제공하고, 시민 사회를 강화하며, 문화예술기관을 진흥하고, 주요 사회 문제를 논의하는 비영리 섹터도 필요하다.
- 물론 비영리 섹터에도 앞서 논의한 것처럼 효과적인 정부와 탄탄한 비즈니스가 필요하다.

어떤 분야가 더 우월하다고 시사하는 '분야 전쟁' 같은 종류의 관념적 논쟁을 멈춰야 할 때이다. 나는 이런 이야기를 자주 들었다. 우리 사회의 골치 아픈 문제를 해결하기 위한 주요 수단으로 하이브리드 형태의 조직이 비영리 단체를 대체할 것이라는 말들은 그저 과장된 선전일 뿐이다.

수익과 사회적 임팩트의 추구가 항상 상충되는 것은 아니다. 그렇지만 수익과 사회적 임팩트는 종종 상충하기도 한다. 비영리 단체는 종종 시장이 실패한 문제를 다룬다. 그러므로 '시장 중심 접근'이 모든 문제의 해결책이라고 주장하는 것은 거의 무의미하다.

당신의 전략에서 비즈니스의 역할을 고려할 때 생각해볼 질문들

◎ 당신의 목표를 달성하고 전략을 실행할 때 비즈니스는 어떤 역할을 하는가? 특히 어떤 비즈니스가 당신의 목표와 전략과 관련되는가?

◎ 당신의 기부 목표를 달성하는 데 비즈니스가 필요한가? 필요하지 않은가? 아니면 필요한 부분과 불필요한 부분이 섞여 있는가?

◎ 성공하는 데 필요한 비즈니스와의 관계 구축에 적합한 사람은 당신과 수행 기관 중 누구인가?

모든 방법들

목표를 달성하려면, 견고한 전략이 필요하다. 당신이 기금을 조성할 때 이런 전략을 추구할 것이다. 그러나 정책에 영향 미치기, 커뮤니케이션, 대안적 투자 방식, 비즈니스와 관계 맺기 등 다른 방안을 선택해야 할 수도 있다.

모든 상황에 적합한 접근법은 없다. 당신이 관심 있는 문제를 깊이 이해하고, 다른 사람들이 수행하는 역할과 당신이 기여할 수 있는 재무적 자산 및 기타 지원을 고려해야, 어떤 방식이 가장 적합한지 알 수 있다.

7장 정리

기부 가이드

1. **기부자가 가장 큰 변화를 만들 수 있는 핵심 요소는 기부이다. 그러나 기부자들은 다른 방법도 활용해볼 수 있다.** 특히 고액 기부자들은 정책에 영향 미치기, 커뮤니케이션, 투자 방식, 비즈니스에 영향 미치기 등의 목표 달성에 필요한 다른 방법을 활용할 수 있다.
2. **정책에 영향을 미치는 것은 많은 목표를 달성하는 데 필수적인 수단이지만, 신중하고 민감하게 사용해야 한다.** 기부로 진보에 기여할 때, 정책에 영향을 미치는 과정이 수반된다. 그러나 민주주의 사회에서 고액 기부자가 정책에 영향을 미치는 것이 정당한가에 대한 우려가 있다. 기부자가 정책에 영향을 미칠 때는 증거에 입각해서 자신의 입장을 취하고, 가장 크게 영향을 받을 사람들과 공유하는 등의 책임감과 투명성, 열린 태도가 필요하다.
3. **커뮤니케이션도 목표 달성에 중요하다.** 커뮤니케이션의 역할과 기부자를 가시적으로 보여주는 정도는 기부자의 맥락, 목표, 전략에 따라 다르다. 기부자는 자신이 알려지기 위해 커뮤니케이션하면 안 된다. 그러나 때로는 기부자가 특정 윤리적 문제에 대한 인식을 제고하거나 발언할 수 있는 독특한 위치에 있다는 것을 인식해야 한다.

4. **기부자는 기부를 통한 필란트로피 활동 기간뿐만 아니라 투자와 기부에 대한 접근방식을 통합할지 여부를 고려해야 한다.** 점점 더 기부자들은 자신의 투자를 통해 긍정적인 영향력을 가지려고 하거나, 최소한 기부 목표에 어긋나는 투자 방식을 피하려고 한다. 재단을 설립할 때도 반드시 재단이 영속해야 하는 것은 아니다. 달성하고자 하는 목표에 비추어 기부의 시간표를 고려해야 한다.
5. **기부자가 관심을 가지는 사회 문제에 비즈니스가 중요한 영향을 미칠 수 있다. 그러나 비즈니스와 비영리 섹터는 고유한 역할을 가지고 있으며, 분야 간 경계는 필요하다.** 때때로 기부자와 비즈니스의 협업이 필수적이나, 기부자는 비즈니스를 철저히 점검하고 비즈니스와 기부 간의 균형을 잡아야 한다. 분야 간 경계를 흐리면서 분야를 넘어 일하는 것에 신중하게 접근해야 한다. 기부의 특정 맥락에 바탕을 둔 계획을 차분히 세워야 한다.

결론

공익의 선순환

A Virtuous Cycle of Good

결론

공익의 선순환

2018년 6월 매사추세츠 로웰의 도심에 있는 유텍 카페에서 안드레Andre라는 청년을 만났다. 그 청년은 자신의 진짜 이름 대신 안드레라고 불러 달라 했다. 레게 머리를 한 스물다섯 살 난 청년은 성큼성큼 걸어오면서 그가 아는 모든 사람들을 껴안으며 인사했다. 유텍의 대표인 그렉 크루토가 소개한 청년을 통해 유텍이 돕는 전형적인 청년의 이야기를 직접 들을 수 있었다. 안드레는 10년 가까이 그를 괴롭혀온 '커다란 실수'에 대해 이야기했다.

이 모든 일은 그가 집에 있기 싫어해서 생긴 일이었다. 까다로웠던 아버지는 새어머니와 자주 소리 높여 싸웠다. 그럴수록 그는 집보다 거리에서 더 많은 시간을 보내기 시작했다. 커뮤니티와 소속감을 찾아 집을 나온 그는 자기보다 나이가 많은 남자들과 어울렸다. 안드레는 그 무리 중 한 명에게 특히 잘 보이고 싶었다. 어느 날 밤, 그 사람은 안드레에게 "아무 백인이나 붙잡아 권총으로 위협해 물건을 훔치자."라고 했다.

안드레는 거절해야 한다는 것을 알았지만, 그 사람에게 '잘 보이고 싶어서' 알겠다고 했다. 다친 사람은 아무도 없었다. 그러나 그는 그날 밤 자신이 끔찍한 실수를 저질렀다는 것을 알았다.

안드레는 자기 친구와 자신이 붙잡히지 않기를 바랐다. 몇 주가 흐르고 고등학생이었던 안드레는 기하학 시험을 준비하고 있었다. 학교에서 열리는 큰 시험에서 좋은 성적을 거두고 싶었던 그는 열심히 공부했다. 시험이 끝날 때 그는 시험을 잘 본 것 같아 기분이 좋았다.

그런데 종소리가 울리고 교장 선생님이 교실로 들어오셨다. 경찰이 안드레를 만나려고 학교로 찾아왔기 때문이다. 그날 밤 그는 강도와 흉기 소지 폭행 혐의로 체포되었다. 이러한 범죄로 그는 18개월 징역형을 선고받았다. 그의 인생 궤적은 순식간에 달라졌다.

그는 "교도소에서 제가 엄마 마음을 아프게 만들었다고 늘 생각했어요. 제가 너무나 무모하게 이기적으로 행동한 하룻밤 때문에, 엄마는 정말 많이 울었어요."라고 말했다. 그는 교도소에서 어떻게 살아가는지 배웠다. 그러는 한편 징역형이 끝나면 무슨 일이 벌어질까 궁금해졌다. "교도소에서는 거칠게 행동했어요. 그래야만 살 수 있었거든요. 그렇지만 너무 무서웠어요."라고 그가 말했다. "내가 뭘 하려고 했던 걸까? 출소하면 어디로 가야 할까?"

마침내 그가 출소했을 때, 모든 일이 쉽게 풀리지 않았다. "마약이 저를 잡아먹었어요." 마약 때문에 가석방 조건을 위반한 그는 여러 차례 교도소에 다시 들어갔다. 유텍의 거리 활동가는 안드레와 다른 수감된 청소년들을 만나러 교도소에 자주 면회를 왔다. 그렇게 알게 된 유텍의 거리 활동가에게 안드레는 도움을 요청했다.

"저 좀 도와주세요."라고 안드레는 유텍의 거리 활동가에게 말했다. 유텍 활동가는 안드레에게 다음 날 아침 9시에 유텍 사무실로 오라고 했다.

"그들은 내 아버지가 되어주었어요."

유텍에서 안드레는 일을 시작했다. 처음에는 매트리스 재활용 시설에서 일했고, 2주 만에 목공 작업장으로 '이동'했다. 마침내 그는 승진해서 카페 주방으로 옮겼고, 나중에는 카페 주방을 직접 관리하게 되었다. 안드레가 자신의 인생을 바꾸려고 노력했던 과정은 순탄치 않았다. 그러나 그는 유텍이 항상 자기 뒤에 있다는 것을 알았다. "여기 사람들은 누구나 실수할 수 있다고 이해해줘요."라고 안드레는 말했다. "많은 사람들이 저를 쳐다봐요. 제 긴 레게 머리만 보고, 제가 범죄자라고 생각하죠. 저는 제가 결백하다는 것을 입증해야 해요. 그런데 여기에서 저는 결백해요. 범행이 실제 입증되지 않는다면요."

안드레에게 유텍은 집이나 마찬가지다. 유텍은 그가 경험해보지 못했던 무조건적인 사랑을 주는 곳이었다. "여기 있는 모든 사람들은 누구를 만나면 안아줘요. 제가 들어오면, 여기가 내 집이구나 느낄 수 있어요. 제가 누군가의 아이가 된 것 같이 느껴져요. 이들은 저한텐 아빠고, 엄마고, 형이고, '사촌'이에요. 여기에선 정말 사랑을 느낄 수 있어요."

또한 유텍은 그에게 책임감과 신뢰를 심어주었다. 안드레는 "자신이 중요하다고 느낄 수 있어야 한다."라는 점을 배웠고, 한 사람으로서 자신이 성장하고 있다고 이야기했다. 그는 유텍의 옹호 활동에도 참여했다. 그는 주의회 의원들이 청소년의 체포 기록 말소를 논의할 때 참작할 수 있도록 사례를 제공했다.

이제 그는 두 살배기 아이의 아버지이다. 그의 아이는 유텍이 이제 막 개원한 어린이집에 입학했다. 안드레는 자신의 많은 강점을 알고 있다. 특히 그는 대중 연설에 재능이 있다. 그의 보호관찰이 완전히 끝나려면 이제 한 달 남았다. 나이가 찬 그는 유텍에서 나와 다른 직업을 찾았다. 그러나 그는 사람들을 만나러 유텍에 자주 왔다. 내가 그를 만난 날도 그는 카페에 찾아와 이전 동료들과 크루토를 껴안았다. 심지어 그는 청소년 전담 판사에게도 따뜻하게 인사를 건넸다. 그 판사는 법원 건너편에 있는 유텍 카페로 거의 매일 점심을 먹으러 왔다.

안드레의 꿈은 무엇일까? 유텍으로 돌아오는 것일까? 아니면 유텍과 비슷한 곳에서 청년들이 올바른 삶을 살아가도록 도우면서 상담가나 거리 활동가가 되는 것일까?[1]

안드레의 이야기는 수백만 명의 이야기 중 하나일 뿐이다.

안드레의 이야기는 변화된 삶의 이야기이다. 효과적인 필란트로피는 놀라운 비영리 단체를 지원하여 사람들의 삶을 변혁시켰다. 아무도 하지 않는 일을 하는 비영리 단체들은 가장 도움이 필요한 사람들을 돕고 있다.

유텍처럼 건실한 기관에 효과적으로 기부하면, 진정한 변화를 만들 수 있다. 자선 기부금은 도움이 되지 않는다거나, 일반적으로 비영리 단체들은 효과적이지 않다는 다른 사람들의 말에 귀를 기울이지 말라. 남들이 그런 말을 할 여지를 남기지 말라. 이런 말은 사실이 아니기 때문이다.

유텍이나 ECHOS처럼 빛나는 단체들이 당신의 지역사회에도, 모든 곳에도 많이 있을 것이다. 많은 단체들이 전국 단위로 일한다. 그중에는 YMCA처럼 당신이 아는 단체도 있고, BELL처럼 당신이 아마 몰랐을 단체도 있다.

기부자들도 마찬가지이다. 전국 혹은 전 세계에서 효과적으로 일하는 개인 기부자도 있을 것이다. 지역사회에서 효과적으로 일하는 개인 기부자도 있을 것이다. 기관 기부자들도 마찬가지이다. 지역 재단이나, 지역사회에서 일하면서 특정 지역에 집중하는 민간 재단이나, 빈곤부터 기후위기까지 글로벌 문제를 해결하려는 재단들도 많다.

우리 주변에는 놀라운 기부가 이어지고 있다. 다만 종종 눈에 띄지 않을 뿐이다.

단 한 번뿐인 것처럼 소중하게 기부하기

당신의 관심 분야가 무엇이든 효과적으로 필란트로피를 실행하려면, 비영리 단체를 운영할 때 독특한 어려움이 있다는 것을 이해해야 하고, 사회 문제는 서로 얽혀 있음을 인식해야 한다. 효과적인 필란트로피를 위해서는 특정한 목표, 일관적인 전략, 후원 단체와의 굳건한 관계, 당신이 제대로 기부하고 있음을 알려주는 성과 지표가 필요하다. 때로는 정책 옹호 활동이나 임팩트 투자처럼 기부를 넘어선 방법이 필요하기도 하다. 근본적으로 필란트로피에는 겸손함이 필요하다. 그리고 비영리 단체를 비즈니스에 비유한다거나, 기부를 투자에 비유하는 등의 팽배한 통념을 거부해야 한다.

이 책의 부제는 1달러도 소중하게 쓰는 효과적인 필란트로피이다. 역설적으로 1달러도 소중하게 쓰는 최고의 방법은 당신이 기부한 돈을 비영리 단체가 어떻게 썼는지에 과도하게 집착하지 않는 것에 있다.

대신 기부 목표를 명확하게 설정해야 한다. 이는 쉬운 일이 아니다. 목표를 향해 나아가도록 돕는 전략을 발견해야 한다. 이 역시 쉽지 않다. 당신의 목표와 전략에 부합하면서, 효과적으로 일하는 건실한 비영리 단체를 찾아라. 이것도 쉽지 않다. 그렇게 단체를 찾으면, 단체에게 절실하게 필요한 지원을 유연하게 하라.

효과적인 기부자는 다른 예산 항목에 집착하지 않고, 비영리 단체가 해결하려는 문제와 단체가 일하는 맥락을 이해하는 데 집중한다. 또한 효과적인 기부자는 자신의 목표와 전략이 부합하는 단체를 찾는 데 집중한다.

이 책에서 이야기한 사람들처럼 효과적인 기부자는 컨설턴트, 경영대학원 교수, 필란트로피스트들의 열망을 자극하며 조언하는 많은 사람들의 주장과 다르게, 비영리 섹터를 비즈니스에 단순하게 비유하지 않는다. 결국 우리는 한계를 모르는 것 같은 시장 경제가 지배하는 시대를 살아가기 때문에, 이런 비유에 휩쓸리지 않기가 쉽지 않다.

그러나 우리는 수익이 아닌 미션을 추구하는 비영리 단체들이 필요하다. 우리는 비영리 섹터가 필요하다. 우리는 비영리 섹터를 지원하는 필란트로피가 필요하다. 부유한 개인들과 비즈니스에서 성공한 사람들 사이에서 공유되던 이런 믿음은 앤드류 카네기 시대까지 거슬러 올라갈 수 있다.

프린스턴 대학의 역사가 스탠리 카츠Stanley Katz는 필란트로피를 바라보는 관점의 전환이 걱정스럽다고 했다.

> 요즘 재단들은 다양한 비즈니스 메타포를 활용하고, 이런 메타포가 가장 중요해지는 것 같다. 필란트로피는 변화를 위해 '투자'한다고 생각하고, 성공적인 변화를 만들기 위해 종종 헤지펀드의 용어를 써서 '베팅'을 한다고 한다. 요즘 필란트로피에서 쓰이는 많은 언어가 벤처 캐피탈 활동에서 유래하고, 새로운 필란트로피는 '벤처' 필란트로피로 여겨지는 것 같다.
>
> 과거의 필란트로피스트들은 기금 조성에 비즈니스 조직 및 관리에 관한 당대 최고의 기술을 활용했지만, 필란트로피가 비즈니스와 다르다고 생각했다. 그런데 요즘 필란트로피스트들에게는 이런 구분이 점점 없어지는 것 같다.[2]

그러나 내가 앞에서 분명히 말한 것처럼, 이런 구분은 매우 중요하다. 이러한 이해가 부족하면, 기부자들은 많은 부분에서 실수하게 된다.

- 비영리 단체 운영의 독특한 어려움을 이해하지 못하면, 단체가 실제 달성한 결과보다 기부 받은 돈을 어디에 썼느냐만 더 중요하게 여기게 된다.
- 기부는 비즈니스와 달리 경쟁 관계가 아니라는 것을 이해하지 못하면, 다른 기금 제공자는 무엇을 하는지 충분히 살피지 않고 기부 목표를 정하게 되고, 그렇게 되면 다른 사람에게 배우고 그들과 협력할 기회를 놓

치게 된다.

- 전략에서도 유사한 문제가 발생한다. 차별화가 비즈니스에서는 중요하지만, 기부에서는 기반을 약화시킬 수도 있다.
- 고객이나 용역업자, 혹은 '피투자자'처럼 적절하지 않은 비유는 기부자와 후원 단체 간의 독특한 역학 관계를 충분히 설명하지 못한다. 이는 단체와의 정말 중요한 관계를 약화시킨다.
- 투자수익률이나 수익처럼 간단하면서도 보편적으로 적용되는 성과지표를 찾으려는 열망은 실제 변화된 결과를 신중하게 측정하는 데 방해가 된다.

비영리 섹터를 비즈니스에 비유하는 것은 모든 단계에서 효과적인 기부를 저해한다.

누구에게 기부가 필요한가?

어떤 이들은 더 나아가 필란트로피와 비영리 단체가 비즈니스를 모방해야 한다는 것을 넘어, 필란트로피는 사회적 문제 해결과 무관하고, 그래서 필란트로피가 필요 없다고 말할 수도 있다. 그러나 이 책을 통해 당신에게 하고 싶은 말은 미국 필란트로피와 비영리 섹터는 공익 활동의 중요한 예시로 우뚝 서 있다는 것이다. 다른 무엇보다 미션을 중요시한 기관들을 통해 이러한 공익이 달성되었다. 다른 나라들은 미국의 활발한 기부를 부러워한다. 그런데 종종 우리는 이를 너무 당연한 것으로 여긴다. 물론 우리는 다른 나라에서는 정부가 하는 일을 미국에서는 비영리 단체가 한다고 한탄할 수도 있다. 그러나 미국 민주주의에서 정부의 이러한 역할은 우리가 선택한 것이며, 필란트로피가 지원한 비영리 단체들이 광범위한 영역에서 역할을 해왔다는 사실이 중요하다. 비영리 단체가 없다면, 미국은 지금의 모습이 아닐 것이며 우리 삶에서 목격할 수 있는 많은 발전을 보기 어려웠을 것이다.

그러나 많은 사람들이 이렇게 생각하지 않으며, 미국 또는 전 세계적으로 지속되는 문제가 필란트로피가 '실패'한 증거라고 지적한다. 최근 몇십 년 동안, 이렇게 주장하는 경영대학원 교수들과 컨설턴트들이 비영리 부문을 장악하고 자기들의 원칙과 가치를 강요하여 비영리 섹터를 종속시키려고 하고 있다. 그래서 이제 경영대학원이 비영리 부문을 연구하는 장소가 되었다.

그러나 '연구study'는 적합한 용어가 아니다. 경영대학원에서 이뤄지는 많은 일들이 비영리 섹터와 이 분야의 역사 및 역할에 대하여 엄밀하게 분석하지 않기 때문이다. 그들은 비즈니스 맥락에서 유용한 것이 필란트로피에서도 유용할 것이라는 추정이나 전망에 집중한다. 물론 예외는 있겠지만, 유명한 경영대학원에서 비영리 섹터와 필란트로피를 가르치고 연구하는 사람들은 이 주제에 대해 거의 모른다고 봐도 무방하다.

언론도 마찬가지이다. 「뉴욕타임즈」나 캘리포니아 산호세에 있는 「머큐리 뉴스*Mercury News*」 같은 주류 언론사들은 '필란트로피'나 '비영리'에 관한 보도를 줄이고 있다. 대신 필란트로피와 비영리에 관한 보도는 이코노미스트나 블룸버그 또는 포브스 같은 비즈니스 관련 언론에서 늘어나고 있다. '비즈니스 기법'을 필란트로피에 적용한 '새로운' 기부자에 대한 기사들이 쌓여간다. 마치 이러한 일이 새롭고 좋은 것처럼 보도한다. 그런데 이는 사실이 아니다. 이런 대부분의 일들이 얼마나 피상적인지 알면 놀랄 것이다.

이런 경향은 달라져야 한다. 신중한 기부자와 비영리 리더들이 일어나서 자신들의 일에는 고유한 어려움이 있고, 독자적인 방식과 훈련이 필요하다는 것을 명료하게 밝혀야 한다. 부동산 회사를 운영한다고 해서 미국의 대통령이 되는 데 필요한 준비가 되었다고 말할 수 없는 것처럼, 비즈니스에서 성공했다고 해서 비영리 단체를 잘 운영할 수 있다는 것은 논리적이지 않다.

오늘날 필란트로피와 비영리 섹터는 이러한 위협에 조직화로 대응하려 하지만 강력하고 긍정적인 비전까지는 제시하지 못하고 있다. 지역 재단은 기부자조언기금을 더 강력하게 규제해야 한다는 비판에 대해 스스로를 방어하려고만 한다. 카운슬 온 파운데이션Council on Foundations*이나 인디펜던트 섹터Independent Sector** 같은 협회들은 비영리 단체의 기부금 공제나 민간 재단의 최소 의무 지급액에 대한 규제 변화를 반대하는 데 노력을 많이 들이고 있다. 두 기관의 최근 임명된 대표들은 보다 긍정적이고 적극적인 자세가 필요하다는 것을 이해하는 것 같다. 이러한 사실이 나에게 희망을 준다.

모든 단점에도 불구하고 미국을 성공적이고 활기찬 민주주의

* 미국의 대표적인 재단협의체인 Council on Foundations(COF)는 1949년에 설립된 비영리 기금 조성기관들의 연합체로 민간 재단 및 사회공헌 프로그램을 운영하는 재단 및 기업이 회원으로 가입한다. COF는 회원단체들에게 모금 전반에 대한 서비스를 주요 사업으로 삼고 있다.

** 1980년에 설립된 인디펜던트 섹터는 미국의 비영리 단체와 영리 기업들이 회원으로 가입하여, 양 분야 간 네트워크를 확장하고, 협력을 증진하며, 비영리 단체의 발전을 위한 공공정책과 관련하여 활동한다.

국가로 만드는 데 필란트로피와 비영리 단체가 역사적으로 핵심적인 역할을 했고, 앞으로도 미국을 더 성공적으로 이끌 것이라는 긍정적이고 강력한 사례가 그동안 부족했다.

효과성의 전형적인 사례

결국 비영리 섹터의 비판에 맞서는 가장 좋은 방법은 훨씬 더 효과적으로 기부하는 것이다. 효과적으로 기부할 때 새로운 방법이 필요하거나, 지난 세기 동안 효과적으로 활동한 기금제공기관들과 다른 방법이 필요한 것은 아니다. 문제는 효과적인 기부가 충분히 이해되지 않고, 실행하기 어렵다는 점이다. 효과적인 기부를 하려면, 현재의 통념에 맞서야 한다.

이 책에서 소개한 기부자 중 어느 누구도 빠르고 쉽게 결과를 얻지 않았다는 것을 기억해야 한다. 성공적인 결과 뒤에는 성실함과 인내가 있었다. 제이슨 해크먼은 가나의 아동 노예를 종식시키기 위해 많은 자원과 시간을 들였다. 길 재단과 하스 주니어 펀드는 여러 해 동안 평등결혼을 위해 기꺼이 고정 관념에 대한 의문을 제기하고 전략을 수정하였다. 레슬리 실콕스와 마크 실콕스 부부는 많은 이주배경 청소년들이 미등록이라 법률적 지원이 필요하다는 사실을 인정하지 않으면, 이들이 대학에 진학하도록 돕는다는 자신들의 목표를 달성할 수 없다는 것을 알았다.

마법 같은 애플리케이션app이나 비밀 공식, 즉효약이나 모든 상황에 적합한 프레임워크는 없다. 그럼에도 효과적으로 기부하면 놀라운 성과를 얻을 수 있다.

이러한 모든 상황을 고려할 때, 나는 긍정적으로 생각한다. 기부자와 비영리 단체가 해 왔고, 하고 있으며, 앞으로 할 역할에 대해 나는 긍정적으로 전망한다. 물론 비효과적으로 기부하는 사람들도 많다. 그렇지만 기부자가 미국의 사회 구조의 중요한 부분이라는 점과 공익 활동을 많이 했고, 공익 활동을 할 수 있으며, 공익 활동을 더 잘해야 한다는 점을 믿을 수 있다. 우리 모두가 더 잘해야 한다.

그러니 앞으로 더 잘하는 것에 집중하자. 그렇게 노력할 만한 가치가 있다.

공익의 선순환

기부는 단순히 수혜자에게만 영향을 미치는 공익이 아니다. 기부는 당신에게도 영향을 미친다. 노트르담 대학교University of Notre Dame에서는 관대함의 과학 이니셔티브Science of Generosity initiative라는 엄밀한 연구를 5년 동안 수행했다. 이 연구 계획을 통해 연구자들은 관대함이 기부자에게 미치는 영향을 연구했다. 크리스찬 스미스Christian Smith와 힐러리 데이비슨Hilary Davidson은 『관대함의 역설*The Paradox of Generosity*』이라는 책에서 "자기 자원을 나누는 사람은 결국 돌려받게 되어 있다."라고 썼다. "다른 사람의 웰빙을 위해 우리의 시간, 돈, 에너지를 쓰면, 우리는 우리 자신의 웰빙도 높일 수 있다. 다른 사람들을 위해 우리가 가진 것의 일부를 나누면, 우리의 삶도 더 안전해진다. 관대함의 역설은 양적 설문조사와 질적 인터뷰로 얻은 증거로 확인된 사회과학적 사실이다."[3]

기부의 효과는 안팎으로 흐른다. 기부는 또 다른 기부를 낳는다.

티파니 쿠퍼 가이는 BELL에서 일한 지 얼마 되지 않아 크리사마르 마르티네즈Crisamar Martinez를 만났다. 마르티네즈는 1학년이었고, 저소득층 학생의 학업을 돕는 BELL의 프로그램에 이제 막 참여했다. "우리가 처음 만났을 때 그녀의 첫 마디는 이랬어요. '저는 크리사마르이고, 제 동생은 천재예요.'" 가이는 크리사마르가 동생이 똑똑하다고 자랑스러워하며 말하자 깜짝 놀랐다고 나에게 말했다.

이제 마르티네즈는 스물다섯 살이고, 제약회사의 영업 담당으로 일하고 있다. 그녀는 자기 인생에서 거둔 성공의 많은 부분이 BELL 덕분이라고 했다.

"BELL은 내 삶을 세심하게 보살펴줬어요."라고 그녀는 말했다. 그녀가 아기였을 때 가족들이 도미니카 공화국에서 이주했는데, 가정 형편이 어려웠다. BELL에서 받은 지원은 "제 인생에 많은 기회를 안겨줬어요."라고 그녀가 말했다. BELL은 그녀에게 자신감을 심어주었고, 춤에 대한 그녀의 열정을 깨웠으며, 그녀를 리더로 만들었다. BELL은 그녀가 공부에 대한 자신감도 갖게 해주었다.

"전 원래 수학을 안 좋아했어요. 그런데 이제 수학을 좋아해요. 전에는 과학도 안 좋아했거든요. 그런데 이제 과학도 좋아해요." 라고 마르티네즈가 말했다. BELL은 "제 공부를 도와주었을 뿐만 아니라, 제 가치관 형성에도 도움을 주었어요." 어머니가 유방암 투병을 하게 되자 그녀는 유방암에 대한 인식 제고를 위해 고등학교 미인 선발 대회에 참가하기도 했다. 그리고 모로코에서 보건소 설립을 돕는 자원봉사자로 활동했다. 그리고 레드 삭스 재단Red Sox Foundation의 자문위원회에서도 활동했다.

"BELL은 작고 약한 사람도 세상에 큰 영향을 미칠 수 있다는 것을 가르쳐주었어요."[4]

BELL은 엄밀한 평가를 통해 여름방학 학습 결손에 효과적으로 대응하는 것으로 나타났다. 그렇지만 공식적인 평가가 모든 부분을 다 보여주진 않는다. BELL, 유텍, ECHOS 같은 비영리 단체에 하는 기부의 파급 효과는 다른 사람들의 삶을 위해 헌신하는 마르티네즈 같은 사람들에게 미친 영향력까지 측정하는 것은 아니다. 안드레Andre도 자신이 받은 것을 돌려주고 싶었고, 유리 발렌수엘라나 제니스 기롤라도 자신들이 가장 어려울 때 도와준 바로 그 단체, 휴스턴의 ECHOS에서 일하고 싶었다.

이것이 공익의 선순환이다.

나는 당신이 할 수 있는 한 많이 기부하길 바란다. 그리고 효과적으로 기부하는 어려운 일을 잘 해내길 바란다.

결국 기부는 희망과 기회, 열정을 제공하여 미국의 최선을 만들고, 미국이 최선의 국가가 되게 한다. 미국인이라는 의미의 핵심에 기부가 있다. 기부는 미국의 시장 경제나 정부 제도와는 별개로 구분되는 것으로, 우리가 누구인지 알려주는 요소이다. 기부는 우리 안의 최선의 것을 이끌어낸다. 기부는 국내적으로나 전 세계적으로나 굉장한 발전을 만들었다. 그렇지만, 이는 시작에 불과하다.

제대로 하는 기부를 두 배로 늘려야 할 때이다.

변화를 만드는 올바른 기부Giving Done Right

효과적인 기부자와 **비효과적인** 기부자의 10가지 차이점

효과적인 기부자	비효과적인 기부자
비영리 단체를 운영하는 데 고유한 어려움이 있고, 특별한 역량이 필요하다는 것을 이해한다.	대부분의 비영리 단체는 운영이 잘 안 되고 직원들이 과도한 급여를 받는다고 생각한다.
목표를 공유한 사람들과 함께하는 것이 성공하는 최고의 방법이라는 것을 인식한다.	차별화된 목표나 틈새niche를 찾아야 한다고 생각한다.
필란트로피의 전략은 광범위하게 공유되어야 하고, 지속적인 피드백과 학습을 통해 반복되어야 함을 깨닫는다.	경쟁 상황에서의 전략을 생각하고, 차별점을 강조하며, 전략은 고정되었다고 생각한다.
가장 어려운 문제에는 수많은 원인이 있으며, 해결하는 데 시간이 오래 걸리고, 많은 이해관계자가 필요하다는 것을 인식한다.	복잡한 사회 문제를 단박에 해결할 수 있는 '혁신'이 있을 거라고 믿는다.
시장이 해결할 수 없는 많은 문제가 있고, 우리 사회에서 필란트로피와 비영리 섹터가 담당하는 중요한 역할이 있음을 인식한다.	사회 문제를 해결하는 데 시장 기반 접근과 '하이브리드' 기관이나 '사회적 기업'이 최고의 방법이라고 생각한다.

비영리 수행 기관을 목표 달성의 핵심 파트너로 보고, 지속적이고 제약이 없는 지원을 제공한다.	비영리 수행 기관을 자신들의 비전을 실행하는 기관으로 보고, 수행 기관이 쓰는 모든 비용을 추적한다.
기부의 측정은 복잡하고, 중요하며, 목표와 전략에 따라 평가 방식을 조정해야 한다는 것을 이해한다.	행정비 비율이나 '수혜자 1인당 비용' 같은 모든 상황에 맞는 성과 측정 방법을 찾는다.
좋은 기부는 지금까지 많은 성취를 했고, 역사적으로 배울 점이 있다는 것을 인식한다.	새로운 접근 방식으로 필란트로피를 재구성해야 한다고 생각한다.
인정이 아닌, 결과에 집중한다.	인정을 추구하며, 자신에게 집중하길 원한다.
문제에 직접적으로 영향받는 사람들과 그들 가까이에서 일하는 비영리 단체들의 이야기를 듣고 배우려고 한다.	수혜자들에게 무엇이 가장 좋은지 기부자가 명백하고 확고하게 알고 있어서, 수혜자들의 관점을 반영하지 않아도 된다.

감사의 글

CEP에서 일하는 동안, 그 이전에도, 이 책을 쓰면서도 늘 아내인 라라의 도움을 많이 받았다. 그녀가 나에게 준 사랑과 유머, 지지와 믿음, 그리고 동행에 감사하다. 이 책을 쓰면서 라라는 집필에 중요한 의견을 주고, 제안하며, 아낌없이 격려해주었다. 1992년 8월 듀폰 서클에서 처음 라라를 만난 이후, 내 인생은 좀 더 나은 방향으로 변화해갔다.

내 삶이 흔들릴 때마다, 이 책을 쓰면서 어려움을 겪을 때마다, 나에게 영감을 주고 격려해주는 에바와 마고, 두 딸에게도 감사하다. 너희 둘은 매일 나를 놀라게 한단다.

이 책을 좀 더 색다르고 유용한 방향으로 기획할 수 있도록 나를 도와주고, 나를 믿어준 에이전트인 리아 스피로Leah Spiro에게도 감사하다. 혼자서 기획했을 때보다 훨씬 더 좋은 책이 나왔다. 나를 코칭해 주면서 초고를 편집해준 리아는 단순한 에이전트 이상이었다. 퍼블릭어페어스 출판사의 담당 편집자인 콜린 로리는 완벽한 전문가로 이 책에 대한 정확하고 매우 직접적인 비평을 해주었다. 그의 도움으로 이 책이 탄탄해졌고, 출판사의 다른 직원들도 성장했다. 또한 이 책을 쓸 수 있도록 기회를 준 피터 오스노스Peter Osnos와 리아에게도 감사하다.

필란트로피와 나에 대한 믿음과 관대함으로 낸 스톤Nan Stone은 이 책의 초고를 가다듬고 고치는 데 많은 도움을 주었다. 그녀는 거의 최종본인 원고도 신중하게 편집해주었다. 이러한 그녀의 도움이 정말 큰 힘이 되었다. 로웰 와이스Lowell Weiss는 이 책의 탄탄한 구성을 위해 편집상 제안을 세부적으로 해주었다. 그는 필란트로피에 대한 내 생각에 큰 영향을 미쳤다.

지난 20년 동안 나를 한결같이 격려해준 CEP의 이사회는 2016년 여름에 안식년을 주었고, 나는 이 책의 집필을 시작할 수 있었다. 이사님 한 분, 한 분 모두 감사드리고, 특별히 그랜트 올리펀트Grant Oliphant 이사장님께 감사드린다. 그랜트는 이 책을 집필하는 내내 정말 헌신적인 동료이자 코치였다. 마이클 베일린Michael Bailin, 폴 보뎃Paul Beaudet, 캐슬린 크리베로Kathleen Cravero, 알렉사 코르테스 컬웰Alexa Cortes Culwell, 크리스틴 데비타Christine DeVita, 마크 에드워즈Mark Edwards, 조엘 플라이시먼Joel Fleishman, 필 주디체Phil Giudice, 티파니 쿠퍼 가이Tiffany Cooper Gueye, 크리스털 헤일링Crystal Hayling, 스티븐 하인츠Stephen Heintz, 크리스틴 제임스 브라운Christine James-Brown, 바바라 킵Barbara Kibbe, 짐 닉맨Jim Knickman, 팻 코주Pat Kozu, 리카르도 밀렛Richardo Millett, 리처드 (딕) 오버Richard (Dick) Ober, 힐러리 페닝튼Hilary Pennington, 크리스티 피클Christry Pichel, 나디아 슈마보니안Nadya Shmavonian, 캘빈 티키타Kelvin Taketa, 페이 트워스키Fay Twersky, 앤 워호버Anne Warhover, 린 페리 우튼Lynn Perry Wooten 등 많은 전현직 CEP 이사님들은 이 책에서 논의한 내용에 대한 내 생각을 정리하는 데 도움을 주셨다. 무엇보다 그랜트, 폴, 캐슬린, 마크, 조엘, 필, 티파니, 스티븐, 딕, 힐러리, 크리스티, 페이, 빈스가 준 피드백이 도움이 되었고, 이 책의 초고에 대한 몇몇 피드백은 아주 자세했다. 특히 애틀랜틱 필란트로피에 재직할 때 CEP가 설립할 수 있도록 기금을 지원해준 조엘에게 감사하다. CEP의 이사이면서, 나의 멘토였고, 이 책이 세상에 나올 수 있도록 상상할 수 없는 방법으로 뒤에서 지원해 준 조엘에게 특히 감사하다.

앞에서 언급한 사람들 이외에도 폴 브레스트Paul Brest, 조엔 크레이튼Joanne Creighton, 래리 크레이머Larry Kramer, 린지 루이Lindsey Louie, 마리오 마리노Mario Marino, 토니 리처드슨Tony Richardson, 로리 슬럿스키Lorie Slutsky, 헨리 팀스Henry Timms가 이 책의 장, 부, 전체를 리뷰하여, 여러 제안을 해주었고, 나에게 격려와 조언을 아끼지 않았다.

편집을 지원한 에단 맥코이Ethan McCoy와 에이미 모너한Amy Monaghan 덕분에 이 책이 더 잘 읽힐 수 있었다. 「크로니클 오브 필란트로피」의 편집자인 스테이시 팔머Stacy Palmer에게도 감사하다. 그녀는 수년간 이 잡지의 칼럼니스트로 내가 썼던 글들을 명료하게 고치는 데 상당한 도움을 주었다. 이 책에서 다룬 주제의 일정 부분은 이 잡지의 칼럼에서 처음 다뤘었다.

CEP의 전현직 직원들 거의 대부분이 내가 이 책을 쓰는 데 일정 부분 기여했다. 한 명, 한 명 호명할 수는 없지만, 모두에게 감사하다.

알리스 다미코Alyse d'Amico는 이 책의 구조와 주제를 잡는 데 도움을 주었다. 그녀는 지난 15년 동안 내가 쓴 글들에 이런 식의 도움을 주었다. 그녀는 초고를 편집해주었고, 내가 책의 집필에 집중할 수 있도록 다른 가까운 동료들이 그랬던 것처럼 CEP의 다른 업무를 처리해주었다. 그녀가 없었다면 이 책을 끝까지 쓸 수 없었을 것이다. 이 부분에 있어서 나는 그녀에게 큰 빚을 진 셈이다.

CEP의 케빈 볼덕과 엘리 부토 박사는 이 책을 쓸 때 중요한 조언을 많이 해줬다. 엘리는 연구를 담당하면서, 기부의 실천과 관련된 많은 보고서들을 단독으로 혹은 나와 공동으로 작성했다. 케빈이 책에서 다룬 파트너들과의 참여적 관계에 관한 많은 사례에 개인적으로 관여하거나, 감독했다. 그는 수년 간 우리와 함께 연구했다.

케빈, 엘리, 알리스는 CEP를 설립한 거의 첫날부터 함께한 소중한 동료이자 친구이다. 나는 CEP의 시니어팀 구성원들에게도 감사하다. 그레이스 니콜렛Grace Nicolette은 책을 쓰는 내내 나를 격려해주었고, 초고에 대한 피드백과 조언을 해주었다. 그녀는 책에 나온 인터뷰들을 주선해주었고, 이 책이 기관 기부자뿐만 아니라 개인 기부자에게도 유용한 방향으로 책을 쓸 수 있도록 중요한 인사이트를 제공했다. CEP의 유스트루스 이니셔티브를 이끄는 젠 보스 윌카와 CEP의 재무 건정성을 책임지는 알렉스 오카시오Alex Ocasio도 CEP의 소중한 동료들이다.

한나 바틀바우Hannah Bartlebaugh, 미나 보야드지예프Mena Boyadzhiev, 헤이든 쿠빌리온Hayden Couvillion, 제니 고프Jenny Goff, 태요 일레부시Tayo Illebusi, 소헤일 캄다르Sohail Kamdar, 델라 멘하이Della Menhaj, 나오미 오린스턴Naomi Orensten, 엠마 폴Emma Polle, 에밀리 래드윈Emily Radwin, 캐시 장Cathy Zhang 등 CEP 직원들과 앞서 언급한 몇 명이 만든 비공식 '북클럽' 회원들은 초고의 장을 읽고 귀중한 의견과 피드백을 주었다.

한나 마틴Hanna Martin도 피드백을 주었고, 연구도 지원했다.

제이 쿠스트카Jay Kustka는 '10가지 차이점' 표와 이 책의 홍보에 필요한 다양한 자료들을 만드는 데 도움을 주었다. 타마라 길덴저스 코널리Tamara Gildengers Connolly는 4장에 나오는 네 가지 유형의 기부자(자선 은행가, 영원한 조정자, 불완전한 전략가, 완전한 전략가)와 관련된 이미지를 만들었다. 양 타오Yang Tao는 이 책의 마케팅과 홍보를 계획하고 실행했다.

10년 넘게 유능한 비서로 일해준 티아 킹 폰타네즈Tia King-Fontánez가 특별히 고맙다. 그녀는 이 책에 수록된 많은 일들을 내가 할 수 있도록 지원했다. 또한 그녀는 이 책을 위해 수행한 많은 인터뷰들을 정리했고, 내가 CEP에서 맡은 바를 잘 수행하고 이 책의 집필에 필요한 수천 번의 회의에 참석하고 수백 번의 출장을 다녀오도록 지원해주었다.

CEP의 전 직원이었던 주디 후앙과 전 이사였던 크리스털 헤일링은 10년도 전에 나에게 필란트로피에 관한 책을 써보라고 처음 제안했다. 나를 한결같이 격려해준 그들에게 감사한다.

많은 재단 리더들과 필란트로피 전문가들중에서도 에드 케인Ed Cain, 크리스 카르도나Chris Cardona, 마릴린 달링Marilyn Darling, 팸 데이비드Pam David, 팸 포스터Pam Foster, 신시아 깁슨Cynthia Gibson, 밥 휴스Bob Hughes, 루시 나이트Lucy Knight, 캐롤 라슨Carol Larson, 리사 라비조-모리Risa Lavizzo-Mourey, 린지 루이Lindsay Louie, 존 멀래니John Mullaney, 조엘 오로스Joel Orosz, 파티 파트리치Patti Patrizi, 에드 파울리Ed Pauly, 힐러리 피어슨Hilary Pearson, 브라이언 퀸Brian Quinn, 앤 스턴Ann Stern, 대런 워커Darren Walker, 케이트 월포드Kate Wolford는 대화와 저술을 통해 수년 동안 내 생각을 발전시키는 데 많은 영향을

끼쳤다. 특별히 이 책의 추천사를 써준 대런의 격려와 지원에 깊은 감사를 표한다. 또한 오랫동안 효과적인 기부에 관해 나와 토론했던 짐 커날레스Jim Canales에게 감사한다. 짐은 바르 재단의 트레버 폴락Trevor Pollack과 함께 내가 2016년에 안식년을 가질 수 있도록 CEP를 지원해줬다.

다이아나 아비브Diana Aviv, 데이비드 빔스더퍼David Biemesderfer, 제프 브래딕Jeff Bradach, 로나 브라운Ronna Brown, 앤서니 버그-레빈Anthony Bugg-Levine, 댄 카르디날리Dan Cardinali, 팀 델른Tim Delaney, 애런 도프만Aaron Dorfman, 데보라 엘우드Deborah Ellwood, 캐슬린 엔라이트Kathleen Enright, 제이콥 해롤드Jacob Harold, 엘렌 라프왕Ellen LaPointe, 재닌 리Janine Lee, 트레이시 팔란지앙Tracy Palandjian, 힐러리 피어슨Hilary Pearson, 제프 풀루스Jeff Poulos, 브래드 스미스Brad Smith, 앤 윌스타드Anne Wallestad 등 '필란트로피에 헌신한' 기관들의 리더들은 오랜 기간 좋은 동료였고, 믿음직한 이사들이었다. 이들과 나눈 우정어린 토론과 가끔 있었던 논쟁은 효과적인 필란트로피와 비영리 섹터에 대한 내 생각에 많은 영향을 미쳤다.

나에게 인터뷰를 허락해주고, 그들의 이야기를 들려주었으며, 그들의 말을 인용할 수 있게 해준 '안드레', 그렉 볼드윈, 그렉 크루토, 제이슨 해크만, 스티븐 힐튼, 리치 라임사이더, 크리사마르 마르티네즈, 메리 매클리먼트, 캐시 무어, ECHOS 직원들, 로버트 오튼호프, 팻 레이놀즈-허바드, 패트릭 루니, 레슬리 실콕스, 마크 실콕스, 벤 스밀로비츠에게도 감사하다. 수년 동안 동료들과 함께 수행하여 CEP가 발행한 보고서와 블로그에 실렸던 많은 사람들의 이야기와 사례들도 이 책에 수록되었다.

로드 아일랜드Rhode Island 뉴포트Newport에서 2017년 초에 1주일간 진행된 '경영서 부트 캠프'에서 더그 스톤Doug Stone과 쉴라 힌Sheila Heen이 보여준 놀라운 지원과 코칭이 없었다면, 이 책은 출간되지 못했을 것이다. 나는 이 캠프에서 그들과 참석자들—마샤 애커Marsha Acker, 피터 히드마Peter Hiddema, 새러 힐Sarah Hill, 다이애나 패튼Diana Patton, 캐스린 스탠리Kathryn Stanley—이 보여준 의미있는 우정과 격려를 통해 많이 배웠다.

나는 수년 동안 CEP에 기금을 지원해준 재단들, CEP의 고객이 되어준 재단들, 기금도 지원하고 고객도 되어준 재단들에게 깊은 감사를 전한다. 특히 로버트 우드 존슨 재단, 윌리엄 앤드 플로라 휴렛 재단, 바르 재단, 데이비드 앤드 루실 패커드 재단, 포드 재단, S. D. 벡텔 주니어 재단S. D. Bechtel Jr. Foundation, 펀드 포 쉐어드 인사이트는 CEP와 이 책에서 언급된 일에 관대한 기금을 지속적으로 지원했다.

마지막으로 중학교 때 역사 선생님이었던 로빈 샤플러Robin Schauffler 선생님께 감사하다. 나를 B.S.라고 부르셨던 로빈 선생님은 나를 믿어주셨고, 내가 스스로를 믿을 수 있도록 도와주셨다. 선생님 덕분에 성인이 된 지금도 나를 믿을 수 있다. 나는 한 명의 선생님이 한 사람의 인생에 엄청난 변화를 가져올 수 있다는 것을 경험으로 배웠다. 로빈 선생님은 나에게 그런 분이셨다.

기부 정보

다음은 기부자에게 도움이 되는 추가적인 정보이나, 모든 정보를 포괄하는 것은 아니다. 이 책에 대해 더 궁금한 사항이 있으면, givingdoneright.org 웹사이트를 방문하라.

후원할 비영리 단체를 선정하는 데 도움이 되는 자료

- 당신의 거주 지역에 있는 지역 재단
  ▶ cof.org/community-foundation-locator 참고
- 가이드스타 GuideStar ▶ guidestar.org
- BBB 현명한 기부 연합 BBB Wise Giving Alliance ▶ give.org
- 기브웰 Givewell ▶ givewell.org
- 리프 오브 리즌 Leap of Reason ▶ leapofreason.org
- 더 라이프 유 캔 세이브 The Life You Can Save ▶ thelifeyoucansave.org
- 효과성이 검증된 사회적 프로그램 ▶ evidencebasedprograms.org

개인 기부자를 위한 기부 정보

- 더 센터 포 이펙티브 필란트로피 The Center for Effective Philanthropy (CEP)
  ▶ cep.org
- 더 센터 포 하이 임팩트 필란트로피 The Center for High Impact Philanthropy
  ▶ impact.upenn.edu
- 기빙 콤파스 Giving Compass ▶ givingcompass.org
- 필란트로피 워크숍 The Philanthropy Workshop ▶ tpw.org
- 내셔널 센터 포 패밀리 필란트로피 National Center for Family Philanthropy
  ▶ ncfp.org

기관 기부자를 위한 기부 정보

- 더 센터 포 이펙티브 필란트로피 The Center for Effective Philanthropy (CEP) ▶ cep.org
- 효과적인 기관을 위한 기금 형성자 Grantmakers for Effective Organizations ▶ geofunders.org
- 재단연합회 Council on Foundations ▶ cof.org
- 내셔널 커미티 포 리스폰시브 필란트로피 National Committee for Responsive Philanthropy ▶ ncrp.org
- 필란트로피 라운드테이블 Philanthropy Roundtable ▶ philanthropyroundtable.org
- 엑스포넌트 필란트로피 Exponent Philanthropy ▶ xponentphilanthropy.org
- 그랜드 밸리 주립대 존슨 센터 The Johnson Center at Grand Valley State University ▶ johnsoncenter.org
- 내셔널 센터 포 패밀리 필란트로피 National Center for Family Philanthropy ▶ ncfp.org
- 지역 기금제공기관 연합 Your regional association of grantmakers 유나이티드 필란트로피 포럼United Philanthropy Forum의 목록 확인 ▶ www.unitedphilforum.org/find-your-regional-philanthropy-serving-organization
- 쟁점 기반 기금제공기관 연합 Issue-based associtaons of grantmakers 유나이티드 필란트로피 포럼United Philanthropy Forum의 목록 확인▶ unitedphilforum.org/national-philanthropy-serving-organizations
- 지역재단 직원을 위한 CF리드 CFLeads (for community foundation staff) ▶ cfleads.org

자원봉사 정보

- 자원봉사 매칭 VolunteerMatch ▶ volunteermatch.org

더 읽어볼 책

개인 기부자를 위한 책

Give Smart: Philanthropy That Gets Results, Thomas J. Tierney, Joel L.

Fleishman.
『냉정한 이타주의자: 세상을 바꾸는 건 열정이 아닌 냉정이다』, *Doing Good Better—Effective Altruism and a Radical New Way to Make a Difference*, Will MacAskill.
It Ain't What You Give, It's the Way You Give It: Making Charitable Donations That Gets Results, Caroline Fiennes.

거액 기부자나 기관 기부자를 위한 책

Money Well Spent: A Strategic Plan for Smart Philanthropy, Paul Brest, Hal Harvey.
The Insider's Guide to Grantmaking: How Foundations Find, Fund, and Manage Effective Programs, Joel Orosz.
Effective Foundation Management: 14 Challenges of Philanthropic Leadership – And How to Outfox Them, Joel Orosz.

미주

서론 기부는 비즈니스가 아니다: 기부는 왜 특별한 일인가?

Introduction. It's Not Your Business: Why Giving Is a Challenge Like No Other

1. Ellie Buteau, Naomi Orensten, and Charis Loh, "The Future of Foundation Philanthropy: The CEO Perspective" (Cambridge, MA: The Center for Effective Philanthropy, 2016), 10, http://research.cep.org/the-future-of-foundation-philanthropy.
2. Jim Collins, *Good to Great and the Social Sectors: Why Business Thinking Is Not the Answer* (New York: HarperCollins, 2005), 1.
3. Mario Morino, interview by Phil Buchanan, January 21, 2018.
4. Nicholas Kristof, "Why 2017 Was the Best Year in Human History," *New York Times*, January 6, 2018, Opinion, https://www.nytimes.com/2018/01/06/opinion/sunday/2017-progress-illiteracy-poverty.html. Kristof cites research by Max Roser of Oxford and Steven Pinker of Harvard in this column.
5. Olivier Zunz, *Philanthropy in America: A History*, rev. ed. (Princeton, NJ: Princeton University Press, 2011).
6. "The Tobacco Campaigns of the Robert Wood Johnson Foundation and Collaborators, 1991-2010," RWJF Tobacco Retrospective Series (Purcellville, VA: Center for Public Program Evaluation, 2011), https://nebula.wsimg.com/bf3f972327b1a243101f5d3c3e88535e?AccessKeyId=BA4086636C5AC5631912&disposition=0&alloworigin=1.
7. "Hearts and Minds: The Untold Story of How Philanthropy and the Civil Marriage Collaborative Helped America Embrace Marriage Equality" (Amherst, MA: Proteus Fund, 2015), https://philanthropynewyork.org/sites/default/files/resources/heartsandminds-proteus-fund.pdf.
8. Andrew Carnegie, *The Autobiography of Andrew Carnegie and His Essay: The Gospel of Wealth*, reissue (London: Signet, 2006), 277-287.

1장 미국의 비영리 단체, 알려지지 않은 영웅들

Chapter 1. Nonprofits and Their Unsung American Heroes

1. Tiffany Cooper Gueye, “Remarks to CEP Staff,” July 9, 2015. This description of Tiffany is based on the stories she told in this talk at a CEP staff retreat as well as subsequent interactions and email exchanges.
2. Ryan Seashore, “Run a Nonprofit Like a Startup to Move Fast and Help Things,” *TechCrunch* (blog), January 6, 2015, http://social.techcrunch.com/2015/01/06/run-a-nonprofit-like-a-startup-to-move-fast-and-help-things/.
3. Alexis Ohanian, “The Startup Ethic and the Charitable Impulse,” *Wired*, March 27, 2012, Opinion, https://www.wired.com/2012/03/startup-ethic-charity-impulse/.
4. Tiffany Cooper Gueye, email to Phil Buchanan, November 17, 2017.
5. Alexis de Tocqueville, *Democracy in America*, 13th ed. (London: Penguin Classics, 2003).
6. John W. Gardner, *Living, Leading, and the American Dream* (San Francisco: Jossey-Bass, 2003), 206.
7. Claire Gaudiani, *The Greater Good: How Philanthropy Drives the American Economy and Can Save Capitalism*, reprint (New York: Henry Holt, 2004), 1–2, 128–130.
8. Joel Fleishman, *The Foundation: A Great American Secret; How Private Wealth Is Changing the World* (New York: PublicAffairs, 2007), 11.
9. Fleishman, *The Foundation*, 13.
10. Fleishman, *The Foundation*, 15.
11. Nicole Wallace, “Where Are My Donors? With Fewer Americans Giving to Charity, Some Nonprofits Are Planning for an Uncertain Future,” *Chronicle of Philanthropy*, June 5, 2018, https://www.philanthropy.com/article/Nonprofits-Plan-for-an/243573.
12. Patrick Rooney, interview by Phil Buchanan, September 10, 2018.
13. Olivier Zunz, *Philanthropy in America: A History*, rev. ed. (Princeton, NJ: Princeton University Press, 2011), 3.
14. Vu Le, “So, You Don’t Think You Directly Benefit from Nonprofits,” *Nonprofit AF* (blog), May 16, 2016, http://nonprofitaf.com/2016/05/so-you-dont-

think-you-directly-benefit-from-nonprofits/.

15. Ariella Phillips, "Trust in Charities and Other Institutions Has Declined, Says a Report," *Chronicle of Philanthropy*, January 29, 2018, https://www.philanthropy.com/article/Trust-in-CharitiesOther/242360; Edelmen Trust Barometer, "2018 Exec-utive Summary," http://cms.edelman.com/sites/default/files/2018-02/2018_Edelman_TrustBarometer_Executive_Summary_Jan.pdf.
16. Geraldine Fabrikant, "Harvard's Endowment Grew 10% Last Year, but Some Rivals Did Better," *New York Times*, September 28, 2018, https://www.nytimes.com/2018/09/28/business/harvard-endowment-gains.html.
17. "The Charitable Sector," Independent Sector, accessed July 9, 2018, https://independentsector.org/about/the-charitable-sector/.
18. Paul Beaudet, interview by Phil Buchanan, January 8, 2018.
19. Lester M. Salamon, *The State of Nonprofit America*, 2nd ed. (Washington, DC: Brookings Institution Press, 2012), 10.
20. Phil Buchanan, "Don't Believe the Hype, Believe the Data," *CEP Blog* (blog), April 5, 2011, http://cep.org/dont-believe-the-hype-believe-the-data/.
21. Indiana University Lilly Family School of Philanthropy, "Giving USA 2018" (Chicago: Giving USA Foundation, 2018), https://givingusa.org/giving-usa-2018-americans-gave-410-02-billion-to-charity-in-2017-crossing-the-400-billion-mark-for-the-first-time/.
22. "CAF World Giving Index 2017: A Global View of Giving Trends" (Kent, UK: Charities Aid Foundation, 2017), https://www.cafonline.org/docs/default-source/about-us-publications/cafworldgivingindex2017_2167a_web_210917.pdf.
23. Caroline Fiennes, *It Ain't What You Give, It's the Way That You Give It: Making Charitable Donations That Get Results* (Giving Evidence, 2012).
24. Tampa Bay Times, CIR, and CNN, "America's Worst Charities," *Tampa Bay Times*, accessed July 5, 2018, https://www.tampabay.com/resources/topics/specials/worst-charities/worst-charities.pdf.
25. Ken Berger, Jacob Harold, and Art Taylor, "Letter to the Donors of America," *The Overhead Myth* (blog), accessed July 5, 2018, http://overheadmyth.com/letter-to-the-donors-of-america/.
26. Paul Shoemaker, "Reconstructing Philanthropy from the Outside In" (Philanthropy Northwest, February 11, 2015), https://philanthropynw.org/

news/reconstructing-philanthropy-outside.

27. David Wolcheck, email to Phil Buchanan, July 7, 2016.

28. Antoine Didienne, "Social Enterprises: The Fourth Sector," *Triple Pundit: People, Planet, Profit* (blog), March 3, 2016, http://www.triplepundit.com/2016/03/social-enterprises-fourth-sector/.

29. Heerad Sabeti, "The For-Benefit Enterprise," *Harvard Business Review*, November 2011, https://hbr.org/2011/11/the-for-benefit-enterprise.

30. "InterSector Partners, L3C," interSector Partners, L3C, accessed July 5, 2018, https://www.intersectorl3c.com; "B Corporation," B Lab, accessed July 5, 2018, http://www.bcorporation.net/.

31. Brice McKeever, "The Nonprofit Sector in Brief 2015: Public Charities, Giving, and Volunteering" (Washington, DC: Urban Institute, October 2015), https://www.urban.org/sites/default/files/publication/72536/2000497-The-Nonprofit-Sector-in-Brief-2015-Public-Charities-Giving-and-Volunteering.pdf.

32. Valerie Strauss, "Where Private Foundations Award Education Cash," *Answer Sheet—The Washington Post* (blog), July 25, 2011, https://www.washingtonpost.com/blogs/answer-sheet/post/where-private-foundations-award-education-cash/2011/07/24/gIQA0M0mYI_blog.html.

33. Stephen Sawchuck, "At 25, Teach for America Enters Period of Change," *Education Week*, January 15, 2016, https://www.edweek.org/ew/articles/2016/01/15/at-25-teach-for-america-enters-period.html.

34. Andrea Brock, Ellie Buteau, and An-Li Herring, "Room for Improvement: Foundations' Support of Nonprofit Performance Assessment" (Cambridge, MA: Center for Effective Philanthropy, 2012), http://research.cep.org/room-for-improvement-foundation-support-performance-assessment.

35. Ellie Buteau, Ramya Gopal, and Jennifer Glickman, "Assessing to Achieve High Performance: What Nonprofits Are Doing and How Foundations Can Help" (Cambridge, MA: Center for Effective Philanthropy, 2015), http://research.cep.org/assessing-to-achieve-high-performance-what-nonprofits-are-doing-and-how-foundations-can-help.

36. Gregg Croteau, several interviews by Phil Buchanan, including one at UTEC on December 20, 2017.

2장 다양한 기부 방법

Chapter 2. So Many Ways to Give

1. Christine W. Letts, William P. Ryan, and Allen S. Grossman, "Virtuous Capital: What Foundations Can Learn from Venture Capitalists," *Harvard Business Review*, April 1997, https://hbr.org/1997/03/virtuous-capital-what-foundations-can-learn-from-venture-capitalists.
2. "The New Powers in Giving," *Economist*, June 29, 2006, Philanthropy, https://www.economist.com/special-report/2006/06/29/the-new-powers-in-giving.
3. Andrew Carnegie, *The Autobiography of Andrew Carnegie and His Essay: The Gospel of Wealth*, reissue (London: Signet, 2006).
4. Indiana University Lilly Family School of Philanthropy, "Giving USA 2018" (Chicago: Giving USA Foundation, 2018), https://givingusa.org/giving-usa-2018-americans-gave-410-02-billion-to-charity-in-2017-crossing-the-400-billion-mark-for-the-first-time/.
5. Arlyn Tobias Gajilan, "Something Had to Give: Dan Pallotta's Fundraising Business Was, as He Put It, 'Trying to Save the World.' So How Come It Couldn't Save Itself?" *CNN Money*, December 1, 2002, Small Business, http://money.cnn.com/magazines/fsb/fsb_archive/2002/12/01/333874/index.htm.
6. Dianne Chipps Bailey, "The Power of Giving Circles: Rocket Fuel for the Future of Philanthropy," *Huffpost,* November 21, 2017, https://www.huffingtonpost.com/entry/the-power-of-giving-circles-rocket-fuel-for-the-future_us_5a142c24e4b05ec0ae844589.
7. Jessica Bearman. Julia Carboni, Angela Eikenberry, and Jason Franklin, "The State of Giving Circles Today: Overview of New Research Findings from a Three-Part Study" (Cambridge, MA: Collective Giving Research Group, 2016), http://johnsoncenter.org/wp-content/uploads/2017/11/Giving-Circles-Research-Executive-Summary-WEB.pdf.
8. Bearman et al., "The State of Giving Circles Today."
9. "African American Women's Giving Circle," Washington Area Women's Foundation, accessed July 9, 2018, https://thewomensfoundation.org/african-american-womens-giving-circle/.
10. "Our Approach," Everychild Foundation, accessed July 5, 2018, https://everychildfoundation.org/about-us/our-approach/.
11. "2018 Donor-Advised Fund Report" (Jenkintown, PA: National Philanthropic

Trust, 2018), https://www.nptrust.org/daf-report/index.html.

12. "100 Key Achievements," The Cleveland Foundation Centennial, accessed July 5, 2018, https://www.clevelandfoundation100.org/foundation-of-change/impact/100-key-achievements/.

13. Phil Buchanan, Ellie Buteau, and Mark Chaffin, "What Donors Value: How Community Foundations Can Increase Donor Satisfaction, Referrals, and Future Giving" (Cambridge, MA: Center for Effective Philanthropy, 2014), http://research.cep.org/what-donors-value-how-community-foundations-can-increase-donor-satisfaction-referrals-and-future-giving.

14. "New Hampshire Tomorrow," New Hampshire Charitable Foundation, accessed July 5, 2018, https://www.nhcf.org/what-were-up-to/focus-on/new-hampshire-tomorrow/.

15. Buchanan, Buteau, Chaffin, "What Donors Value."

16. Gary Quackenbush, "Community Foundation Sonoma County," *North Bay Business Journal*, March 27, 2018, http://www.northbaybusinessjournal.com/northbay/sonomacounty/8086040-181/community-foundation-sonoma-county.

17. "Hurricane Harvey Relief Fund," Greater Houston Community Foundation, accessed July 5, 2018, https://ghcf.org/learn/.

18. Heather Joslyn and Peter Olsen-Phillips, "Fidelity Charitable Tops United Way for 2nd Year in a Row in the Philanthropy 400," *Chronicle of Philanthropy*, November 1, 2017, https://www.philanthropy.com/article/Fidelity-Charitable-Tops/241612/.

19. Rebecca Morphis, email to Phil Buchanan, July 27, 2018.

20. David Gelles, "How Tech Billionaires Hack Their Taxes with a Philanthropic Loophole," *New York Times*, August 3, 2018, https://www.nytimes.com/2018/08/03/business/donor-advised-funds-tech-tax.html.

21. Ray D. Madoff, "Congress's Assault on Charities," *New York Times*, January 20, 2018, Opinion, https://www.nytimes.com/2017/11/26/opinion/congress-charities-giving.html.

22. Lewis B. Cullman and Ray Madoff, "The Undermining of American Charity," *New York Review of Books*, July 14, 2016, http://www.nybooks.com/articles/2016/07/14/the-undermining-of-american-charity/.

23. Patrick Rooney, "Have Donor-Advised Funds and Other Philanthropic Inno-

vations Changed the Flow of Giving in the United States?" *Nonprofit Quarterly*, November 7, 2017, https://nonprofitquarterly.org/2017/11/07/have-donor-advised-funds-and-other-philanthropic-innovations-changed-the-flow-of-giving-in-the-united-states/.

24. "2018 Donor-Advised Fund Report."

25. Indiana University Lilly Family School of Philanthropy, "Giving USA 2018."

26. Joel Fleishman, *The Foundation: A Great American Secret; How Private Wealth Is Changing the World* (New York: PublicAffairs, 2017), xv.

27. Joel J. Orosz, *Effective Foundation Management: 14 Challenges of Philanthropic Leadership–and How to Outfox Them* (Lanham, MD: AltaMira Press, 2007), 27–36.

28. Benjamin Soskis, "The Importance of Criticizing Philanthropy," *The Atlantic*, May 12, 2014, https://www.theatlantic.com/business/archive/2014/05/the-case-for-philanthropy-criticism/361951/.

29. Megan Tompkins-Stange, "Through a Glass Darkly: How Transparent Should Foundations Be?" *CEP Blog* (blog), July 12, 2016, http://cep.org/glass-darkly-transparent-foundations/.

30. Michael Edwards, "Will Zuckerberg and Chan End the Philanthropic Oligarchy?" *Chronicle of Philanthropy*, December 4, 2015, https://www.philanthropy.com/article/Opinion-Will-Zuckerberg-and/234477/.

31. Anand Giridharadas, "Beware Rich People Who Say They Want to Change the World," *New York Times*, August 24, 2018, https://www.nytimes.com/2018/08/24/opinion/sunday/wealth-philanthropy-fake-change.html.

32. Diane Ravitch, *The Death and Life of the Great American School System: How Testing and Choice Are Undermining Education* (New York: Basic Books, 2010).

33. Sean Parker, "Philanthropy for Hackers," *Wall Street Journal*, June 26, 2015, Life, https://www.wsj.com/articles/sean-parker-philanthropy-for-hackers-1435345787.

34. Christopher Hayes, *Twilight of the Elites: America after Meritocracy* (New York: Crown, 2012), 13.

35. Ellie Buteau, Ramya Gopal, and Phil Buchanan, "Hearing from Those We Seek to Help: Nonprofit Practices and Perspectives in Beneficiary Feedback" (Cambridge, MA: Center for Effective Philanthropy, October 2014), http://research.effectivephilanthropy.org/hearing-from-those-we-seek-to-help-

nonprofit-practices-and-perspectives-in-beneficiary-feedback.

36. Jeremy Heimans and Henry Timms, "New Power: How Power Works in Our Hyperconnected World—and How to Make It Work for You" (New York: Doubleday 2018).

37. Joyce Gannon, "Heinz Endowments Refocuses Its Grantmaking Strategy," *Pittsburgh Post-Gazette*, February 28, 2016, Business, http://www.post-gazette.com/business/pittsburgh-company-news/2016/02/28/Heinz-Endowments-refocuses-its-grantmaking-strategy/stories/201602210078.

38. Several paragraphs in this section are drawn from a 2016 essay I wrote and that CEP published entitled "Big Issues, Many Questions."

39. Ellie Buteau, Naomi Orensten, and Charis Loh, "The Future of Foundation Philanthropy: The CEO Perspective" (Cambridge, MA: Center for Effective Philanthropy, 2016), 10, http://research.cep.org/the-future-of-foundation-philanthropy.

40. Stephen Heintz, email to Phil Buchanan, August 2, 2018.

41. Rose Letwin, "Deepening Commitment in a Moment of Change," *CEP Blog* (blog), May 17, 2018. http://cep.org/deepening-commitment-in-a-moment-of-change/.

42. Paul Beaudet, interview by Phil Buchanan, January 8, 2018.

43. Andrea Brock, Phil Buchanan, and Ellie Buteau, "Essentials of Foundation Strategy" (Cambridge, MA: Center for Effective Philanthropy, 2009), http://research.cep.org/essentials-of-foundation-strategy.

44. Jennifer Glickman, Matthew Leiwant, and Ellie Buteau, "Staying Connected: How Five Foundations Understand Those They Seek to Help" (Cambridge, MA: Center for Effective Philanthropy, 2017), http://research.cep.org/staying-connected-how-five-foundations-understand-those-they-seek-to-help.

45. Jason Hackmann, interview by Phil Buchanan, June 18, 2018.

46. Keosha Varela, "Death Row Attorney Bryan Stevenson on 4 Ways to Fight Against Injustice" (The Aspen Institute, 2016), https://www.aspeninstitute.org/blog-posts/death-row-attorney-bryan-stevenson-4-ways-fight-injustice/.

47. Bryan Stevenson, "Against the Odds: Finding Mercy and Justice for the Most Vulnerable" (April 4, 2017).

48. Henry Gass, "Juvenile Incarceration Rate Has Dropped in Half. Is Trend

Sustainable?" *Christian Science Monitor*, November 10, 2015, USA | Justice, https://www.csmonitor.com/USA/Justice/2015/1110/Juvenile-incarceration-rate-has-dropped-in-half.-Is-trend-sustainable?utm_content=bufferd8ed0&utm_medium=social&utm_source=twitter.com&utm_campaign=buffer.

49. Trita Parsi, *Losing an Enemy: Obama, Iran, and the Triumph of Diplomacy* (New Haven, CT: Yale University Press, 2017), 330.

3장 어려운 균형 맞추기: 목표 설정

Chapter 3. A Tough Balance: Choosing Your Goals

1. Mark and Leslie Sillcox, interview by Phil Buchanan, May 30, 2018.
2. Paul Brest and Hal Harvey, *Money Well Spent: A Strategic Plan for Smart Philanthropy* (New York: Bloomberg Press, 2008), 22–23.
3. "Finding Your Focus in Philanthropy: What Challenges Will You Tackle, and What Do You Want to Achieve?" (Rockefeller Philanthropy Advisors, August 2018), https://www.rockpa.org/wp-content/uploads/2017/08/Finding-Your-Focus.pdf.
4. Peter Singer, *The Most Good You Can Do: How Effective Altruism Is Changing Ideas About Living Ethically* (New Haven, CT: Yale University Press, 2015), 117.
5. Singer, *The Most Good You Can Do*, 117.
6. Singer, *The Most Good You Can Do*, 117–136.
7. Phil Buchanan et al., "New Models of Philanthropy: What's Promising, What's Not" (May 21, 2015), https://www.youtube.com/watch?v=hWbJPeY_tDo.
8. "Dustin Moskovitz," *Forbes*, accessed July 6, 2018, https://www.forbes.com/profile/dustin-moskovitz/.
9. Mario Morino, interview by Phil Buchanan, January 21, 2018.
10. Kasia Moreno, "The Top Five Most Promising Trends in Philanthropy," *Forbes*, March 2, 2015, Forbes Insights, http://www.forbes.com/sites/forbesinsights/2015/03/02/the-top-five-most-promising-trends-in-philanthropy.
11. Daniel Coit Gilman, "Five Great Gifts," *The Outlook*, 1907.
12. "Eradicating Hookworm," The Rockefeller Foundation: A Digital History, https://rockfound.rockarch.org/eradicating-hookworm.
13. William Schambra, "Root Causes vs. Reality," *Philanthropy Magazine*, 2004.

14. Joel L. Fleishman and Thomas J. Tierney, *Give Smart: Philanthropy That Gets Results*, (New York: PublicAffairs, 2011), 26–27.

15. Shawn Reifsteck, email to Phil Buchanan, August 6, 2018.

16. Mark R. Kramer and Michael E. Porter, "Philanthropy's New Agenda: Creating Value," ***Harvard Business Review***, December 1999, https://hbr.org/1999/11/philanthropys-new-agenda-creating-value.

17. Ellie Buteau, Phil Buchanan, and Ramya Gopal, "How Far Have We Come? Foundation CEOs on Progress and Impact" (Cambridge, MA: Center for Effective Philanthropy, 2013), http://research.effectivephilanthropy.org/how_far_have_we_come.

18. Jim Collins, "CEP 2009 Conference Highlights" (April 31, 2009), http://cep.org/programming/national-conferences/2009-conference/.

19. Bill Gates, "A Conversation with Bill Gates: Making a Healthier World for Children and Future Generations," interview by Bill Moyers, May 9, 2003, https://billmoyers.com/content/conversation-bill-gates-making-healthier-world-children-future-generations-transcript/.

20. "What We Do," Bill & Melinda Gates Foundation, accessed July 6, 2018, https://www.gatesfoundation.org/What-We-Do.

21. Rich Leimsider, interview by Phil Buchanan, June 8, 2018.

22. Dale Russakoff, ***The Prize: Who's in Charge of America's Schools?*** (Boston, MA: Houghton Mifflin Harcourt, 2015). 이 책은 Dale Russakoff 저, 유성상 역, 『교육이 미래라고 믿는 당신에게, PRIZE』(박영스토리)로 출간되었음.

23. Russakoff, ***The Prize***, 27–28.

24. Russakoff, ***The Prize***, 212–213.

25. Steven Hilton, interview by Phil Buchanan, January 31, 2018.

26. Hilton, interview.

27. Nick Wingfield, "Jeff Bezos Wants Ideas for Philanthropy, So He Asked Twitter," *New York Times*, December 22, 2017, Technology, https://www.nytimes.com/2017/06/15/technology/jeff-bezos-amazon-twitter-charity.html.

4장 제대로 수립된 전략: 목표 달성하기

Chapter 4. Strategy Done Right: Achieving Your Goals

1. Pat Reynolds-Hubbard, interview by Phil Buchanan, August 8, 2018.
2. Reynolds-Hubbard, interview.
3. Judith A. Ross, "Striving for Transformative Change at the Stuart Foundation," case study, Lessons from the Field (Cambridge, MA: Center for Effective Philanthropy, December 2009), http://www.effectivephilanthropy.org/wp-content/uploads/2014/01/TransformativeChange_Stuart.pdf.
4. Ross, "Striving for Transformative Change at the Stuart Foundation."
5. Reynolds-Hubbard, interview.
6. Sharon Van Epps, "New Attitudes Toward Adoption from Foster Care Offer Hope," *Washington Post*, July 24, 2017, Perspective, https://www.washingtonpost.com/news/parenting/wp/2017/07/24/new-attitudes-toward-adoption-from-foster-care-offer-hope/.
7. Ross, "Striving for Transformative Change at the Stuart Foundation."
8. Kevin Bolduc et al., "Beyond the Rhetoric: Foundation Strategy" (Cambridge, MA: Center for Effective Philanthropy, 2007).
9. Paul Brest and Hal Harvey, *Money Well Spent: A Strategic Plan for Smart Philanthropy*, 2nd ed. (Stanford, CA: Stanford Business Press, 2018), 46–47.
10. Jason Beaubien, "The New Debate over Bed Nets and Malaria Prevention," *NPR*, November 22, 2016, Health, https://www.npr.org/sections/goatsandsoda/2016/11/22/503036774/the-new-debate-over-bed-nets.
11. Bill Gates, "Why I Would Raise Chickens," *GatesNotes* (blog), June 7, 2016, https://www.gatesnotes.com/Development/Why-I-Would-Raise-Chickens.
12. "Cluck You: Bolivia Rejects Bill Gates' Donation of Hens," *Guardian*, June 15, 2016, World news, http://www.theguardian.com/world/2016/jun/15/bolivia-rejects-bill-gates-hens-donation.
13. Andres Schipani, "Bill Gates's Hen Donation Plan Ruffles Feathers in Bolivia," *Financial Times*, June 16, 2016, Americas Society, https://www.ft.com/content/06d25074-335b-11e6-bda0-04585c31b153.
14. Bill and Melinda Gates, "The 10 Toughest Questions We Get," February 13, 2018, https://www.gatesnotes.com/2018-Annual-Letter.

15. William MacAskill, *Doing Good Better: How Effective Altruism Can Help You Help Others, Do Work That Matters, and Make Smarter Choices About Giving Back*, reprint (New York: Avery, 2016), 1-4.

16. Phil Buchanan and Aaron Dorfman, "'Strategy' Is Essential to Grass-Roots Movements," *Chronicle of Philanthropy*, June 16, 2013, https://www.philanthropy.com/article/Strategy-Is-Essential-to/154705/.

17. Phil Buchanan, "Philanthropic Strategy," *Stanford Social Innovation Review*, February 12, 2014, https://ssir.org/articles/entry/five_myths_that_perpetuate_poor_philanthropic_strategy.

18. David Segal, "In Letter, Warren Buffett Concedes a Tough Year," *New York Times*, February 28, 2009, Business, https://www.nytimes.com/2009/03/01/business/01buffett.html.

19. Patricia Patrizi and Elizabeth Heid Thompson, "Beyond the Veneer of Strategic Philanthropy," *The Foundation Review* 2, no. 3 (January 1, 2011): 52-60, https://doi.org/10.4087/FOUNDATIONREVIEW-D-10-00022.

20. Patrizi and Thompson, "Beyond the Veneer of Strategic Philanthropy."

21. Paul Brest has been immensely supportive of CEP (Hewlett has been among CEP's largest, and sometimes the largest, grant funders for a number of years).

22. Paul Brest, "Strategic Philanthropy and Its Discontents," *Stanford Social Innovation Review*, April 27, 2015, https://ssir.org/articles/entry/strategic_philanthropy_and_its_discontents.

23. Paul Brest, "A Decade of Outcome-Oriented Philanthropy," *Stanford Social Innovation Review*, Spring 2012.

24. Hal Harvey, "Why I Regret Pushing Strategic Philanthropy," *Chronicle of Philanthropy*, April 4, 2016, https://www.philanthropy.com/article/Opinion-Why-I-Regret-Pushing/235924.

25. Chris Addy et al., "Making Big Bets for Social Change," *Stanford Social Innovation Review*, Winter 2016.

26. Larry Kramer, "Against 'Big Bets,'" *Stanford Social Innovation Review*, Summer 2017, https://ssir.org/articles/entry/against_big_bets.

27. Larry Kramer, "Stop Disrupting for Disruption's Sake," *BRIGHT Magazine*, March 7, 2018, https://brightthemag.com/philanthropy-disruption-big-bet-moonshots-9c6c3639644d.

28. Peter Sims, *Little Bets: How Breakthrough Ideas Emerge from Small Discoveries*, reprint (New York: Simon and Schuster, 2013).

29. Thomas J. Kane, "Develop and Validate, then Scale," *Education Next*, October 15, 2018, https://www.educationnext.org/develop-validate-scale-lessons-gates-foundation-effective-teaching-strategy/.

30. Addy et al., "Making Big Bets for Social Change."

31. Felix Salmon, "Elon Musk, Mark Zuckerberg, Jeff Bezos, and Ethically Iffy 'Philanthropy,'" *Wired*, May 15, 2018, https://www.wired.com/story/musk-zuckerberg-bezos-and-ethically-iffy-philanthropy/?mbid=social_twitter_onsiteshare.

32. "Against Malaria Foundation," GiveWell, November 2017, https://www.givewell.org/charities/amf.

33. Andrea Brock, Phil Buchanan, and Ellie Buteau, "Essentials of Foundation Strategy" (Cambridge, MA: Center for Effective Philanthropy, 2009), http://research.cep.org/essentials-of-foundation-strategy.

34. Brock, Buchanan, and Buteau, "Essentials of Foundation Strategy."

35. Ben Smilowitz, interview by Phil Buchanan, March 16, 2018.

36. Robert Ottenhoff, interview by Phil Buchanan, March 22, 2018.

37. Phil Buchanan et al., "New Models of Philanthropy: What's Promising, What's Not" (May 21, 2015), https://www.youtube.com/watch?v=hWbJPeY_tDo.

38. Sylvia Yee, "Equal Effort," *Stanford Social Innovation Review*, Fall 2014.

39. Yee, "Equal Effort."

40. Yee, "Equal Effort."

5장 핵심 파트너: 비영리 단체를 선정하고 함께 일하기

Chapter 5. Essential Partners: Selecting and Working with Nonprofits

1. Dave Peery, "Grantees as Customers," *Stanford Social Innovation Review*, November 26, 2013, https://ssir.org/articles/entry/grantees_as_customers.

2. "Best Charities for Highly Effective Giving," The Life You Can Save, accessed July 6, 2018, https://www.thelifeyoucansave.org/best-charities.

3. "The Performance Imperative: A Framework for Social-Sector Excellence"

(Leap of Reason, April 2018), https://leapambassadors.org/products/performance-imperative/.

4. Mario Morino, interview by Phil Buchanan, January 21, 2018.
5. Cathy Moore, interview by Phil Buchanan, June 5, 2018; Epiphany Community Health Outreach Services staff and volunteers, interview by Phil Buchanan, June 5, 2018.
6. Sacha Pfeiffer, "Corporate Volunteers Can Be a Burden for Nonprofits," *Boston Globe*, March 25, 2015, Business, https://www.bostonglobe.com/business/2015/03/24/unwanted-volunteers/SNJQGGMQUUcIhYFh6M6k4M/story.html.
7. Greg Baldwin, interview by Phil Buchanan, March 8, 2018.
8. Paul Brest and Hal Harvey, *Money Well Spent: A Strategic Plan for Smart Philanthropy* (New York: Bloomberg Press, 2008), 22–23.
9. Gregg Croteau, interview by Phil Buchanan, December 20, 2017.
10. Ellie Buteau, Jennifer Glickman, and Matthew Leiwant, "Relationships Matter: Program Officers, Grantees, and the Keys to Success" (Cambridge, MA: Center for Effective Philanthropy, 2017), http://research.cep.org/relationships-matter_program-officers_grantees_keys-to-success.
11. John Esterle, Malka Kopell, and Palma Strand, "From the Kids' Table to the Adults' Table: Taking Relationships Seriously in a World of Networks" (San Francisco: The Whitman Institute, n.d.), https://thewhitmaninstitute.org/wp-content/uploads/FromTheKidsTabletoAdultsTable.pdf.
12. "Trust-Based Philanthropy," The Whitman Institute, accessed July 6, 2018, https://thewhitmaninstitute.org/grantmaking/trust-based-philanthropy/.
13. "Grantmaking Strategies," Einhorn Family Charitable Trust, accessed July 6, 2018, https://www.efct.org/grantmaking-strategies.
14. Ethan McCoy, "High-Engagement Funders & Strong Funder-Grantee Relationships: Are They Mutually Exclusive? (Hint: No.)," *CEP Blog* (blog), June 2, 2016, http://cep.org/high-engagement-funders-strong-funder-grantee-relationships-are-they-mutually-exclusive-hint-no/.
15. McCoy, "High-Engagement Funders & Strong Funder-Grantee Relationships."
16. Phil Buchanan, Margot Rogers, and Jennifer Hoos Rothberg, "A Fresh Take on the Funder-Grantee Power Dynamic: A Conversation on Supporting High

Performance," (January 30, 2018), https://www.youtube.com/watch?v=SY1K-suO9I0k.

17. Ellie Buteau, Charis Loh, and Temitayo Ilegbusi, "Strengthening Grantees: Foundation and Nonprofit Perspectives," (Cambridge, MA: Center for Effective Philanthropy, 2018), https://cep.org/portfolio/strengthening-grantees-foundation-and-nonprofit-perspective/.
18. "Our Portfolio," RippleWorks Foundation, accessed July 6, 2018, http://www.rippleworks.org/portfolio/.
19. Andrew Jacobs, "A Simple Way to Improve a Billion Lives: Eyeglasses," *New York Times*, May 5, 2018, Health, https://www.nytimes.com/2018/05/05/health/glasses-developing-world-global-health.html.
20. Buteau, Loh, and Ilegbusi, "Strengthening Grantees."
21. Jeri Eckhart-Queenan, Michael Etzel, and Sridhar Prasad, "Pay-What-It-Takes Philanthropy," *Stanford Social Innovation Review*, Summer 2016.
22. "Grantee Experience," The David and Lucile Packard Foundation, accessed-July 6, 2018, https://www.packard.org/grants-and-investments/for-our-current-grantees/grantee-experience/.
23. Paul Beaudet, "Putting Grantees in the Center of Your Map," *CEP Blog* (blog), January 24, 2012, http://cep.org/putting-grantees-in-the-center-of-your-map/.
24. Tony Richardson on a CEP webinar (February 13, 2018).

6장 쉬운 답은 없다: 성과 평가

Chapter 6. No Easy Answers: Assessing Performance

1. Peter F. Drucker, *Managing the Non-Profit Organization: Principles and Practices* (New York: HarperCollins, 1992), 107.
2. "Toward a Common Language: Listening to Foundation CEOs and Other Experts Talk About Performance Measurement in Philanthropy" (Cambridge, MA: Center for Effective Philanthropy, 2002); "Indicators of Effectiveness: Understanding and Improving Foundation Performance" (Cambridge, MA: Center for Effective Philanthropy, 2002).
3. Jim Collins, *Good to Great and the Social Sectors: Why Business Thinking Is Not the Answer* (New York: HarperCollins, 2005), 7.

4. Matthew Bishop and Michael Green, *Philanthrocapitalism: How the Rich Can Save the World* (London: Bloomsbury Press, 2008), 219.

5. Ellie Buteau, Ramya Gopal, and Jennifer Glickman, "Assessing to Achieve High Performance: What Nonprofits Are Doing and How Foundations Can Help" (Cambridge, MA: Center for Effective Philanthropy, 2015), http://research.cep.org/assessing-to-achieve-high-performance-what-nonprofits-are-doing-and-how-foundations-can-help.

6. Ellie Buteau, Ramya Gopal, and Phil Buchanan, "Hearing from Those We Seek to Help: Nonprofit Practices and Perspectives in Beneficiary Feedback" (Cambridge, MA: Center for Effective Philanthropy, October 2014), http://research.effectivephilanthropy.org/hearing-from-those-we-seek-to-help-nonprofit-practices-and-perspectives-in-beneficiary-feedback.

7. Buteau, Gopal, and Buchanan, "Hearing from Those We Seek to Help."

8. Tanya Beer et al., "Benchmarking Foundation Evaluation Practices" (Cambridge, MA: Center for Effective Philanthropy and Center for Evaluation Innovation, 2016), http://research.cep.org/benchmarking-foundation-evaluation-practices.

9. This is the actual mission statement of the Seattle Children's Museum, but the rest of the example is fictional.

10. "Roca Inc.," Strategic Grant Partners, accessed July 6, 2018, http://www.strategic grantpartners.org/project/roca-inc/.

11. Srik Gopal and Lisbeth B. Schorr, "Getting 'Moneyball' Right in the Social Sector," *Stanford Social Innovation Review*, June 2, 2016, https://ssir.org/articles/entry/getting_moneyball_right_in_the_social_sector.

12. Patrick Lester, "Defining Evidence Down," *Stanford Social Innovation Review*, July 14, 2016, https://ssir.org/articles/entry/defining_evidence_down.

13. Anthony Petrosino, Carolyn Turpin-Petrosino, Meghan E. Hollis-Peel, Julia G. Lavenberg, "Scared Straight and Other Juvenile Awareness Programs for Preventing Juvenile Delinquency: A Systematic Review," The Campbell Collaboration, June 2012.

14. Beer et al., "Benchmarking Foundation Evaluation Practices."

15. "The Center for Evidence-Based Mentoring," The National Mentoring Partnership, accessed July 6, 2018, https://www.mentoring.org/program-resources/the-center-for-evidence-based-mentoring/.

16. Ellie Buteau, Phil Buchanan, and Ramya Gopal, "How Far Have We Come? Foundation CEOs on Progress and Impact" (Cambridge, MA: Center for Effective Philanthropy, 2013), http://research.effectivephilanthropy.org/how_far_have_we_come.

17. Beer et al., "Benchmarking Foundation Evaluation Practices."

18. Andrea Brock, Ellie Buteau, and An-Li Herring, "Room for Improvement: Foundations' Support of Nonprofit Performance Assessment" (Cambridge, MA: Center for Effective Philanthropy, 2012), http://research.cep.org/room-for-improvement-foundation-support-performance-assessment.

19. Brock, Buteau, and Herring, "Room for Improvement," 21.

20. Ellie Buteau and Phil Buchanan, "The State of Foundation Performance Assessment: A Survey of Foundation CEOs" (Cambridge, MA: Center for Effective Philanthropy, September 2011), http://research.cep.org/state-of-foundation-performance-assessment.

21. Buteau and Buchanan, "The State of Foundation Performance Assessment."

22. Beer et al., "Benchmarking Foundation Evaluation Practices."

23. Phil Buchanan, Ellie Buteau, and Shahryar Minhas, "Can Feedback Fuel Change at Foundations? An Analysis of the Grantee Perception Report" (Cambridge, MA: Center for Effective Philanthropy, 2011), http://research.cep.org/can-feedback-fuel-change-at-foundations.

24. Fay Twersky, Phil Buchanan, and Valerie Threlfall, "Listening to Those Who Matter Most, the Beneficiaries," *Stanford Social Innovation Review*, Spring 2013.

25. "How One Innovative School Network Uses Student Perception Data for ContinuousImprovement" (San Francisco, CA: YouthTruth, August 15, 2014), http://youthtruthsurvey.org/charter-network-uses-data-continuous-improvement/.

26. "Putting the Pieces Together: Student Feedback in Evergreen Elementary School District" (San Francisco, CA: YouthTruth, May 2018), http://youthtruthsurvey.org/wp-content/uploads/2018/05/Evergreen-School-District-YouthTruth-Case-Study.pdf.

27. Twersky, Buchanan, and Threlfall, "Listening to Those Who Matter Most, the Beneficiaries."

28. Beer et al., "Benchmarking Foundation Evaluation Practices."

29. Sean Parker, "Philanthropy for Hackers," ***Wall Street Journal***, June 26, 2015, Life, https://www.wsj.com/articles/sean-parker-philanthropy-for-hackers-1435345787.
30. Julia Angwin, Jeff Larson, Surya Mattu, and Lauren Kirchner, "Machine Bias," ***ProPublica***, May 23, 2016, https://www.propublica.org/article/machine-bias-risk-assessments-in-criminal-sentencing.
31. Kate Zernike, "Obama Administration Calls for Limits on Testing in Schools," ***New York Times***, October 24, 2015, US, https://www.nytimes.com/2015/10/25/us/obama-administration-calls-for-limits-on-testing-in-schools.html.

7장 모든 도구를 효율적으로 사용하기

Chapter 7. Deploying All the Tools

1. Leslie R. Crutchfield, John V. Kania, and Mark R. Kramer, ***Do More than Give: The Six Practices of Donors Who Change the World***, (Hoboken, NJ: John Wiley & Sons, 2011).
2. www.chanzuckerberg.com/about, accessed September 7, 2018.
3. Dana Brakman Reiser, "Is the Chan Zuckerberg Initiative the Future of Philanthropy?" ***Stanford Social Innovation Review***, Summer 2018, https://ssir.org/articles/entry/the_rise_of_philanthropy_llcs.
4. Olivier Zunz, ***Philanthropy in America: A History***, rev. ed. (Princeton, NJ: Princeton University Press, 2011), 77.
5. Zunz, ***Philanthropy in America***, 201.
6. Kris Putnam-Walkerly and Elizabeth Russell, "Many Voices, One Goal: How an Informal Foundation Collaborative Helped Make California History" (San Francisco: Stuart Foundation, December 10, 2014), http://stuartfoundation.org/wp-content/uploads/2016/05/Many-Voices-One-Goal-Stuart-LCFF-FINAL_12-10-20141.pdf.
7. Crystal Hayling, "Where Does Good Strategy Start? Listen Up," ***CEP Blog*** (blog), September 17, 2015, http://cep.org/where-does-good-strategy-start-listen-up/.
8. Megan E. Tompkins-Stange, ***Policy Patrons: Philanthropy, Education Reform, and the Politics of Influence***, (Cambridge, MA: Harvard Education Press, 2016), 145.

9. Tompkins-Stange, *Policy Patrons*, 145.

10. Sue Desmond-Hellmann, "What If . . . A Letter from the CEO of the Bill & Melinda Gates Foundation," 2016, https://www.gatesfoundation.org/2016/ceo-letter.

11. Annmarie Benedict and Eric Brown, "Advocating an End to the Death Penalty," The Case for Communications (Stanford, CA: Stanford Social Innovation Review, July 20, 2016), https://ssir.org/articles/entry/advocating_an_end_to_the_death_penalty.

12. Vincent Stehle, "A Revolution in Documentaries as Advocacy Tools," *Chronicle of Philanthropy*, October 2, 2011, https://www.philanthropy.com/article/A-Revolution-in-Documentaries/157757/.

13. Patti Hartigan, "Who's Behind the Barr Foundation?" *Boston*, January 31, 2016, News, https://www.bostonmagazine.com/news/2016/01/31/barr-foundation-boston/.

14. Grant Oliphant, "Enough," *The Point* (blog), July 7, 2016, http://www.heinz.org/blog-the-point/blog-detail?id=33.

15. Grant Oliphant, *Heinz Endowments Chief: Philanthropy Faces Critical Test on Racial Equity* (Tiny Spark, 2016), https://html5-player.libsyn.com/embed/episode/id/4518500/height/90/width/640/theme/custom/autonext/no/thumbnail/no/autoplay/no/preload/no/no_addthis/no/direction/backward/no-cache/true/render-playlist/no/custom-color/a93a3a/.

16. Mary Bowerman, "Parkland Student Emma Gonzalez Has More Followers than NRA Days After Joining Twitter," *USA Today*, February 26, 2018, News, https://www.usatoday.com/story/news/nation-now/2018/02/26/parkland-student-emma-gonzalez-has-more-followers-than-nra-days/372757002/.

17. Pamela Barnhouse Walters and Emily A. Bowman, "Foundations and the Making of Public Education," in *American Foundations: Roles and Contributions* (Washington, DC: The Brookings Institution, 2010), 31–50.

18. "The Giving Pledge," Giving Pledge, accessed July 6, 2018, https://givingpledge.org/About.aspx.

19. Phil Buchanan, Ellie Buteau, and Jennifer Glickman, "Investing and Social Impact: Practices of Private Foundations" (Cambridge, MA: Center for Effective Philanthropy, 2015), http://research.cep.org/investing_and_social_impact.

20. Joel L. Fleishman, ***Putting Wealth to Work: Philanthropy for Today or Investing for Tomorrow?*** (London: Hachette UK, 2017).

21. Christian Smith and Hilary Davidson, ***The Paradox of Generosity: Giving We Receive, Grasping We Lose*** (New York: Oxford University Press, 2014).

22. Jay Coen Gilbert, “Putting the Impact in Impact Investing: 28 Funds Building a Credible, Transparent Marketplace,” ***Forbes***, October 9, 2017, https://www.forbes.com/sites/jaycoengilbert/2017/10/09/putting-the-impact-in-impact-investing-28-funds-building-a-credible-transparent-marketplace/.

23. Clara Miller, “Building a Foundation for the 21st Century” (New York: Heron Foundation, January 25, 2016), http://www.heron.org/sites/default/files/Clara%20Miller--Building%20a%20Foundation%20for%20the%2021st%20Century--FINAL_0.pdf.

24. Phil Buchanan et al., “New Models of Philanthropy: What’s Promising, What’s Not” (May 21, 2015), https://www.youtube.com/watch?v=hWbJPeY_tDo.

25. Linsey McGoey, ***No Such Thing as a Free Gift: The Gates Foundation and the Price of Philanthropy*** (New York: Verso, 2015), 96–97.

26. Several paragraphs in this discussion of impact investing are drawn from a 2016 essay I wrote and that CEP published entitled “Big Issues, Many Questions.”

27. Buchanan, Buteau, and Glickman, “Investing and Social Impact.”

28. Willy Foote, “Impact Investing Headwinds: A Conversation with Antony Bugg-Levine,” ***Forbes***, August 1, 2013, https://www.forbes.com/sites/willyfoote/2013/08/01/impact-investing-headwinds-a-conversation-with-antony-bugg-levine/2/#2e6ab04b7fe6.

29. Buchanan, Buteau, and Glickman, “Investing and Social Impact.”

30. John Schwartz, “Rockefellers, Heirs to an Oil Fortune, Will Divest Charity of Fossil Fuels,” ***New York Times***, December 21, 2017, US, https://www.nytimes.com/2014/09/22/us/heirs-to-an-oil-fortune-join-the-divestment-drive.html.

31. Nicole Wallace, “California Endowment Spurns Investment in Private Prisons,” ***Chronicle of Philanthropy***, December 9, 2015, https://www.philanthropy.com/article/California-Endowment-Spurns/234533/.

32. Kate Wolford and Ted Staryk, "Looking Beyond Impact Investing to Support Climate Solutions," ***Stanford Social Innovation Review***, November 30, 2015, https://ssir.org/articles/entry/looking_beyond_impact_investing_to_support_climate_solutions.

33. Wolford and Staryk, "Looking Beyond Impact Investing to Support Climate Solutions."

34. Zunz, ***Philanthropy in America***, 50–52.

35. Nancy O. Perry, "Strategic Alliances," ***Working Knowledge***, January 25, 2000, Research & Ideas, http://hbswk.hbs.edu/item/strategic-alliances.

36. Mark Kramer, "Mark Kramer on Collective Impact," interview by Greg Cherry, June 28, 2016, http://www.philanthropyhour.com/blog/2016/6/10/mark-kramer-on-shared-value.

결론 공익의 선순환

Conclusion. A Virtuous Cycle of Good

1. "Andre," interview by Phil Buchanan, June 11, 2018.

2. Stanley Katz, Maribel Morey, and Benjamin Soskis, "Learning from Philanthropy's Past: An Interview with the HistPhil Blog," interview by Neil Edgington, November 10, 2015, http://www.socialvelocity.net/2015/11/learning-from-philanthropys-past-an-interview-with-the-histphil-blog/.

3. Christian Smith and Hilary Davidson, ***The Paradox of Generosity: Giving We Receive, Grasping We Lose*** (New York: Oxford University Press, 2014), 224.

4. Crismar Martinez, interview by Phil Buchanan, June 22, 2018.

저자 소개

필 부캐넌 Phil Buchanan

17년 동안 미국의 대형 재단에 자문했던 비영리 연구소인 센터 포 이펙티브 필란트로피를 설립하고 운영한 대표이다. 포드 재단, 윌리엄 앤드 플로라 휴렛 재단, 데이비드 앤 루실 패커드 재단, 맥아더 재단 및 록펠러 재단 등이 그의 자문을 받았다. 그는 전국의 학생을 대상으로 설문을 제공하는 유스트루스의 공동 설립자이다. 그는 크로니클 오브 필란트로피의 칼럼니스트이며, 그의 칼럼과 기사는 뉴욕 타임즈, 스탠포드 소셜 이노베이션 리뷰, 파이낸셜 타임즈에 실렸다. 2016년에 비영리 타임즈는 그를 비영리 섹터의 '올해의 인플루언서'로 선정했다. 그는 비영리 타임즈에서 뽑은 '영향력 있는 50인'에 7번이나 선정되었다. 그는 매사추세츠 렉싱턴에 부인과 두 딸과 살면서, 필란트로피를 주제로 전국적으로 강연하고 있다.

역자 소개

박자연 Nature Park

이화여자대학교에서 법학을, 플로리다주립대학교에서 국제다문화교육을 공부했고, 현재 서울대학교 사범대학에서 글로벌교육협력을 공부하고 있다. NGO 해외봉사단원으로 활동하면서 아프리카와 인연을 맺었다. 아프리카 교사들을 지원하는 교육개발협력 NGO인 사단법인 호이(HOIE: Hope is Education)를 설립했고, 대표로 단체를 이끌고 있다. 삶의 가치를 공유하는 여러 비영리 단체들에 기부하는 동시에, 개발도상국 교육의 질 향상을 위한 기부를 요청하고 있다. 아프리카에서 경험한 첫 사랑을 담은 『안녕, 아나베아』(이콘, 2012)를 썼고, 평생 책을 사랑하며 살고 있다.

사랑의열매 나눔총서 시리즈 09
변화를 만드는 올바른 기부: 1달러까지 제대로 쓰는 효과적인 필란트로피를 위하여

초판발행	2023년 10월 25일
지은이	필 부캐넌
옮긴이	박자연
펴낸이	노 현
편 집	박송이
표지디자인	배소연
제 작	고철민 · 조영환
펴낸곳	㈜피와이메이트 서울특별시 금천구 가산디지털2로 53, 210호(가산동, 한라시그마밸리) 등록 2014. 2. 12. 제2018-000080호
전 화	02)733-6771
f a x	02)736-4818
e-mail	pys@pybook.co.kr
homepage	www.pybook.co.kr
ISBN	979-11-6519-466-6 03330

*파본은 구입하신 곳에서 교환해 드립니다. 본서의 무단복제행위를 금합니다.

정 가	17,000원

박영스토리는 박영사와 함께하는 브랜드입니다.